BASTEI
LÜBBE
TASCHENBUCH

Über den Autor:

Der Japanologie-Student David Schumann, geb. 1976 in Bonn, ging 2005 als Austauschstudent nach Tokyo. Durch Zufall wurde aus ihm ein gefragtes Model in Japan. Inzwischen hat David Schumann sein Studium abgeschlossen und lebt abwechselnd in Köln und Tokyo, wo er als Übersetzer und Model arbeitet.

David Schumann auf Twitter folgen:
http://twitter.com/thetokyodiaries

David Schumann

THE TOKYO DIARIES

Einblicke in ein unbekanntes Japan

BASTEI LÜBBE
TASCHENBUCH

BASTEI LÜBBE TASCHENBUCH
Band 60007

1. Auflage: Juni 2011

Vollständige Taschenbuchausgabe

Bastei Lübbe Taschenbuch in der Bastei Lübbe GmbH & Co. KG

Titelbild: © Gili Shani, Berlin
Umschlaggestaltung: Manuela Städele
Satz: Elena Schneider | Radau
Gesetzt aus der Dolly Roman
Druck und Verarbeitung: GGP Media GmbH, Pößneck
Printed in Germany
ISBN 978-3-404-60007-6

FÜR NAHO

2005 MÄRZ 21

Halb leer geräumtes Zimmer. Wände mit Schatten um hellere Stellen von lange dort gehangenen Postern. Ein leeres Fach im Badezimmer. In der Küche. Volle Kisten überall. Gepackte Taschen. Ich dazwischen. Weder richtig hier noch da. Panik weicht Lethargie. Zu anstrengend. Bringt ja nichts. Morgen zum letzten Mal arbeiten. Dann Leute zum letzten Mal sehen, die ich vermissen werde. Das letzte Mal mit dem Mädchen schlafen, das so freundlich war, für eine Woche seine Zeit und seinen Körper mit mir zu teilen. Das letzte Mal Vertrautheit, das letzte Mal das alte Leben. Dann geht's endgültig los.

2005 MÄRZ 26

War ja klar, dass das irgendwann kommen würde, trotzdem, vorbereitet kann man auf so was wahrscheinlich nie richtig sein. Noch 4 Tage!!! Killer.

Ich weiß überhaupt nicht mehr, wohin mit mir. Wer zur Hölle hab ich überhaupt gedacht, das ich bin? Ich! In Tôkyô! Psychoboy, der schon die Krise kriegt, wenn er mal mit dem Zug nach Düsseldorf muss.

Was hab ich mir bei diesem Scheißtrip überhaupt gedacht? Diese ganze selbstgerechte, pseudo-existentialistische Scheiße, von wegen Tôkyô oder ich, es kann nur einen geben, kein Alkohol mehr, die ganze Härte des Lebens ungefiltert auf sich einprasseln lassen: lächerlich! Ich werde nach 2 Wochen zerbrechen wie ne Scheiß-Mingvase, am Telefon meine Mutter belästigen und mich nachts alleine in den Schlaf heulen. Ich bin ja so ein Idiot. Schreibt das auf meinen Grabstein: »Er war ein verfickter Scheißidiot. Pissen bitte hier.« Und dann so nen Pfeil runter.

2005 MÄRZ 30

10.47 Uhr. Noch nicht im Flugzeug. Aber am Flughafen Köln / Bonn. »Köln/Bonn«, dass ich nicht lache! Was hat das »Bonn« denn da verloren? O. K., früher, aber jetzt? Peinlich.

Check-in. Nach emotionalen Abschiedspartys war die Nacht eigentlich ruhig und undramatisch. Sitze jetzt in Gate 10 und warte darauf, dass es losgeht. Der Mann am Röntgengerät sah aus wie Bushido, komplett mit Asibärtchen und GI-Frisur. Hat mich mein Notebook hochfahren lassen. Hätte fast die Bombe gefunden … Nächstes Mal muss ich vorsichtiger sein.

Oh Gott, ich vermisse schon jetzt meine Freunde.

Alle Leute, die hier um mich herum warten, Anzugträger mit Businesskoffern, sehen aus wie die Bösen aus 24. Sollte ausgerechnet mein Flugzeug zum Ziel von Terroristen werden, die damit einen Krieg zwischen Japan und Deutschland provozieren wollen? Damn!

Die japanischen Poppunker ELLEGARDEN im Walkman stimmen mich auf das nächste Jahr ein. Japan. Coming.

2005 MÄRZ 31

Herrlich, hatte vor, im Flugzeug weiter zu schreiben. Wer hat sich denn da mal wieder überschätzt? Ich hab zwar auf das Valium in meiner Tasche verzichtet, kann mich aber trotzdem kaum an den Flug erinnern. So was nennt man wohl selektive Erinnerung. War auf jeden Fall hardcore, mit Schreiben war da nix. Jetzt, wo ich hier auf einem japanischen Gepäckband am Flughafen Narita sitze, irgendwo zwischen Tausenden von busy durch die Gegend laufenden japanischen Businessmen, und auf meine Taschen warte, Zeit, etwas zu rekapitulieren.

Von Köln nach London war eigentlich alles O. K., auch wenn ich erst mal extrem nervös war, und als das Flugzeug dann beschleunigt hat und wir alle in die Sitze gedrückt wurden, kann ich mich erinnern, wie ich gedacht hab:

›*Na ja, dann sterb ich halt hier, sooo schlimm ist das jetzt ja auch nicht, immerhin bin ich schon 29, ab jetzt wär's doch eh abwärts gegangen, was käme denn jetzt bitte noch? 30 werden, toll, kotz, und dann? Mir werden die Haare ausfallen, ich werde noch fetter, und dann, wenn ich Glück hab, arbeitslos in ner Sozialwohnung elendig einsam verrecken, wahrscheinlich werde ich aber vorher noch richtig krank, irgendwas Hässliches und Schmerzhaftes, werde dann jahrzehntelang leiden, mit nem fußballgroßen Ekzem am Kopf, so, dass alle, die mich sehen, direkt kotzen müssen, bis irgendwann endlich irgendeine Nonne Mitleid hat und den Stecker rauszieht. Dabei wird sie wahrscheinlich erwischt und exkommuniziert, aber das ist ne andere Geschichte. Hauptsache ist, ich bin tot. Ich meine, was hätte ich denn verpasst? Ich hab doch schon richtig gelebt, geliebt und bereut. Ich hatte unfassbar tolle Frauen, super Freunde, coole Bands, viel Spaß und meinetwegen auch jahrelange Depressionen. Also, was sollte denn jetzt noch kommen? Erwachsen werden. Bah!*‹

Aber da war das Flugzeug auch schon in der Luft, stabil, und jemand brachte mir Kaffee, also konnte selbst ich mir denken, dass es hier und jetzt zumindest noch nicht zu Ende sein würde.

Der erste Flug, auch mit der British Airways, hatte ja schon angedeutet, dass die Briten, wie vermutet, von vielen Dingen keine Ahnung haben, vor allem aber nicht vom Essen. Ekelhaft! Wie man ein einziges Sandwich dermaßen versauen kann, wird wohl für immer deren Geheimnis bleiben. So murmelte auch der von extremer Flugangst geplagte Idiot im Armani-Anzug neben mir, der während des ganzen Landeanflugs immer weiter mit den Fäusten auf seine Oberschenkel und den Sitz vor ihm schlug, die ganze Zeit mantrahaft: »Scheißbritenscheißbritenscheißbriten!«

Richtig schlimm wurde es dann aber erst beim Weiterflug nach Tôkyô. Ich kann mich wirklich kaum mehr daran erinnern, aber das hat einfach so lange gedauert, furchtbar, man wird echt fast wahnsinnig.

Und dann die Filme! *Bridget Jones*, *Toy Story* – nur Scheiße! War aber egal, ich konnte die ja eh nicht sehen. Der Typ vor mir hat sich nämlich ne verfickte Schlaftablette geschmissen, den ganzen Flug über gepennt und zu diesem Zweck den Sitz zurückgeklappt! Und zwar ganze 11 Stunden! Genau in mein Gesicht! Dass so was überhaupt geht, unglaublich. Ich hatte also den Monitor ungefähr 30 Zentimeter vor mir. Hölle. Man glaubt nicht, wie lang 11 Stunden sein können. Und man glaubt auch nicht, dass so etwas wie die Economy Class überhaupt legal sein kann. Ohne Scheiß, menschenunwürdig bei über 10 Stunden Flug.

Krass war auch die Landung. Dabei hat die Maschine so heftig geruckelt, dass man das Gefühl hatte, irgendwas sei nicht in Ordnung. Ich hab mich dann mal umgedreht und war echt erschrocken, als ich die Angst in den Gesichtern der Leute gesehen hab. Aber so was von echte Todesangst. Hart.

2005 APRIL 1

Mein erster Jetlag. Toll.

2005 APRIL 2

Kaum Veränderung. Nachts bin ich wach, am Tag leider eher weniger. Außerdem war mir heute nach dem Essen 3 Stunden am Stück so schlecht, dass ich ständig dachte, ich müsse kotzen. Diese Japaner, sie können ja vieles. Kochen gehört vermutlich nicht dazu. Wie bei den Briten.

2005 APRIL 3

Endlich geht's langsam aufwärts. In nem 99-Yen-Shop (das japanische Pendant zum 1-Euro-Laden) vegetarische *râmen* Japanische Nudelsuppe, wahlweise mit Fisch-, Fleisch- oder Fisch- und Fleischgeschmack gefunden. Und essbare Schokokekse. Außerdem gehen die Pommes bei McDonalds in Ordnung. Zumindest ein Anfang.

Heute zum ersten Mal in Shibuya gewesen. Kennt man ja aus den Filmen, das ist dieses Viertel, in dem alle Frauen sich die Gesichter mit Sonnenstudio (wenn sie Geld haben) oder Make-up (wenn nicht) dunkel färben, um mehr nach R'n'B auszusehen, und alle Typen Frisuren wie aus Manga haben und überteuerte Hip-Hop-Klamotten. Der totale Style-Overkill, irgendwie aber auch hammerkreativ. Außerdem tragen die meisten Frauen High Heels oder Stiefel und sehen unverschämt gut aus, ich verliebe mich auf 3 Metern ungefähr 8 Mal, unfassbar, das Ganze.

Als ich zum ersten Mal in Shibuya aus der Bahn steige, bleibt mir vor lauter Leuten fast die Luft weg. Das ist so, als hätte man die gesamte Bevölkerung Kölns zusammen auf den Neumarkt gepackt. Dazu dröhnt einem von den riesigen Hochhäusern drum herum, die alle mit gigantischen Videoanzeigetafeln behangen sind, in voller Lautstärke Werbung für die neusten J-Pop-Errungenschaften entgegen, das allerdings gleichzeitig von ungefähr 5 verschiedenen Wänden, alle von der Größe des Kölner Doms, und vermischen sich zu einer überzuckerten Kakophonie aus 1000 piepsigen Stimmen und Elektro-Drumbeats.

Ich laufe wie hypnotisiert durch die Gegend, immer auf der Suche nach einem etwas ruhigeren Plätzchen, an dem man sich hinsetzen und ein Bier trinken könnte, finde aber nichts Dementsprechendes. O. K., es gibt da diese eine Brücke, so was hab ich auch noch nie gesehen. In diesem gigantischen Neon-Dschungel Shibuya, voll von teuren, exklusiven Geschäften und stylischen, neureichen Kids, die ihre Körper an noch reichere, fette Businesstypen verhökern, nur um sich die nächste Louis-Vuitton-Tasche kaufen zu können, liegt etwas abseits plötzlich ein vollkommen unzureichend beleuchteter »Park«, in dem es von Obdachlosen und desorientierten Teenagern nur so wimmelt. Ich gehe also über die Brücke durch den Park, der nicht viel größer als ein Tennisplatz sein dürfte, als mir die gleichmäßig verteilten, gelben Nudelpfützen auf dem Boden auffallen, fast jeden Quadratmeter eine. Beim näheren Betrachten stellen sich diese als ausgekotzte Bier/*râmen*-Mischung heraus. Hier kommen die Leute also zum Kotzen hin. Und zum Ausgeraubtwerden, wie ich später, zum Glück nicht am eigenen Leib, erfahre.

Trotzdem, wenn man sich erst mal etwas an das vermeintliche Chaos gewöhnt hat, ist wirklich wie im Ameisenhaufen am Anfang, merkt man, dass hier alles einer ganz bestimmten Ordnung folgt, dass das ganze Durcheinander eigentlich gar keines ist, sondern eine perfekt synchronisierte Choreographie von Millionen von Menschen, die genau wissen, was sie wann und wo wollen. Nur man selber scheint nicht dazuzugehören. So was macht einen unwahrscheinlich einsam. Diese riesige Masse, nur man selber steht irgendwie daneben. Aber zum Melancholischwerden bin ich eigentlich viel zu aufgeregt, deshalb lass ich es einfach.

2005 APRIL 4

Wieder in Shibuya. Diesmal treffe ich mich mit einer Horde Japaner, die ich aus Köln kenne. Haben letztes Jahr bei uns Austausch gemacht. Der Plan ist, in ein sogenanntes *izakaya* zu gehen, eine japanische Mischung aus Bar und Restaurant. Normale Kneipen, wie wir sie kennen, gibt es eigentlich gar nicht, man geht immer Essen und Trinken gleichzeitig, ein Luxus, den man sich auf regulärer Basis nur leisten kann, wenn man Japaner ist und ein dementsprechendes Einkommen hat. Der Laden heißt »Lock Up« und ist in der Nähe des Bahnhofs.

Ich habe keine Ahnung, was mich erwartet, und gehe einfach hinterher, zuerst in einen dunklen Eingang, dann Treppen hinunter, immer und immer weiter. Sowieso ist Tôkyô heutzutage fast komplett unterirdisch ausgebaut, da erschließt sich einem manchmal eine komplett neue Welt, und man kann stundenlang geradeaus gehen, ohne jemals in Kontakt mit Sonnenlicht zu kommen. An regnerischen Tagen sind die Straßen wie ausgestorben und man fragt sich, wo die Millionen Leute denn alle auf einmal hin sind. Die Antwort: direkt unter einem!

Wir gehen auf jeden Fall die Treppen runter, es wird immer dunkler, spärlicher beleuchtet, und auch die Wände sehen so langsam aus wie in einer Höhle. So wie im Phantasialand in der Silbermine, für den Fall, dass jemand mal da gewesen ist. Da englische Wörter in Japan eigentlich nichts bedeuten, weil sie eh keiner versteht, denk ich mir auch hier nichts dabei, bis mir klar wird, dass es diesmal Konzept hat. Das »Lock Up« ist ein unterirdisches Gefängnis! Am Eingang werden wir von jungen, schönen, in ultrasexy kurzen Klamotten gekleideten japanischen Lara Croft Lookalikes in Ketten gelegt und an unseren Tisch geführt. Dabei sieht die ganze Umgebung jetzt wie ein richtiges Gefängnis aus, die Wände sind aus Styropor, das wie Stein aussieht und einem das Gefühl gibt, in einer Tropfsteinhöhle Hunderte von Metern unter der Erde zu sein. Überall stehen Monster rum, wie in einer Geisterbahn, und die Tische sind nicht etwa alle in einem Raum, nein, jeder Tisch ist eine Einzelzelle, original mit Gitterstäben am Fenster und mit allem nur erdenklichen Kram dekoriert. Wir bestellen zuerst Bier, dann kommt die Karte. Alle Speisen sind in Form von Blut und Gedärmen angerichtet, es gibt das Dracula-Menü (irgendein roter Cocktail, dazu viel Ketchup und so), das Medusa-Menü (mit Seealgen, die aussehen wie Schlangenhaare), und mein Favorit: das Frankenstein-Menü, bei dem es die Getränke aus Reagenzgläsern gibt, deren Zusammenstellung man selbst mixen kann und so Farbe und Geschmack individuell gestaltet. Mad Scientist-mäßig halt.

Während die weiblichen Bediensteten allesamt gut aussehende Wärterinnen sind, tragen die Männer diese klassischen gestreiften Sträflingsanzüge und benehmen sich eher wie Sklaven. Ob das zum Act gehört oder die typisch japanische Submissivität ist, kann ich nicht erkennen. Die Frauen sind auf jeden Fall dominant und sweet. Eine coole Randnotiz ist die Musik, im Hintergrund läuft die ganze Zeit über ein wildes Gemisch aus ALL-AMERICAN REJECTS, BLINK 182, SUM 41, HEY MERCEDES (die hier übrigens auch im Werbefernsehen vertreten sind, für ne Automarke, glaub ich) und JIMMY EAT WORLD. Nicht schlecht also. Außerdem scheint man hier BAD RELIGION noch zu mögen, die »Suffer« läuft rauf und runter.

Irgendwann gehen dann plötzlich mit einem großen Knall alle Lichter aus, die Musik stoppt, und aus den Lautsprechern dröhnen Sirenen und japanische Stimmen, die wohl einen Ausbruch thematisieren. Ich verstehe so viel wie: »Monster sind ausgebrochen, brauchen dringend Hilfe!«, als der Sprecher auch schon gut hörbar von irgendwas getötet wird. Die Notbeleuchtung geht an, und man kann jetzt zumindest ein bisschen was erkennen, aber während sich die Augen noch an die Mischung aus schwachen Rot- und Blautönen gewöhnen, stürmt das erste Monster in unsere Zelle und erschreckt uns zu Tode, vor allem mich, der am Eingang sitzt. Hammer. Durch die Lautsprecher wird jetzt eine andere Ansage gemacht, die Sirenen verstummen, und die Monsterpolizei trifft ein – natürlich unsere Bedienungsbabes, die mit ihren Laserkanonen auf die Viecher schießen und sie so zur Strecke bringen. Irgendwann ist das Spektakel vorbei, und der normale Wahnsinn nimmt wieder seinen Lauf. Die Monster waren übrigens die männlichen Kellner, man hat teilweise noch ihre Sträflingsanzüge unter den Kostümen gesehen. Kann ich alles in allem jedem wärmstens empfehlen, der mal in Tôkyô ist. Shibuya ist die Macht.

Einführungsveranstaltung in meiner Uni. Der Dekan sagt: »If you wanna get to know Tôkyô: Don't go to Shibuya!« Sonst ist die Uni cool.

Am Abend gehe ich mit meiner Gastfamilie saufen. Eigentlich hätte ich, vor allem in meinem Alter, diese ganze Homestay-Sache nie im Leben gemacht, aber erst mal ist Tôkyô so sauteuer, dass es gar nicht anders finanzierbar gewesen wäre, und außerdem ist Familie Yamada mir von meiner Uni vermittelt worden, also, was soll's. Mein Zimmer ist übrigens, trotz relativem Reichtum meiner Gastfamilie, selbst für Tokioter Verhältnisse unfassbar klein und unfassbar furchtbar: kein TV, kein Internet, keine Heizung, keine Klimaanlage, kein gar nichts. Ich glaube, selbst Gefängniszellen sind heutzutage größer und komfortabler.

Wir gehen in ein derbst exklusives Sushi-Restaurant, mein Gastvater zahlt alles. Er ist reich, hat ne eigene Firma, die Matratzen herstellt, sein einer Bruder ist ein mittelmäßig bekannter Schlagersänger, der andere *yakuza* Japanische Mafia, in Filmen gerne mit stylischen Anzügen und coolen Frisuren. In Realität aber oft einfach nur konservativ und billig. Auf jeden Fall besäuft er sich hardcore, was in Japan relativ normal ist, ist sozusagen der Nationalsport Nummer 1, noch vor Baseball, Fußball und Sumo. Für europäische Verhältnisse ist er definitiv jenseits von Gut und Böse, erst erzählt er mir, als ich von der Hölle meines Sardinendosen-Flugzeugtrips berichte, wie er in Thailand eine Katze gekauft und für sie allein einen ganzen Business-Klasse-Sitz reserviert hat.

Das war echt so krass! So superreiche, mächtige Leute haben wirklich gar keine Relation mehr zum realen Leben, wie das wohl für mich ist, so was zu hören, dass selbst seine verfickte Katze noch ne menschenwürdigere Behandlung bekommt als ich. In meiner abhängigen Position als sein Gastsohn halte ich aber lieber die Fresse und mache gute Miene zum verrückten Spiel, worauf ich erfahre, was sein neuer Manager der Zweigstelle Kanada so im Jahr verdient. Hätte ich nur 5% von dem, was dieser Typ, der übrigens auch da ist und früher mal der Manager der Hamburger Melodic-Metal-Götter HELLOWEEN (!) war, im Jahr verdient, ich hätte für immer ausgesorgt. Was für Verhältnisse. Später erzählt er mir noch, dass wir morgen zusammen in seinem Bett saufen und *Last Samurai* gucken müssen! Zum Glück kann er sich später an nichts erinnern.

2005 APRIL 10

An der Uni kriegen wir Austauschstudenten eine Liste der angebotenen außerstudentischen Aktivitäten in die Hand gedrückt. Zu allen dieser in Clubs eingeteilten Aktivitäten stehen 1, 2 Sätze geschrieben. Der Filmclub schreibt: »This club make films. The club will please you if you like the films because students who love the films are in the club.« Vielleicht sollte ich da mal vorbeischauen, because I love the films!

2005 APRIL 12

Manche Dinge sind aber auch überall gleich. Dreadlock-Hippie-Anarcho-Zecken zum Beispiel. Heute in so nem zufällig entdeckten Anarcho-Infoshop in Shinjuku gewesen. Der hagere, ziegenbärtige Besitzer ist nett und auch nicht so dogmatisch gestört wie der Rest. Also bin ich zu seiner Party gegangen, zu der er mich in schlechtem Englisch nuschelnd eingeladen hat. Da waren allerdings nur Hippies, und das war unerträglich. Obwohl die zum Großteil Japaner waren und ich deren komische Dialekte teilweise kaum verstanden hab, war sofort vollkommen klar, was hier ging.

Mit ihren lächerlichen »Don't work!«-Shirts, ihren PC-Kartoffeldruck-Aufnähern und ihrem Aus-dem-Mülleimer-Fressen und das Ganze dann auch noch rebellisch finden. Ist mir echt peinlich. Lest mal Marx, ihr Penner.

2005
APRIL
13

Gerade zum ersten Mal hier gebadet. Oh Mann, war das der Hammer! Kein Vergleich zu Europa. Die Wannen hier sind halbe Swimmingpools, riesengroß und dazu auch noch so hoch, dass man komplett darin verschwindet. Man muss fast aufpassen, dass man nicht zu weit hinausschwimmt. Deshalb bräuchte auch jeder Haushalt hier 5 Rettungsschwimmer. *Baywatch* live in meinem Badezimmer. Bloß ohne »Ich hab die Berliner Mauer allein zum Einsturz gebracht«-David-Hasselhoff. So, ich mach jetzt Hausaufgaben.

Später: *Howl's Moving Castle*, den neuen Film von *Studio Ghibli* Japans größte und beste Anime-Schmiede. Für Meisterwerke wie *Prinzessin Mononoke* und Konsorten verantwortlich gesehen. Miyazaki sollte seine Drehbücher lieber wieder selbst schreiben.

2005
APRIL
15

Die Leute an meiner Uni – ich weiß nicht. Kommt mir das alles nur so vor, bilde ich mir das ein? An meiner Fakultät, der »Faculty of Comparative Culture« (englischsprachig), sind zu 90% Amis, das dürfte Fakt sein. Dass davon allerdings noch mal 80% unter 20 Jahren, dafür aber 100% beschissen sind, ist meine eigene Schlussfolgerung. Das ist echt verrückt! Man kennt ja diese ganzen Highschool-Filme, *American Pie* und was weiß ich, hält die aber natürlich für eine comichafte Übertreibung, eben zur Hervorhebung und

Veranschaulichung der realen Verhältnisse. Dass dem aber genau nicht so ist und diese Filme eher noch *unter*trieben sind, ahnt wohl keiner! Ich weiß es jetzt. Obwohl ich gern darauf verzichtet hätte.

Diese ganzen Typen sind so dumm und ungebildet, dass es einem echt die Schuhe auszieht, einer blöder, uninteressierter und langweiliger als der andere, saufende, hirnlose Fratboys, also so Verbindungstypen, denen echt jeglicher gesunde Menschenverstand abgeht. Und dabei sind das ja schon Studenten, keine Bauern oder so. Kein Wunder, dass jemand wie Bush da wiedergewählt werden konnte.

Und dann die Tussis, unfassbar! So was von arrogant, oberflächlich und aufgetakelt, jeden Morgen sehen die eher so aus, als ob die auf den Strich als in die Uni gehen würden, trotzdem natürlich alles gläubige Christenidioten, scheinheilige Britneys, die nur nett zu einem sind, wenn man ihnen mal wieder die Hausaufgaben zum Abschreiben geben soll, einen sonst natürlich mit ihrem zugegebenermaßen nahezu perfekten Arsch nicht angucken. Überhaupt bin ich mir sicher, dass wenigstens jede 10. von denen schon mindestens eine Schönheits-OP hinter sich hat, von diversen Essstörungen ganz zu schweigen. Die sehen einfach zu perfekt aus. Aber eben dieses charakterlose, langweilige Perfekt.

Wie dem auch sei, dazwischen komm ich mir wie ein Scheiß-Außerirdischer vor. Das ist so hart Highschool-mäßig, die Sportler hängen mit den Sportlern rum, die Modetussis gehen voll drauf ab, dann gibt's die totalen Nerds und Streber, die sich natürlich auch immer finden, und dann gibt's eben noch mich – die One-Man-Group.

Punkrock gibt's an der *Jôchi University* in Tôkyô leider nicht. Nur so ein paar 18-jährige Amis mit Kinnfotzen, langen Haaren und DEFTONES-Shirts. Aber die unterscheiden sich erwartungsgemäß zu 0% von den anderen. Oh Mann, so hab ich mir das echt nicht vorgestellt.

Am japanischen Teil der Uni sieht das auf jeden Fall besser aus, aber die trennen uns ja gleich in 2 verschiedene Gelände, sodass wir

Ausländer kaum in Kontakt mit denen kommen können.

Echt, was hab ich am Anfang noch gelacht, als ich erfahren hab, dass die von Ausländern in Japan immer bei sich zu führende Karte tatsächlich offiziell »Alien-Card« heißt! Wie recht die damit allerdings haben würden, hätte ich nicht gedacht. Jetzt lach ich da auch nicht mehr ganz so hart drüber.

Aber wahrscheinlich ist es normal, dass man sich die ersten Wochen manchmal scheiße fühlt. Nur überrollt mich das manchmal mit einer Wucht, gegen die ich einfach nicht ankomme. Alles ist O.K., man steht an irgend'nem Bahnhof und wartet auf den Zug, denkt an nichts Böses, und plötzlich trifft es einen, unvermittelt und hart, das Gefühl der totalen Isolation. Um einen herum sind so viele gut aussehende, interessant scheinende Menschen, aber einem selbst fehlt jeglicher Ansatz, zu ihnen durchzudringen, gehört zu werden, wahrgenommen zu werden, als man selbst zu existieren, sich mitteilen zu können. Oder bin das immer nur ich, der das nicht auf die Reihe kriegt, der am Rand steht, am Ende sogar absichtlich? Immerhin hab ich mein ganzes (bewusstes) Leben lang versucht, mich von dem, was ich sehe, zu distanzieren, abzugrenzen, nicht so zu sein wie die alle. Aber hier ist es ja anders, hier will ich ja irgendwie dazugehören, kennenlernen, erfahren. Geht das vielleicht einfach nicht mehr nach 15 Jahren selbstverordneter Isolation? Ist es überhaupt noch O.K., nicht zu wollen? Ist man nicht irgendwann zu alt für den Scheiß? Die ganze Welt dreht sich, alles ist in Bewegung, verändert sich, nur ich steh irgendwo am Rand und guck mir alles an, irgendwie im Stillstand, immer versucht, daran festzuhalten, was ich denke, das mich ausmacht: Andersartigkeit, Distanz zur Norm, Nonkonformität. Hat mich da mein eigener Scheiß eingeholt? Oder sind es doch nur die anderen? Es gibt Momente, in denen würde ich gern tauschen.

2005 APRIL 16

»I was happy in the haze of a drunken hour, but heaven knows I'm miserable now.«

Hatte ganz vergessen, wie wertvoll THE SMITHS sein können!

2005 APRIL 19

Vor allem fehlen mir die Frauen. War ja die letzten 4 Jahre nie wirklich alleine – eigentlich gab es immer irgendwie eine, die für mich da war, physisch und emotional. Hier ist das natürlich erst mal anders. Letzte Nacht hab ich geträumt, dass die Freundin eines Freundes in Deutschland mir ihren neuen BH zeigt, indem sie ihr T-Shirt hochzieht und mich fragt, ob ich nicht mal fühlen will, wie er passt. In dem Moment wach ich auf: Erdbeben der Stärke 5 auf der Richterskala! Meine Bücher fallen aus dem Regal. Auch das ist Tôkyô. Man gewöhnt sich dran. In manchen Momenten ist es aber natürlich ärgerlich.

Auf jeden Fall wird mir durch den Traum bewusst, wie sehr ich Frauen vermisse, ihre Körper und ihre Art, zu denken und mit mir zu reden, den Geruch ihrer Haare und das Gefühl, ihre Haut an meiner zu spüren. Oh Mann. Verstärkt wird das Verlangen natürlich noch durch die Abertausenden von unfassbar schönen Frauen, die ich jeden Tag in der Stadt sehe. Die sehen hier einfach um so vieles besser aus als der europäische Durchschnitt, das gibt's gar nicht. Zum Verrücktwerden. Aber eine davon kennen zu lernen, ist wiederum um ein Vielfaches schwerer. Die Geschlechtertrennung in Japan ist immer noch ziemlich akut, man sieht kaum Gruppen mit gemischten Geschlechtern zusammen, meistens sind es entweder nur Typen oder Tussis. Auch scheinen platonische Freundschaften zwischen den Geschlechtern nicht sonderlich verbreitet zu sein, in der Regel ist es dann entweder alles oder nichts. Auf die Art und

Weise ist es natürlich saumäßig schwierig, sich erst mal kennen zu lernen, abgesehen davon, dass die meisten Leute sowieso so gut wie immer im Stress sind und nie Zeit haben, einfach mal abzuhängen. Deswegen sucht man sich üblicherweise jemanden aus dem eigenen Büro oder der Uni, den man dann ja eh immer sieht. Sollte da niemand Passendes dabei sein, wird es schon komplizierter, da viele Leute auch einfach super kontaktscheu sind. Also gibt es in jedem Stadtteil, inoffiziell natürlich, so hab ich zumindest gehört, gewisse *nanpa*-Spots, Plätze, an denen man rumhängen kann, meistens ne Straßenecke oder so, und darauf wartet, dass man von einem der anderen Anwesenden angesprochen wird. Dann geht man meistens in eine Karaoke-Bar, besäuft sich zusammen und endet dann zum Ficken in einem der vielen »Love Hotels«, die man stundenweise mieten kann. Nach diesem Schema läuft *nanpa* zu 90% der Fälle ab. Es ist von Anfang an klar, dass am Ende gefickt wird. Ob daraus auch mal mehr entstehen kann, weiß ich nicht. Wenn mein Kumpel Oli aus Deutschland mich hier besuchen kommt, werden wir eine empirische Studie veranstalten.

Später: Schalke verliert 2 Spiele hintereinander, Bayern gewinnt 2 Mal, natürlich wie immer last-minute. Wie sehr ich diese Welt verachte.

2005 APRIL 20

LEATHERFACE spielen in Shinjuku! Für umgerechnet nur 16 Euro! STRIKE ANYWHERE hat noch 40 gekostet, JIMMY EAT WORLD sogar 60. Also geh ich hin – versuche es zumindest.

Mein ziegenbärtiger Freund aus dem Anarcho-Shop sagt mir, der Club sei 5 Minuten vom West-Ausgang des Bahnhofs entfernt. Wozu man allerdings erst mal wissen muss, dass Shinjuku, wohl neben Shibuya *das* Stadtviertel überhaupt, ultragroß ist, vielleicht so wie die komplette Kölner Innenstadt, eventuell sogar noch viel größer und weitläufiger. Ein Fakt, den ich natürlich erst mal unterschätze. ›Aber ist ja auch egal‹, denk ich mir, brauch ja nur den West-Ausgang zu finden. Meine Bahn hält in der Nähe vom Ost-Ausgang. Toll.

Ich frag also einen der Cops, die hier ständig rumlaufen, das Vergnügungs-, Puff- und Gangsterviertel *kabukichô* ist nicht weit entfernt, nach dem Weg, worauf ich erfahre, dass es im Bahnhof von Shinjuku, je nach Bahngesellschaft, mindestens 4 verschiedene West-Ausgänge gibt, die teilweise kilometerweit voneinander entfernt liegen. Es ist jetzt kurz vor 8 Uhr, die Vorband, immerhin die sehr coolen Japaner I EXCUSE, starten laut Flyer um 19.30 Uhr, muss ja schließlich um 21.30 Uhr (!) alles wieder zu Ende sein, sodass alle in Ruhe die letzte Bahn kriegen können, die immer so gegen Mitternacht (!!) fährt. Und das nennt sich Metropole! Da die meisten jungen Japaner aber eben nicht *in* Tôkyô wohnen, sondern außerhalb, weil die Mieten viel zu teuer sind, brauchen die mal locker 2 Stunden nach Hause, mit 1000 Mal umsteigen, also muss früh Schluss sein.

O.K., ich begebe mich also gen Westen, brauche auch nur um die 20 Minuten schnellen Schrittes, um wenigstens in die Nähe zu gelangen, und finde tatsächlich einen der Ausgänge. Von hier an frag ich mich durch, komme auch in die Nähe des gigantischen Bankgebäudes, das mir als Anhaltspunkt dienen sollte, biege an der Stelle, die ich für die Beschriebene halte, links ab, finde aber nichts. Es ist 20.30 Uhr durch, niemand in der Nähe, der nach Punk aussieht, nur Millionen von Touristen aus allen Teilen Asiens, auch ein paar Westler dabei, und die obligatorischen Werbetypen, die versuchen, einen in ihre Etablissements zu locken.

Ich frage ein paar Jugendliche nach dem Club, keiner kennt ihn. Es gibt aber auch einfach so unglaublich viele dieser »Live Houses«, da kann man gar keine Übersicht behalten. Also laufe ich durch die Gegend, halte die Augen offen, aber der Neon-Dschungel aus Abermillionen von leuchtenden Schildern mit den verschiedensten Schriftzeichen lässt mir keine Chance. Wenn der Club entweder unterirdisch oder im was-weiß-ich-wievielten Stock ist, was in der Regel eigentlich der Fall ist, kann man das eh gleich vergessen, wenn man keinen Plan hat. Um kurz vor halb 10 breche ich meine Suche ab, esse *udon* Dicke Weizenmehlnudeln, gern in Fischbrühe bei *hanamaru*, einer der geilsten Fastfoodketten Japans, kaufe Bier im *konbini* Leitet sich vom englischen Wort »Convenience Store« ab (Kölsch: »Büdchen«) und trete die Heimfahrt an. Immerhin hab ich viel von der Stadt gesehen. Obwohl LEATHERFACE auch nicht schlecht gewesen wäre …

2005 APRIL 21

Apropos Bier. Das Zeug, das ich hier immer trinke, ist genau genommen ja gar kein Bier, sondern *happôshû*: Da Bier hier wegen der Steuern saumäßig teuer ist, die Japaner aber, wie bereits erwähnt, Saufen als eine ihrer Lieblingstätigkeiten auserkoren haben, sind irgendwelche findigen Businesstypen irgendwann auf die Idee gekommen, den Hopfen-, Malz- oder Was-weiß-ich-Anteil unter einen bestimmten, legislativ festgelegten Standard zu senken und so ein Schlupfloch in der Gesetzgebung zu nutzen, um die Steuern zu umgehen. Deshalb ist *happôshû* billiger, die 0,5er-Dose kostet je nach Marke so um die 1,50 Euro, von Geschmack und Alkoholgehalt aber kaum von richtigem Bier zu unterscheiden.

Außerdem hat meine Lieblingsmarke *asahi* gerade das coolste Preisausschreiben überhaupt am Laufen, bei dem ich definitiv zu gewinnen beabsichtige: Wenn man eine gewisse Menge von an deren Dosen (Flaschen werden hier kaum getrunken) befestigten Stickern sammelt und einschickt, kann man einen sogenannten DVD-*terezouku* Setzt sich aus den Begriffen »terebi« (Fernsehen) und »reizôko« (Kühlschrank) zusammen gewinnen, eine kongeniale Mischung aus Kühlschrank und DVD-Player, bei der in der Tür ein Bildschirm eingesetzt ist, daneben ein interner DVD-Player, und dahinter natürlich literweise *asahi-happôshû*. Gibt's angeblich (noch) nicht zu kaufen, sondern nur auf diesem Wege. Ich bin dabei!

2005 APRIL 22

In meiner Japanischklasse ist eine berühmte Sängerin! Sie heißt »Crystal Kay«, ist halb Ami und halb Koreanerin und studiert jetzt neben ihrer Karriere mit mir Japanisch. Ansonsten ist sie, trotz offensichtlicher Unscheinbarkeit, immer im Fernsehen und auf irgendwelchen Werbetafeln. Japaner, denen ich das erzähle, drehen regelmäßig durch.

2005 APRIL 24

Da jammert man noch Tage zuvor auf allerschlimmstem Teenagerniveau durch die Gegend und dann fällt einem die Lösung, zumindest teilweise, einfach in den Schoß:

Ich sitze an einem Freitagabend allein zu Hause rum, gucke Fernsehen und trinke Bier, da klingelt mein Handy und der Freund der Tochter des Hauses ist dran. Er sagt, dass sein Basketball Club eine Party in Shibuya macht und dass ich da, ohne seiner Freundin etwas davon zu verraten, sofort hinkommen soll! Dafür, dass ich ihn erst 1 Mal gesehen habe, sehr nett.

Ich schwinge mich also auf das von meiner Gastmutter geliehene, viel zu kleine Damenrad, die letzte Bahn fährt ja schon um 12, in einer Stunde also, und ich weiß nicht, was mich erwartet. Bis Shibuya dauert es ne gute halbe Stunde, immer weiter bergauf (wer hat dieses Land eigentlich gebaut?!), dann treffen wir uns am *hachikô* Statue eines »Treue« symbolisierenden Hundes vorm Bahnhof Shibuya, welcher der Legende nach immer auf sein Herrchen gewartet hat, das ist *der* Meetingpoint überhaupt, und gehen in ein nahe gelegenes *izakaya*. Wo dann auch schon alle seine besoffenen Homies versammelt sind, die mich laut grölend begrüßen – so ungefähr 20 Mann (und Frau!) an einem dieser großen Tische, an denen man regelrecht tafelt.

Ich zahle 2000 Yen, 15 Euro, ist normal, und dann wird gesoffen, aber so was von All-you-can-drink, das Glas ist nie länger als 10 Sekunden leer, keine Übertreibung, in Japan ist es Sitte, dass dem Gast immer sofort nachgefüllt wird, also fließt der Scheiß in Strömen, und während ich noch herumgezeigt werde, alle wollen meine Tattoos sehen, ist in Japan noch nicht so normal wie im Westen, muss ich ungefähr 10 Millionen Mal erzählen, dass Crystal Kay in meiner Klasse ist, ich japanische Filme liebe und dass neben Kitano Takeshi Iwai Shunji und Sabu meine Lieblingsregisseure sind, ich *Kill Bill* scheiße, die ihm zugrundeliegenden Originale aber Hammer finde, ELLEGARDEN zu meinen Lieblingsbands gehören und so weiter. Dabei muss ich meistens bis zu 10 besoffenen, euphorisiert rumschreienden Gesichtern gleichzeitig antworten, in einem wahnwitzigen Mix aus Japanisch und Englisch, jeder will seine bruchstückhaften Fetzen davon loswerden, und während ich noch in der Aufmerksamkeit, die ich zugegebenermaßen gerade genieße, bade, hört die Frau rechts neben mir nicht auf, die Tattoos an meinen Unterarmen zu befühlen, worauf ich allerdings gar nicht weiter eingehen kann, weil schon die nächsten crazy Basketball-Freaks um mich herumspringen und wissen wollen, ob ich Michael Ballack mag, Crystal Kay schon gefickt hab, mein Schwanz wirklich länger ist als ihre, ich Petting gut finde und so weiter.

Irgendwann, ich verliere in diesem Wirrwarr aus Gesprächsfetzen, Alkohol und Lärm fast den Überblick, ruft mein gegenübersitzender Gastgeber irgendeiner Frau zu, sie solle herkommen und sich neben mich setzen, ich hätte Tattoos, wäre »motherfucking cool«, »a fucking faggot« und »a vegetarian, but he likes to eat pussy!«. Sie kommt also und entertaint mich mit Fragen und Aufmerksamkeit, bis ich mir kurz nicht mehr ganz sicher bin, ob sie nicht vielleicht ne Professionelle ist, so angezogen ist sie. Da werde ich auch schon weggezogen, der Laden macht zu, es geht weiter, nächste Station: die obligatorische Karaoke-Bar. Beziehungsweise Karaoke-Box, denn ganz so wie im Westen ist das nicht, mit einer Kneipe, in der alle rumsitzen und irgendwer singt dann ab und zu. In den japanischen Etablissements mietet man ganze Karaoke-Boxen, in denen man dann mit seinen Homies ungestört ist und sich gehen lassen kann, wie man will.

Karaoke genießt in Japan einen unglaublichen Stellenwert, also stürmen wir in eine der Boxen, ich werde halb gezogen, halb geschoben, wir sind immer noch weit über 10 bis zum Anschlag besoffene und verrückte Typen, inzwischen kenne ich alle Namen, und schon läuft das erste Lied auf dem Bildschirm, »Yesterday« von den BEATLES, alle singen mit wie Wahnsinnige, jeder kennt den Text in- und auswendig, versteht wahrscheinlich kein Wort, kann aber jedes davon perfekt singen. Mann, die sind darin so geübt, haben alle so die Hammerstimmen, dass ich mich echt schämen würde, wäre ich nicht so voll und euphorisiert, und wüsste nicht auch um die generelle Akzeptanz und Inklusivität dieses abgefahrenen Inselvolks, das ich immer mehr zu lieben beginne.

Um mich herum dreht sich alles, ich schreie den Text zu GREEN DAYs »Basketcase«, BLINK 182s »Rockshow« und WEEZERs »Across the sea« heraus, bis meine Stimme versagt, dann muss ich einen japanischsprachigen Popklassiker lernen, »Over« von MR. CHILDREN (!), und nachdem ich den einigermaßen auf die Reihe kriege, touren wir durch die anderen Boxen, und ich muss jedes Mal aufs Neue »Over« singen, bis der ganze Raum explodiert und jubelt, dass ein verfickter Europäer diese scheißkomplizierte Sprache checkt, ist für die alle immer noch ein Wunder, für mich eigentlich auch, und ich bekomme das Gefühl, auf der Bühne zu stehen wie ein verdammter Star. Kein Plan, ob die überhaupt mit mir oder über mich lachen, ist jetzt auch egal, ich bin so was von jenseits von jeglicher beschreibbarer Kategorie emotionalen Zustandes, dass ich eh überhaupt nichts mehr wahrnehme, außer den Abertausenden und Millionen von Endorphinen, die wie verrückt durch meinen Körper rasen.

Irgendwann muss ich einfach nach Hause, es ist weit nach 4 Uhr, und ich will gehen, wenn es am schönsten ist. Sogar an die anwesenden Ladies verschwende ich kaum mehr einen Gedanken, ich weiß jetzt, das wird früher oder später schon klargehen, schwinge mich aufs Fahrrad und rase nach Hause, wobei ich mich noch wundere, wie es sein kann, dass es beim Rückweg *auch* die ganze Zeit bergauf geht! Egal, ich bin da, zu Hause, Bett, fertig, Ende.

2005
APRIL
26

Alle meine Freunde aus Deutschland schicken mir E-Mails aufs Handy, das geht mit den Dingern hier, was mich unendlich glücklich macht.

2005
APRIL
27

Und was auch noch geht: An der Uni hing ein Zettel, auf dem stand, dass eine OL Office Lady. Weibliche Firmenangestellte, die in der Regel mit niederen Aufgaben betraut sind, und die Firma verlassen, sobald sie mit Mitte 20 heiraten einen Studenten sucht, der mit ihr, für 15 Euro die Stunde, deutsche Konversation betreibt. Das bin doch mal ich, würde ich sagen! Ob ich den Job krieg, zeigt sich nächsten Freitag, da habe ich das Vorstellungsgespräch. Bin jetzt schon ganz aufgeregt, denn diese OLs sind in der Regel die best aussehenden (sonst hätten sie den Job nicht gekriegt), hottesten und gleichzeitig einsamsten Geschöpfe der Welt. Oh Gott, was für schlimme Vorurteile man haben kann ...

2005
APRIL
28

Hab mich bei 2 Bands beworben. Die eine ist eher Indiepop, die andere so punkiger Emo. Man kann mir zumindest nicht vorwerfen, passiv zu sein!

Bei Tower Records in Shibuya die neue BEN FOLDS gekauft. Aus irgendeinem Grund kosten die Import-CDs hier nur um die 10 Euro, während japanische CDs so um die 20 kosten. Aber wer würde sich beschweren, wenn er BEN FOLDS haben kann?! Na ja, an das erste Album kommt die neue nicht ran.

In meinem Viertel Sangen-jaya, ganz in der Nähe von meiner Wohnung, ist ein ziemlich cooler Independent-Plattenladen namens »Babe Disc Department«. Da habe ich mir erst die CD von COMEBACK MY DAUGHTERS (japanische GET UP KIDS zu »4 Minute Mile«-Zeiten-Kopie) gekauft, bin dann mit der äußerst charmanten Verkäuferin ins Gespräch gekommen, sie mag dieselbe Musik wie ich, trägt ein ausgewaschenes WEEZER-Shirt, enge Jeans und hochhackige Schuhe, vielleicht sehen wir uns bald wieder, und dann, als ob das noch nicht genug wäre, lerne ich auch noch so nen Typ kennen, der eine Touragentur hat, für die er händeringend einen japanisch- und englischsprechenden Tourmanager für Tôkyô sucht! Hallo? Was geht denn bitte hier?? Und das alles an einem Tag! Wenn alles glatt läuft, fang ich im Juli an. Denn da macht er das DRIVE-THRU RECORDS-Showcase mit 5 Bands, die ich liebe. Wahrscheinlich wach ich morgen auf und hab alles nur geträumt. Oder hab Krebs und bin tot.

2005 APRIL 29

Erster Tag der »Golden Week« Ferienwoche, in der viele junge Japaner verreisen, im Prinzip wie Spring Break ohne Party und schon ist mir langweilig. Als ich ziellos durch die Straßen von Sangen-jaya schlender, werde ich von einer nach Grufti aussehenden Fotografin angesprochen: »Do you want to be a model and teach English to me?« 2 Mal ja.

Das erste Shooting ist irgendwann die Tage. Ob das der Startschuss zu einer großen Karriere ist? Haha! Wenn diese Leute öfter mal Japanisch mit mir sprechen würden, wüsste ich auch öfter, was genau sie von mir wollen …

Später: Der Typ von der Sprachunterricht-Vermittlungs-Agentur ruft mich an und sagt, dass ich für das Vorstellungsgespräch am Freitag einen Anzug bräuchte! Ich soll die Dame in ihrem Büro unterrichten, und da wäre das dann halt so. Jeder, der mich persönlich kennt, müsste sich beim Gedanken daran an dieser Stelle eigentlich kaputtlachen. Das ist einfach zu absurd. Ich als seriöser Businesstyp in einer großen Firma. Auweia. Egal, der Anzug ist bereits geliehen: Ich mach's!

Noch etwas später: Mal wieder *hitorizake*, was so viel heißt wie: »Ich sauf allein!« Bloß diesmal etwas zu viel, und bevor ich mich versehe, geh ich noch mal aus und finde mich bald in einer Kneipe wieder, die mit Elvis- und James-Dean-Postern dekoriert ist, außerdem gibt es eine Jukebox, die wahrscheinlich jedes in den 50er und 60er Jahren aufgenommene Lied beinhaltet. Die Leute sind zwar alle ein paar Jahrzehnte älter als ich, dafür aber nett, und so trinke und rede ich mit ihnen, bis ich kein Geld mehr habe und nach Hause wanke.

Am nächsten Morgen: Kater und Zwiebelportemonnaie. Mir kommen die Tränen. Scheiß-Golden-Week. Noch 6 Tage.

2005 APRIL 30

Manche Sachen sind aber auch wirklich überall gleich. Manche Frauen zum Beispiel. Ich bin auf dem Nachhauseweg von Shimokitazawa, dazu gleich mehr, als mich im Gewühl von Sangen-jaya ein Fahrrad überholt. Es ist Record Store Girl, meine bekannte Emo-Frau, die mich wohl nicht gesehen hat, so denk ich mir zumindest, also schwing ich mich auf mein Rad und fahr ihr hinterher, ist ja ne gute Gelegenheit, mal außerhalb des Ladens zu reden und vielleicht mal was zusammen zu machen. Scheiß-Golden-Week ist ja noch lang, und da sie normalerweise immer volles Rohr auf mich zukommt, flirtet, bis sich die Balken biegen, und mir wimpernklimpernd von unten in die Augen guckt, ich allerdings in der Regel relativ zurückhaltend bin, weil immer noch X andere Leute dabei sind und mir das dann, vor allem auf Japanisch, peinlich ist, halte ich das gerade für *die* Gelegenheit. Wenige 100 Meter später hält sie vor einem Secondhand-Laden, ich hol sie ein, will sie gerade begrüßen, als auch schon so ein Ska-Kasper, mit Karo-Vans, SPECIALS-T-Shirt und Baskenmütze, aus dem Laden und mir zuvorkommt. In dem Moment sieht sie mich, reagiert ultrakomisch, so als ob sie mich kaum erkennt, stellt mich dem Typ vor und redet ab da kein Wort mehr mit mir. Und während ich noch wie bestellt und nicht abgeholt rumstehe und anfange zu realisieren, dass der Ska-Typ ihr Freund zu sein scheint, verabschiedet sie sich von mir und geht mit ihm in den Laden. Oh Mann, was ne Situation. Im nächsten Leben werde ich schwul, Priester (fast dasselbe) oder kauf mir ne Pumpgun und schieß auf alles, was sich bewegt.

Und viel bewegen tut sich vor allem in Shimokitazawa (10 Punkte für die Überleitung). Aber eigentlich nichts, auf das man schießen möchte. Dafür so viel Cooles, Interessantes und typisch japanisch Abgefahrenes, dass man vor lauter Reizüberflutung erst mal gar nicht weiß, wohin man zuerst will. Shimokitazawa ist das Punkrockviertel Tôkyôs, ich glaube, dass kann man wirklich so stehen lassen. Auch wenn sich der Stadtteil auf lauter Werbetafeln selber etwas moderater als »Artcity Shimokitazawa« bezeichnet. Aber da die gesellschaftlichen Regeln hier ja um ein Vielfaches strenger sind, ist jeglicher Versuch, anstatt in die Schule, die Uni, die Firma und schließlich auf den Friedhof zu gehen, Kunst zu machen, per se schon irgendwie Punkrock, und das merkt man auch deutlich. Ich hab noch nie in meinem Leben so viele Geschäfte gesehen, die MISFITS-Fußmatten, THE CLASH-Schweißbänder, RANCID-Gürtelschnallen und was auch immer verkaufen, dabei trotz der pervers großen Konkurrenz – da sind auf 50 Quadratmetern bestimmt 5 solcher Läden – nicht im Ansatz Pleite zu gehen scheinen und so viele junge Leute in ihre Gegend locken, dass man das in der Luft liegende künstlerische Potential praktisch mit Händen greifen kann. Ohne Scheiß, ich bin so um die 3 Stunden durch die bunten, verwinkelten Gässchen geirrt und hab in der ganzen Zeit vielleicht

10 Erwachsene im klassischen Sinne gesehen, auch keine Bullen oder ähnliche Störfaktoren, sondern nur in irgendeiner Art und Weise einem alternativen Lebensstil nachgehende Jugendliche, die so natürlich cool zu sein scheinen, als hätte es Shibuya, Shinjuku und all die anderen Modestadtteile nie gegeben.

Ich kaufe eine MR. CHILDREN-CD, die mit »Over« drauf, nächstes Mal Karaoke werde ich alle mit meiner kompletten Kenntnis des Textes verzücken, ein Baseball-Cap, BLACK FLAG- und MINOR THREAT-Buttons, Gitarrensaiten und fühle mich dabei kurz wie ein echter Shimokitazawaer.

Ungeachtet des Faktes, dass ich auch dieses Abenteuer alleine bestreite. So langsam geht mir das ernsthaft auf den Sack. Deshalb hier meine Liste mit Top-Five-Dingen, die ich vermisse und nicht vermisse.

ALSO, ICH VERMISSE:

1. meine Freunde
2. gutes vegetarisches Essen jeglicher Couleur
3. in einer gut funktionierenden Band zu spielen
4. Clubs und normale Bars
5. Schalke-Spiele live im TV gucken

ICH VERMISSE NICHT:

1. Deutschland
2. Stress mit Exfreundinnen
3. Prolls, Asis, Faschos und sonstige Idioten
4. die Leute in den Clubs und normalen Bars
5. Schalkes Niederlagen live im TV

Na ja, man tut halt, was man kann. Werde mal gucken, was im Fernsehen kommt. Ist ja immerhin Samstagabend nach 0 Uhr, da ist das doch angemessen.

2005
MAI
2

Wahrscheinlich hab ich schon ausreichend erwähnt, dass der Chef meiner Hostfamilie Geld hat, eine Matratzen produzierende Firma sein eigen nennt und auch sonst nicht schlecht am Start ist. Dass ich auch fett down mit ihm bin, hab ich vielleicht erst mal zu kurz kommen lassen. Wir sitzen oft in der Küche, trinken Bier und reden über dies und jenes.

Wie dem auch sei, heute schlägt er mir ernsthaft vor, mich in einem seiner Subunternehmen arbeiten zu lassen, immerhin sind kompetente Japanisch/Deutsch/Englisch-Typen nach wie vor rar gesät. Der Aufenthalt hier wird immer surrealer. Tourmanager, Business-Hauslehrer, Salaryman in einem Monat: What comes next??? Vor allem bietet mir das die relative Chance, für länger als gedacht hier zu sein. So langsam wird's kompliziert.

Ach ja, die neue FALL OUT BOY hab ich mir auch noch gekauft! Es lebe der Poppunk!

2005
MAI
3

Eintrag von ungefähr 2 Uhr nachts: »Grad totall besoffen Nac HHAuse gekommen. War mit Otousan saufen, mal wiedr... Wahrscheinlich wer ich echt in seiner verfickten Firmsa an fangen! Alss kraaser Vusiness Typ! IcH1 HA! UNFASSBAr!«

2005
MAI
4

Nächster Morgen. Oh mein Gott! Was für ein Eintrag! Mein Kopf, ich sterbe ...

Ansonsten wird mein Leben hier immer seltsamer. Ich komm mir manchmal vor wie der Protagonist in einem Haruki-Murakami-Roman, der von einer unwirklichen Situation in die nächste taumelt, dabei aber auf irgendeine Art und Weise immer stoisch ruhig zu bleiben scheint, als sei es das Leben eines anderen.

Ich mache mir ernsthaft Gedanken über mein Leben und meine Zukunft, ich meine, irgendwie hab ich ja schon in Deutschland damit angefangen, aber trotzdem, hier ist es anders, nicht so hypothetisch, sondern konkreter, umsetzbarer. Nächstes Jahr ist mein beschissener 30. Geburtstag. Ich bin alt. Welche Firma nimmt mich denn bitte noch? Und zu welcher will ich überhaupt? Ich meine, will ich denn überhaupt irgendwohin? Soll sich irgendwas ändern? Ich denke, das muss es. Verantwortung, oh Mann. Und wenn ich wirklich für meinen Gastvater arbeiten sollte, dann wäre das bestimmt kein schlechter Job. Er sieht mich bereits als Teil der Familie. In Deutschland hab ich nie einen Vater gehabt. Auch keinen gebraucht. Zumindest jetzt nicht mehr, der Zug ist vor langer Zeit abgefahren.

Aber hier? Hier ist irgendwie alles anders. Hier bieten sich einem jede Menge Chancen und Möglichkeiten, alten Ballast abzuwerfen, Stigmata loszuwerden, die man schon sein ganzes Leben mit sich rumschleppt, jemand anderes zu sein, was auch immer. Und manche Chancen sollte man vielleicht einfach nutzen. Ich hab mir mein Leben bestimmt nicht bei einer Firma vorgestellt. Aber wo denn bitte sonst? Seien wir doch mal realistisch. Wie groß ist die Wahrscheinlichkeit, dass die nächsten Jahre irgendjemand zu mir kommt und mich fragt, ob ich nicht die nächsten Filme von *Aoyama Shinji* Japanischer Regisseur, unter anderem verantwortlich für das 4-Stunden-Meisterwerk »Eureka« oder so übersetzen will? Gibt es so ne kleine Zahl überhaupt? Und im Gegensatz dazu hätte ich in seiner Firma zumindest eine gewisse Sicherheit, die man in der beschissenen freien Drecksmarktwirtschaft beileibe nicht hat. In Japan hat Familie noch eine ganz andere Bedeutung. So wie in Italien, *La Familia*. Nur müsste ich dann wohl hier bleiben. Und könnte meine Freunde nicht mehr sehen. Meine Freundinnen, Exfreundinnen. Ich weiß nicht, ob ich das schaffen würde. Ob ich das überhaupt wollen würde. Mann, ich liebe Japan. Das ist so was wie ein Traum hier. Trotzdem.

2005 MAI 5

Autorität. Ekelhaft. Werkzeug machtloser, armer Penner. Sollte ich jemals eines dieser selbstgerechten, autoritären Arschlöcher werden, erschießt mich bitte. Ohne Scheiß, lieber tot als so. Wie armselig muss man sein?

Hier ist das auch nicht anders. In einer Firma arbeiten, unter einem Chef? Vergiss es! Ohne mich. Da verreck ich lieber unter irgendeiner Brücke, ob in Nagatachô oder Sülz, scheißegal. Auch wenn der Chef mein eigener selbst ernannter *otôsan* Vater ist.

Wir waren mal wieder saufen, und was sich die letzten Male in Zusammenhang mit dem Sich-näher-Kommen und seinen Angeboten bezüglich Arbeit und ähnlichem schon angedeutet hat, verdichtet sich so langsam in einer Art, die unerträglich ist.

Mit diesem Vater-Ding entstehen von seiner Seite aus gewisse Machtspiele, angefangen damit, dass er immer das letzte Wort haben muss, egal bei welcher Diskussion, und das, obwohl er meistens gar nicht checkt, worum es überhaupt geht, da sein Englisch einfach viel zu verfickt schlecht ist, um Konversation über Angelegenheiten wie die Besuche des japanischen Premierministers *Koizumi* beim *Yasukuni-Schrein*, in dem auch Kriegsverbrechern gedacht wird, zu betreiben. Japanisch spricht er ja nicht mit mir, teilweise um sich in seiner eigenen vermeintlichen Kenntnis des Englischen zu sonnen, teilweise im über Jahrhunderte gepflegten japanischen Irrglauben, ihre Sprache sei für Ausländer zu schwer zu meistern, da sie ja diese überlegene Herrenrasse seien. Also kommt er mir, wenn er mal wieder nicht weiterweiß, mit irgendwelchen fadenscheinigen Argumenten über »japanese customs«, mit denen das aber so was von nichts zu tun hat, ich kenne Japaner, die würden kotzen, damit in einem Atemzug genannt zu werden, um am Ende irgendwie als der Gewinner dazustehen, was ich ihm jedes Mal zugestehe, wie ein Erwachsener, der mit einem Kind Monopoly spielt. Ist mir echt selber fast peinlich, dass ich mit einem Mittfünfziger auf diese Art und Weise umgehen muss.

Dann klopft er mir auf die Schulter, bestellt neues Bier und lobt meine Intelligenz, was natürlich seine, die meiner überlegene, umso mehr mit einschließt, er kennt das auch einfach nicht anders, als der Firmenchef, der er ist. Da gibt's wahrscheinlich auch niemanden, der ihm mal sagt: »So Alter, bis hier hin und nicht weiter!«, ein Satz, den ich fast schon mit Gewalt unterdrücken muss.

Und so bleibt eben alles beim Alten, ich mach gute Miene und spiele die Rolle, als ob ich mit einem verzogenen Kind im untersetzten, langsam vor die Hunde gehenden Körper eines 55-Jährigen rede. Sick.

Wobei es aber natürlich nicht bleibt. Wäre ja auch zu schön. Je näher wir uns kommen, umso mehr verlagert er das ganze Spiel zusätzlich auf die körperliche Ebene. Im Sushi-Restaurant wollte er, dass wir nebeneinander Liegestütze auf den Knöcheln machen, dann, dass ich ihn angreife, damit er mit Karate, Aikido oder was weiß ich abwehren kann. Dann nimmt er mich in den Arm und sagt mir mal wieder, dass ich sein Sohn sei, woraufhin er mir volles Rohr von hinten auf die Schulter schlägt, eine Mischung aus Liebesbekundung und Aufforderung zum Duell.

Ich bin auf dem Rückweg, nachdem ich ihn nach Hause gebracht hatte, noch mal eine Runde gelaufen, irgendwie um die Aggressionen loszuwerden, er meint das ja alles nicht böse. Habe mir, trotz Nichtraucher, eine Scheiß-Packung Kippen gekauft, ne halbe geraucht und den Rest weggeschmissen, draußen gesessen und erst mal durchgeatmet.

2005 MAI 6

Hab den Deutschlehrer-Job! Hallo Kaffee-im-Café-trinken-Könner! Bald bin ich einer von euch!

2005 MAI 8

Hier halten mich alle für schwul. Wegen meiner Art zu reden! Anders als bei uns »Barbaren aus dem Westen« (kleiner Japanologen-Insider!) ist die japanische Sprache mehr oder weniger strikt in Männer- und Frauensprache, also im Prinzip höflich und unhöflich, unterteilt. Und welche von beiden kriegen wir an der Uni wohl beigebracht? Und ist das auch dieselbe, die von den cooleren Jugendlichen hier gesprochen wird? Hm ... mal sehen ... NEIN!

Das ist echt so was von schwierig, diese »*otokokotoba*« genannte Männersprache ist halt echt noch mal ne kleine Welt für sich, als ob man ne Sprache in einer Sprache lernen müsste. Klingt aber auch einfach mal 100 Mal cooler. Ihr kennt diese Yakuza-Filme? So ungefähr hört sich das an. Und dazwischen ich, die höfliche Schwuchtel aus Deutschland. Ist wahrscheinlich ungefähr so, als würde man in Deutschland in einen angesagten Club oder so gehen und da alle siezen. Zum Verzweifeln.

2005 MAI 10

Geträumt, dass ich mit einer der 5 hier im Haus lebenden Katzen zur Uni gehe. Sie läuft aufrecht auf den Hinterpfoten neben mir her und gibt mir dabei eine Hand, um nicht umzufallen. Ich muss mich, da sie natürlich um vieles kleiner ist, so komisch zur Seite beugen, damit sie einigermaßen laufen kann. Während wir über den Schulhof gehen, fällt mir auf, was ich da eigentlich mache: Was zur Hölle will ich mit einer Katze an der Uni? Auf einmal gucken mich auch alle anderen verständnislos an. Ich probiere, nonchalant zu wirken und werfe die Katze seitlich auf eine Treppe, so nach dem Motto, huch, was macht die denn hier. Und auch wenn Katzen ja normalerweise immer auf den Hinterbeinen landen, ist das diesmal anders, sie schlägt voll mit dem Rücken auf die Stufen und heult schrecklich.

Auf einmal ist es auch keine Katze mehr, sondern ein kleiner Junge, so um die 6 Jahre alt. Ich gehe zu ihm hin und entschuldige mich hektisch, ich hätte gedacht, er sei eine Katze und würde deshalb auf den Beinen landen, alle anderen gucken angewidert und fragen mich, wie ich denn bitte zur Hölle einen Jungen mit einer Katze verwechseln kann, ich weiß es allerdings selbst nicht mehr, also hebe ich ihn auf, um ihn in ein Krankenhaus zu tragen. Er weint schrecklich wegen der Schmerzen, wahrscheinlich ist sein Rücken gebrochen, also überlege ich kurz, ob ich ihn überhaupt aufheben durfte, soll man Leute nach einem Unfall nicht unbewegt liegen lassen, bis der Arzt kommt, wegen inneren Verletzungen oder so?

Ich probiere, ihn vom Campus wegzutragen, doch schon einige Straßen später, wir sind auf einmal irgendwo im Nirgendwo, merke ich, dass es so nicht geht, und setze ihn ab. Da kommt auch schon die Mutter angelaufen und weint und schreit in einer Sprache, die ich nicht verstehe. Was habe ich getan?

Als ich aufwache, schlägt mein Herz wie wahnsinnig.

2005 MAI 14

Mehrere Tage kein Eintrag mehr, war irgendwie nicht drin, hab immer schon so viel in privaten Mails an Leute nach Deutschland geschrieben, dass ich mich hier irgendwie nicht wiederholen wollte, aber dadurch geht natürlich alles verloren, und genau das will ich ja verhindern. Also jetzt, wo ich hier mit einem Mörderkater sitze und die neue WEEZER höre, mal wieder weniger Licht als Schatten, der Versuch, die letzte Woche einigermaßen zu rekonstruieren, kann ja im Moment vor lauter Kopfschmerzen eh nichts anderes machen:

Vor einigen Tagen treffe ich mich mit Atsushi, einem meiner japanischen Freunde, die ich neu kennengelernt habe, um rumzuhängen, Musik zu hören und Bier zu trinken. Zumindest versuche ich das. Als wir uns kennengelernt hatten, meinte er, er wohne supernah bei mir und dass das ja der Hammer sei – da könne man ja einfach rumhängen und müsse nicht, wie hier sonst üblich, bis ans Ende der Welt fahren. Wie cool, jemand, der nah wohnt!

Wir schicken uns also SMS hin und her, beziehungsweise Handy-E-Mails, kosten so um die 1 Cent das Stück und die Zeichenzahl ist unbegrenzt. Deswegen sieht man hier in den Bahnen auch immer alle Leute über ihren Handys sitzen und irgendwas Triviales schreiben.

Aber irgendwie texten wir die ganze Zeit aneinander vorbei, worauf ich Atsushi auf dem Handy anrufe, da ich aufgrund der Schriftzeichen, die er benutzt, seine japanischen Nachrichten auch nicht immer verstehe und mir denke, ich könnte mich vielleicht verlesen haben. Macht die Sache aber auch nicht gerade einfacher angesichts der Tatsache, dass er oben beschriebenes Männerjapanisch par excellence, und das ausschließlich, spricht und dazu der Empfang auch noch superscheiße ist. Hier ist ein nicht übertriebener Ausschnitt meines Gedächtnisprotokolls unseres fast 10 Minuten dauernden Gespräches:

»Hallo?«

»Hi, hier ist der David, alles klar?«

»Hallo?«

»Hallo??«

»David?«

»Ja! Atsushi?«

»Was?«

»Ähh, hörst du mich? Der Empfang ist voll scheiße ...«

»Ja, schon, aber mit der Bahn ist das echt besser!«

»Was? Mit der Bahn?«

»NEIN! Mit der Bahn! Das regnet bestimmt noch. Ist der Empfang bei dir auch so scheiße?«

»Ja!«

»Wo bist du denn?«

»In der Uni.«

»Dann ruf doch am besten noch mal an, wenn du in der Uni bist!«

»Ich BIN in der Uni!«

»Was? Mit dem Fahrrad ist ohne Scheiß nicht so gut!«

»Häh? Hallo? Wieso denn nicht? Du hast doch gesagt, du wohnst um die Ecke?«

»Wenn das regnet, kann ich dich nicht mit dem Mofa abholen kommen, das ist zu gefährlich.«

»Ähhh, musst du ja auch gar nicht, ähhh ...«

»Nee, das ist zu klein, ZU KLEIN!«

»WER?«

»HALLO?«

»HALLO?«

»Komm am besten mit der Bahn!«

»O.K., aber ich dachte, du wohnst voll nah?!«

»Kein Problem, ich wohn voll nah, das ist einfach!«

»Ey, ich versteh echt kein Wort, sorry ...«

»Was? Auf jeden Fall in Gōtokuji! Aber von Setagaya direkt ist besser! Und dann steigst du in Izami-Shimagawa aus.«

»Oh Gott, wie lange dauert das denn?«

»Das ist voll nah, insgesamt 30 Minuten mit dem Zug.«

»30 MINUTEN? Das ist nah???«

»NEEIIIN, 30 Minuten, 30!«

»Ach, nur 3?«

»Ja, 30!«

Und so weiter. Irgendwann hab ich dann verstanden, dass das japanische »nah« mit dem deutschen »nah« so wenig zu tun hat wie Schalke mit der diesjährigen Meisterschaft, bin also erst mit dem Rad nach Gôtokuji gefahren, superschwer zu finden, hat mal ne gute halbe Stunde gedauert, dann da in die Bahn gestiegen, und nach noch mal 15 Minuten war ich wirklich da, vollkommen nassgeregnet und am Arsch, aber egal. Wir trinken Bier, reden über Musik, spielen Playstation (da Pro Evolution Soccer die Bundesliga-Lizenz nicht zu haben scheint, heißen die Vereine »Hanseaten«, »Pharmakonzern«, »Rekordmeister« und so weiter, ich spiele zum ersten Mal und am Ende gewinnt »Rekordmeister« 8 zu 0 gegen »Ruhr«, 5 Tore von »Makii«, toll, wie im echten Leben) und hängen klassisch ab.

Nach und nach verstehe ich auch immer mehr, wie seine Art zu sprechen funktioniert, und assimiliere in bester Borg-Manier bereits erste Worte und Redewendungen. Die lassen einfach die Hälfte weg und machen alles kürzer, das scheint der Trick zu sein. Aus »*ore no uchi*« (mein Haus) wird dann zum Beispiel »*orenchi*«. Und so weiter. Ich fahre mit der letzten Bahn nach Hause, mache angetrunken meine Hausaufgaben und schlafe wie ein Stein.

Es heißt, dass man im Ausland schneller müde wird als zu Hause, weil sich das Gehirn wegen der fremden Sprache viel mehr anstrengen und außerdem die ganzen neuen Eindrücke verarbeiten muss. Das scheint wahr zu sein. Bin ich fertig.

2005 MAI 15

An der Uni einen Flyer von einer Party direkt bei mir um die Ecke (das deutsche »nah«!) in die Hand gedrückt bekommen, kostet nur um die 10 Euro Eintritt, was für japanische Verhältnisse echt spottbillig ist, sogar inklusive eines Getränks, also entscheiden ein Kumpel und ich uns, da hinzugehen. Die Musik sei angeblich PIZZICATO 5-Style – halt so komischer Japan-Weirdo-Elektro-Pop oder so. Ist aber eigentlich auch egal, Hauptsache einfach mal wieder richtig ausgehen, ohne mit der Bahn um 23 Uhr nach Hause zurückfahren zu müssen.

Wir treffen uns bei mir, hören DIZZEE RASCAL, trinken ein paar Bier und gehen leicht angeheitert, wie die Klischee-sich-nicht-benehmen-könnenden-Ausländer, los, um den Club zu finden. Wir sind so, wie man halt ist, wenn man getrunken hat und sich auf was freut: lachen laut, stolpern über Sachen, reißen Plakate von rechtslastigen Politikern ab oder versuchen, springenderweise an irgendwelche aufgehangenen Fahnen ranzukommen. Aber wir sind cool, keine Scheiß-»*Roppongi*-Ausländer«, das sind nämlich die Schlimmsten, von denen gibt's bei uns an der Uni auch einige, das sind meistens so superreiche, vollkommen beschissene Amis, denen Mami und Papi ALLES bezahlen, die mit ihren Kreditkarten rumwinken, jeden Monat mehrere 1000 Dollar raushauen, alle Japaner wie Menschen 2. Klasse behandeln, die Frauen auf übelste, respektlose Weise anbaggern, anfassen und was auch immer, sich bis an den Rand der Bewusstlosigkeit besaufen, überall Stress machen und ihre vermeintliche Freiheit von Zuhause genießen, ohne dabei zu checken, dass sie hier nur Gast sind und man ihnen deshalb alles durchgehen lässt, Sachen, für die sie Zuhause auf jeden Fall mindestens für eine Nacht im Knast landen würden, im Prinzip wie die beiden Nutten aus *The Simple Life*, nur viel aggressiver und, wenn das überhaupt möglich ist, noch respektloser ihrer Umwelt gegenüber. Diese Leute bestätigen Tag für Tag das Klischee über Ausländer in Japan, und ich hasse sie dafür. In der Regel hängen die in Roppongi rum, war früher mal ein kulturelles Zentrum, ist jetzt nur noch Party- und Absturzort, zumindest bekommt man diesen Eindruck.

Na ja, so sind wir auf jeden Fall nicht, trotzdem denken wahrscheinlich einige Leute etwas in der Richtung, egal, heute wird gefeiert, also ziehen wir durch Sangen-jaya (kurz: »San-Cha«) und suchen den Club – finden ihn nach der obligatorisch erfolglosen Suche von gut 1,5 Stunden (warum ist das immer so???) dann auch schließlich, ist jetzt schon um die 2 Uhr nachts, zahlen den Eintritt und befinden uns plötzlich in einem Raum, der kaum größer ist als mein Wohnzimmer in Köln, gefüllt mit dem ohrenbetäubenden Lärm einer bizarren Techno-Trance-wie-auch-immer-dieser-Scheiß-heißen-mag-Party und den gut 50 dazu zappelnden Leuten, die teilweise vollkommen synchron vor dem DJ-Pult, das sozusagen als Stage fungiert, von rechts nach links grooven, was dem Ganzen einen echt surrealen Anstrich gibt. O.K., kann auch daran liegen, dass ich nie auf solche Partys gehe, vielleicht ist das da ja immer so, sieht aber schon seltsam aus.

Wir lehnen uns gegen die Bar, trinken Corona und versuchen mal wieder, so nonchalant wie möglich auszusehen, lernen auch tatsächlich bald irgendwelche Japaner kennen, die wir mit der Crystal-Kay-ist-in-unserer-Klasse-Geschichte wie gewohnt geschickt um den Finger wickeln, werden zu weiteren Getränken eingeladen und müssen von der Bundesliga, deutschen Frauen und japanischen Bordellen erzählen.

Ohne Scheiß, die haben hier echt ne andere Herangehensweise, was käufliche Liebe betrifft, das scheint hier so was von akzeptiert und normal zu sein, das gibt's echt nicht, fast jeder männliche Japaner, den ich bis jetzt kennengelernt habe, erzählt mehr oder weniger offen von seinen Erlebnissen. Einer geht nach der Uni regelmäßig in einen Blow-Job-Puff, wo er sich von seiner Lieblingsnutte für um die 30 Euro einen blasen lässt, man sagt sich, dass diese Mädchen *so gut* darin seien, dass man, ohne Scheiß, regelrecht abhängig davon werden kann, von dem im Gegensatz dazu auf einmal vollkommen langweilig erscheinenden Sex mit der eigenen Freundin ganz zu schweigen.

Ein anderer lässt sich ein Mal im Monat für um die 150 Euro richtig durchficken, dabei ist der Typ, hab ihn gerade hier kennengelernt, kaum über 18, so wie es scheint, und auch meine Einwände, ich bin ja wirklich kein besonders moralischer Typ, dass für Sex, dafür, dass sich eine Frau für mich auszieht, bezahlen zu müssen, irgendwie meine Männlichkeit beleidigen würde und in meinen Augen einfach nur ein Zeichen für Schwäche sei, werden nicht mal im Ansatz verstanden. Ist halt eine andere, auf anderen Weltanschauungen basierende Kultur und für mich oft auch gerade deshalb interessant. Die Leute hier sind eben gänzlich ohne diesen verlogenen christlichen Schuldkomplex aufgewachsen, und das merkt man. Im Gegensatz dazu scheint dafür oft ein jegliches politisches, soziales Bewusstsein nicht mal rudimentär zu existieren, das bei uns durch unsere Geschichte und den Umgang damit, zumindest teilweise, präsent ist. Hat halt alles seine Vor- und Nachteile.

Egal, wir hängen ab, trinken viel zu viel, reden komisches Zeug mit komischen Leuten, und als wir den Club verlassen, ist es plötzlich Tag, und auf einmal merke ich, wie viel ich getrunken habe. Ich will einfach nur noch ins Bett, auch ohne Techno-Frau, gab eh mal wieder keine, also wanke ich die Straßen entlang, auf denen schon wieder die normale Betriebsamkeit herrscht, bis ich zu Hause ankomme und schlafen kann, obwohl dröhnende Kopfschmerzen sich bereits ankündigen und die morgige Hölle erahnen lassen.

2005
MAI
16

Ich wünschte inständig, die Leute würden aufhören, ständig in die Bahn zu kotzen.

2005
MAI
17

Wenn ich eins nicht mehr hören kann, ist es: »*Se ga takai nee!*«, was so viel heißt wie: »Bist du groß!«, was ich allerdings auch nie direkt gesagt bekomme. Wie bereits erwähnt, können sich ältere Japaner, eben die, die solche Sätze in der Regel loslassen, oft nicht vorstellen, dass jemand ihre Sprache versteht, und sagen das dann halt zu jemandem, der neben mir steht, also *über* mich. Und dann bedeutet »*se ga takai*«, weil das Subjekt im Japanischen weggelassen werden kann, eben: »Ist *der* groß!«, was das Ganze wiederum relativ unhöflich und nervig macht, zumal dieses lächerliche Klischee, Japaner seien alle so klein, auch wirklich genau das ist: ein lächerliches Klischee. O.K., vielleicht im Schnitt, aber mein Gott, auffallen tut das wirklich nicht.

Als ich heute morgen saumüde, weil ich gestern mal wieder bis spät nachts gelernt respektive Video geguckt habe, das Haus verlassen will, ist da wieder so ne alte Kuh, die, als ich gerade an ihr vorbeigehen will, zu meiner danebenstehenden Gastmutter sagt: »*Se ga takai nee!*« Also dreh ich mich zu ihr um und sage lächelnd auf Deutsch, superfreundlich: »Da müsstest du erst mal meinen Schwanz sehen, du Fotze!«, und gehe mit dem Gefühl, dass mir heute nichts mehr den Tag verderben kann, zur Uni.

2005
MAI
18

Manchmal ist es so, als würden unsichtbare Arme mich hinunter in die Tiefe ziehen. Ich versuche, nicht unterzugehen, aber es ist so, als hingen Hunderte von Menschen an meinen Beinen, mit ihren Händen in meine Haut grabend, ihre Fingernägel wie Widerhaken in das Fleisch bohrend, und ich kann immer schlechter atmen und weiß nicht mehr, wo ich bin und wo ich hin will. Nur noch schwimmen, nicht ertrinken, atmen um des Atmens willen, mit den Beinen strampelnd, um die Gewichte loszuwerden, während über mir nichts ist, nur Himmel, ohne Sonne, ohne Wolken, und vor mir Ozean. Umdrehen kann ich mich nicht, nur diese eine Richtung – immer weiter geradeaus, schneller als sie, keine Pause, keine Müdigkeit erlaubend, denn das würde das sichere Ertrinken bedeuten, immer auf der Suche nach irgendeinem Ufer, einem Stück Treibholz oder wenigstens einem Anhaltspunkt in der Ferne, am Himmel, am Horizont, immer die Hoffnung im Hinterkopf, irgendwann wieder festen Boden unter den Füßen zu haben, zu laufen, mich ins Gras fallen zu lassen, nichts tun zu können, zu *dürfen*, keine Hände, die nach mir greifen, keine Schwärze unter mir, keine Leere über und in mir, keine Scherben, keine Schmerzen, einfach nur Normalität.

2005
MAI
19

Geträumt, ich hätte Sex mit meiner Japanischlehrerin gehabt.

2005
MAI
20

Audition für die Popband. Würden mich nehmen. Aber will ich auch Will? Will ist der Kopf hinter der Band mit dem originellen Namen »Amber« (würde man einen Contest veranstalten, bei dem der am häufigsten verwendete, langweiligste Bandname gewinnt, wäre Amber auf jeden Fall ganz vorne mit dabei), Kanadier, ekelhafter Surfer-Sunnyboy-Typ, Marke gebleichte Strubbelhaare, Hawaiihemd, Muskeln. Er möchte mit der Band erfolgreich werden, im kommerziellen Sinne, hat auch Kontakte zu allen möglichen Labels, Promotern und so weiter.

Hört sich ja fast nach Spaß an, ist aber, gemessen an der Tatsache, dass Will einer der untalentiertesten Songwriter ist, die ich je das Vergnügen zu treffen hatte, einfach nur peinlich. Die Songs sollen wohl J-Pop sein, hören sich aber, trotz ernsthaft talentierter Sängerin, nach einer furchtbar pathetischen Version von Sheryl Crow (als wäre das Original nicht pathetisch genug!) oder einer Million anderer Bands, deren Namen ich glücklicherweise nicht kenne, an. Berechenbar, langweilig, schlecht. Ich schäme mich regelrecht für die Akkordkombinationen, die ich da spielen muss. Außerdem ist mir der Typ einfach saumäßig unsympathisch. Mach ich's trotzdem, einfach um zu sehen, was passiert? Mal gucken.

Später: Mit der 3. Staffel von 24 angefangen! Ohmeingottohmeingottohmeingott!!!

2005 MAI 21

Die Uni ist ein Witz! Ohne Scheiß, die Japaner sind ja weltweit berühmt-berüchtigt für ihre Arbeitsmoral und Schülerselbstmorde. So langsam erfahr ich am eigenen Leibe, warum.

JEDEN TAG ein Test, Kanji Japanische Schriftzeichen, Grammatik, Vokabeln, Leseverstehen, das ganze Programm. Dann, alle 2 Wochen, eine Art Lektionsabschnitttest, der mal locker 2 Stunden dauert und was Inhalt, Schwierigkeitsgrad und selbstverständlich auch Lernintensität betrifft, die Kölner Zwischenprüfung locker und meilenweit hinter sich lässt. Was die Verantwortlichen natürlich nicht daran hindert, für den nächsten Tag 70 neue, superkomplizierte, hochwissenschaftliche Vokabeln zum Lernen aufzugeben – Wörter, die meine japanischen Freunde nie gehört haben, geschweige denn, dass ich sie je brauchen werde!

Das alles sieht in der Realität dann so aus, dass ich nach der Uni um 8 oder so zu Hause ankomme, esse, dusche und sofort zu lernen anfangen kann, irgendwann mehr oder weniger darüber einpenne. Die Aufnahmekapazität des menschlichen Hirns ist halt auch einfach mal begrenzt – zumindest die des durchschnittlichen deutschen Slackers. Was dann darin resultiert, dass ich am nächsten Morgen in der vollgestopften Bahn auf dem Weg zur Uni weiterlerne, alles auf Kurzzeit selbstverständlich, was sich bei der nächsten Lektionsabschnittprüfung nicht gerade als nützlich erweisen wird, und nicht mal Zeit dafür habe, mich darüber aufzuregen, dass die ganzen attraktiven Officeladies meine Blicke nicht erwidern.

Dann, alle 2 Monate, ein 4 Stunden dauernder Test, der alle Lektionsabschnittsprüfungen zusammenfasst, komplettiert von einem frei gesprochenen mündlichen Vortrag, der so um die 10 Minuten dauern soll, auf Japanisch versteht sich, und der natürlich auch ein dementsprechendes Maß an Vorbereitung erfordert, bevor dann, zu Semesterende, einfach mal ALLES abgefragt wird, was wir je auch nur im Ansatz gestreift haben könnten. Wie lange das dauert, weiß ich noch nicht, wahrscheinlich um die 600 Stunden. Und das ist nur Japanisch! Davon abgesehen hab ich ja auch noch normalen Unterricht, obwohl ich nicht wirklich davon überzeugt bin, dass das Wort »normal« hier unbedingt angebracht wäre, alle 2 Wochen ein 30-minütiges Referat auf Englisch hätte man mir in Köln nicht unterjubeln können, und neben allen anderen Verpflichtungen, die sonst noch so auf einen zukommen, Sprachaustausch, Soziales etc., ist es kein Wunder, dass hier alle verrückt sind.

Später: Sitze gerade mit dem Laptop auf dem Schoß im Wohnzimmer, während die Katzen neben mir das Wasser aus dem Fußbad der Tochter trinken. Irgendwie beneide ich sie, denn die Dame ist echt hot. Im Fernsehen kommt Golf, und morgen läuft der neue *Star Wars* an, der mit an Sicherheit grenzender Wahrscheinlichkeit genau so beschissen werden wird wie die letzten 2 Teile. Egal, die Hoffnung stirbt zuletzt.

2005 MAI 22

Folgende Szene in der U-Bahn: Ein sichtlich angetrunkener Businessmann in fortgeschrittenem Alter begrapscht ein Schulmädchen in der, wie gewöhnlich, vollgestopft und vollgekotzten letzten Bahn. Niemand scheint etwas dagegen zu tun, alle gucken mehr oder weniger weg, er hat ihren Slip schon runtergezogen und seine Hände unter ihre Bluse gearbeitet. Sie wehrt sich, tut das aber in einer keine Aufmerksamkeit erregenden Art und Weise, ist ihr augenscheinlich peinlich (IHR!), also macht mein Kumpel die umstehenden Leute darauf aufmerksam. Alle winken entschuldigend ab oder gucken schnell weg, also schieben wir uns durchs Gedränge, man muss sich das echt so vorstellen, dass auf einem Quadratmeter ungefähr 5 Leute stehen, und stoppen den Typ, Hand auf die Schulter und »*Te o dasu na!*« Finger weg!. Er hört auf, sie zu begrapschen, die umstehenden Leute gucken natürlich alle, er verbeugt sich 1000 Mal in unsere Richtung, hat auch offensichtlich und berechtigt Angst davor, eins aufs Maul zu kriegen, also frage ich das Mädchen, ob es mit uns zu den Bullen gehen und den Typ anzeigen will, worauf es nur abwinkt, sich erst vor uns, und dann VOR DEM TYP VERBEUGT, woraufhin dieser sich zurück verbeugt und jeder sich so gut es das Gedränge erlaubt in eine andere Richtung entfernt, uns mit offenem Mund zurücklassend.

Was zur Hölle ist hier gerade passiert?

Und warum gucken jetzt bitte alle umstehenden Leute UNS verständnislos und kopfschüttelnd an? O.K., zurückblickend sind wir jetzt der Meinung, dass das Mädchen für eine Schülerin vielleicht etwas zu stark und professionell geschminkt war, dazu diese Nicht-zu-den-Bullen-gehen-wollen-und-sich-verbeugen-Sache, und vielleicht ne Professionelle war. Aber selbst wenn! Oder uns ist einfach irgendwas entgangen. Oder wir verstehen einfach manches hier noch nicht so richtig. Trotzdem.

Einem anderen Freund ist eine ähnliche Sache passiert, nur um einiges lustiger. Er, gerade erst ein Jahr Japanisch studierend und deshalb noch nicht so gut sprechen könnend, hat so nen Typ zu stoppen versucht, indem er »*Chanto shinasai!*« gerufen hat, wovon er gedacht hat, es hieße: »Benimm dich!«, was in Wirklichkeit aber »Mach es richtig!« heißt! Der Typ soll auch komisch geguckt haben. Aufgehört hat er trotzdem. Die anderen Anwesenden haben allerdings auch in diesem Fall meinen Kumpel böse angeguckt.

Später: CHAMPIONS LEAGUE, CHAMPIONS LEAGUE, CHAMPIONS LEAGUE!!! SCHAAAAALKE!!!

2005 MAI 23

Und es gibt sie doch! Nette Leute an meiner Uni! Höchste Zeit, darüber zu schreiben. In meiner Klasse ist zum Beispiel so ein Typ, Ben, ein Ami (sind ja fast alles Amis), der aussieht wie ne Mischung aus Ross aus *Friends* und *Jerry Seinfeld*. Bloß mit Vollbart. Und mit dem liefere ich mir seit Wochen mehr oder weniger lustige Wortgefechte, in der Regel über unsere kollektive Vergangenheit als Deutscher/Jude, was sich dann in letzter Zeit auch in E-Mail-Wechseln wie Folgendem manifestiert:

Er: »You are an Arschgeburt and I fuck you between das Titten! Well, we be chillin at my crib tonite, I'll contact you if you promise not to kill my jewish ass!«

Ich: »Don't know man, can't promise you that, sort of a german habit. Contact me anyway.«

Er: »Burn in hell, axis of evil guy!«

Und so weiter. Was meinen universitären Alltag doch merklich aufhellt. Neulich war ich dann auch bei oben beschriebener Party und hab die anderen kennengelernt, alles eher lockere, relaxte Leute, die nicht so sind wie der riesige Haufen Abschaum, der sich sonst so durch die Gänge der Uni schiebt, immer beschäftigt tut und zu cool zum »Hallo«-Sagen ist. Mit denen kann man einfach gut im klassischen Sinne *abhängen*, nichts tun, Bier trinken, Playstation spielen oder über die Vorzüge der japanischen Frauenwelt philosophieren. Ein Freund von mir würde sagen: »Angenehm.« Recht hat er.

Wir sind also bei Ben, hängen ab und trinken, bis kein Bier mehr da ist, gehen neues kaufen, zu fünft, kommen auf dem Weg an einem der vielen 100-Yen-Shops vorbei, kaufen uns da jeder traditionelle *kabuki*-Theater-Masken und streunen besoffen maskentragend durch die nächtlichen Straßen von Sengawa, bewegen uns wie Dämonen aus *kabuki*- oder *nô*-Spielen Im Gegensatz zu kabuki ist nô eine ältere und formellere Form des klassischen japanischen Theaters und filmen uns dabei. Bin ich froh, dass uns niemand gesehen hat. Am nächsten Tag guck ich mir das Video an und bin von der unheimlichen Art und unbestreitbaren Qualität unserer Darbietung beeindruckt!

2005
MAI
24

Einer von den Guys ruft mich an und sagt, dass sich alle in Kôenji treffen, dort in ein *izakaya* gehen und den Abschluss unserer Midterm-Exams feiern. Die waren gestern und sauschwer, sind aber, glaub ich, gut gelaufen, also bin ich dabei und gucke mir auf der Karte an, wie ich nach Kôenji kommen kann.

3 Mal umsteigen, über eine Stunde Fahrt, Riesenumwege. Dabei liegt das doch relativ in der Nähe. Also rät man mir, einfach mit dem Fahrrad zu fahren, super Idee, bin ich nicht so an die letzte Bahn gebunden (die dann in meinem Fall schon so um die 23 Uhr noch was fahren würde) und erspare mir auch das Gedränge und Vor-die-Füße-gekotzt-Bekommen.

Allerdings habe ich meine Rechnung ohne die just begonnene Regenzeit gemacht. Wie das halt so ist, fängt es gerade an zu regnen, als ich das Haus verlasse, egal, sind ja nur kurze Schauer in der Regel, also fahre ich los wie der Wind, leider Gegenwind in meinem Fall, egal, gewöhnt man sich dran, ist außerdem Workout. Und warm, besser gesagt schwül, ist es ja auch schon seit Wochen. Nach ungefähr 20 Minuten verwandelt sich der Schauer dann in einen Platzregen biblisch-apokalyptischen Ausmaßes – alles in seinem Weg wegspülend und erbarmungslos auf mich niederhämmernd. Egal, denk ich mir noch, kann ja nicht mehr weit sein, dann wärm ich mich halt in dem *izakaya* auf, fahre also weiter (anstatt wie alle anderen um mich herum abzusteigen und mich unterzustellen, klar, die wissen halt schon, dass so ein Regen nie länger als 20 Minuten anhält, ist ja nicht *deren* erster Sommer in Japan), verfluche mein Schicksal und bin nach 5 Minuten nass bis auf die Haut, überall, als hätte ich mit Klamotten gebadet.

Was soll ich also machen? Weiterfahren, vielleicht sogar ausnahmsweise mal den Ort finden, da dann stundenlang klitschnass rumhängen, krank werden und mich später über meine eigene Dummheit ärgern? Oder umkehren, noch mal 30 Minuten durch den strömenden Monsun fahren, dieselbe langweilige, immer geradeaus gehende Stecke zurück, alles umsonst, dann im *konbini* Bier kaufen, damit in die Badewanne und den Rest des Abends allein verbringen? Die Vernunft siegt, ich entscheide mich für Letzteres. Unfassbar, wie vernünftig ich manchmal sein kann.

2005 MAI 25

In Japan gibt es, verstärkt vorkommend seit ungefähr den 1980ern, ein *mizuko kuyô* Messe für Fehlgeburten und abgetriebene Kinder. Das japanische Wort mizuko (wörtlich: »Wasserkind«) steht für ein noch im Mutterleib oder früh gestorbenes Kind, kuyô bezeichnet eine rituelle Totenandacht genanntes buddhistisches Ritual, mit dem Frau im Falle einer Abtreibung den Fötus einem *Jizô* Buddhistische Schutzgottheit der Kinder, Reisenden etc. heißenden Boddhisatva (Halbgottheit) anvertrauen kann, sodass dieser sich um das Heil des Ungeborenen kümmern und auf diese Art und Weise gleichzeitig die Schmerzen der Mutter lindern kann.

Auch wenn ich persönlich 100 % Atheist bin und weder mit unserem guten alten christlich-abendländlichen Schuldkomplex und Missionarseifer noch mit pseudoliberalem, romantisch-verklärtem Hippie-Buddhisten-Kram auch nur im Ansatz etwas anfangen kann, hab ich mir dabei gedacht, dass diese Sache für das Seelenheil der Frauen, die abgetrieben haben, vielleicht gar nicht so schlecht ist, immerhin kann sich wahrscheinlich keiner, der diese Erfahrung nicht am eigenen Leibe gemacht hat, in deren Gefühlswelt hineinversetzen. Dass es mehr als schlimm sein muss, dürfte eigentlich jedem klar sein. Auch wenn man rational genau weiß, das Richtige getan zu haben, für sich selbst und auch für das Kind, steht die emotionale Seite auf einem ganz anderen Blatt, und Schuldgefühle, Selbsthass und Zweifel verfolgen einen teilweise ein Leben lang.

Aber da gibt es ja dann diese buddhistische Sichtweise, dass Leben aus dem Wasser kommt und im Falle des Todes wieder dorthin zurückkehrt, im Falle einer Abtreibung noch nicht mal materialisiert war, deshalb einfach zurückgegeben wird und dann in einer Art Warteschleife auf seine reguläre Wiedergeburt zu einem Zeitpunkt, an dem es wirklich gewollt ist, wartet.

Wie gesagt, ich glaub da nicht mal im Ansatz dran, aber in der Realität scheint es eine Lösung für viele Frauen zu sein, mit diesem Schmerz und Verlust umzugehen.

›Wenn es also hilft?‹, hab ich mir gedacht, bis ich auf die Werbung dieser auf *mizuko kuyô* spezialisierten Tempel gestoßen bin! Das ist echt unfassbar, die werben in normalen Zeitschriften, Zeitungen, auf Plakaten und angeblich sogar im Fernsehen, aber in einer Art und Weise, die mir echt die Spucke wegbleiben lässt. Da werden Schuldgefühle und Angst der Mütter bewusst forciert, instrumentalisiert und benutzt, um Geld zu machen, da wird von Rachegeistern erzählt, welche die Mütter nach ihrer Abtreibung heimsuchen würden (der Geisterglauben ist in Japan aufgrund der kulturellen Geschichte des Landes auch unter jungen Leuten noch äußerst stark verbreitet), und an alle möglichen Urängste appelliert, alles scheinbar legal, nur damit verängstigte, von Zweifel und Elend geplagte junge Frauen, die in den meisten Fällen eh noch halbe Kinder sind, ihre Ersparnisse zum freundlichen Buddhistentempel um die Ecke tragen und sich für umgerechnet um die 100 Euro das spirituelle Gewissen reinwaschen lassen.

Was dann in der Regel dazu führt, dass sich diese Mädchen vielleicht oberflächlich besser fühlen, die Probleme aber einfach ins Unterbewusstsein verlagern, wo sie wuchern, wachsen und irgendwann zurückkommen, während für viele junge Leute hier Abtreibung zu einer Art Empfängnisverhütung zu werden scheint, und nein, ich habe kein moralisches Problem damit, aber was das langfristig in diesen Frauen anrichtet, kann sich wohl keiner auch nur ansatzweise vorstellen, und ja, damit habe ich ein verficktes Problem. So viel zum lieben Buddhismus.

Meine eigens aus Deutschland mitgebrachte Zahnpasta geht zu Ende, und ich bin ernsthaft erleichtert, dass die hier gekaufte nicht nach Seetang schmeckt!

Später: Geträumt, ich stünde in Bonn am Hauptbahnhof an einem der Geldautomaten. Als ich meine Karte reinschiebe, kommen 3 Lans, dieselben, die mich damals in Frankfurt in der S-Bahn abgerippt haben, und stellen sich grinsend um mich herum. Ihre Zähne sind gelbschwarz, soweit überhaupt vorhanden, und sie tragen alle LA-Lakers-Footballjacken, so wie ich, als ich 14 war, und brauchen gar nichts zu sagen, die Situation ist ja eh klar. Das Geld kommt raus, mehrere 10.000 Yen, die Lans sind enttäuscht, fast traurig, also biete ich ihnen Kippen an, es sind die Menthol-Dinger von meiner Gastschwester, aber sie fallen mir runter, und als ich sie wieder aufgesammelt habe, sind die Typen weg.

Dafür stehe ich jetzt zu Hause vorm Badezimmerspiegel und habe Schleim im Mund, so viel, dass, als ich ihn ins Waschbecken zu spucken versuche, erst mal gar nicht alles rauskommt, sondern an so Fäden aus meinem Mund hängt, also spucke und spucke ich, bis das ganze Zeugs draußen ist, es landet auf dem Boden und ich sehe mit nicht größer sein könnendem Entsetzen, dass sich in diesem riesigen Schleim/Spucke-Ball eine fette, schwarze Spinne befindet, die in mir gewachsen ist und auf diese Art und Weise geboren wurde. Ich weiß direkt, dass in der Nacht mehrere kleine Spinnen in meinen Mund gekrochen sind und dort, hinter den Zähnen, Eier gelegt haben, wovon das erste gerade geschlüpft ist. Und während ich mich noch vor Ekel schüttele, überlege ich schon, wie ich einem japanischen Arzt diese Situation wohl schildern könnte, als mir plötzlich auffällt, dass meine Schneidezähne weh tun und das Zahnfleisch dahinter stark geschwollen ist. Also presse ich beide Daumen darauf, so fest wie es geht, und aus den Zahnzwischenräumen beginnt fontänenartig Blut zu schießen – immer und immer mehr, das ganze Waschbecken ist bereits voll, und als kein Blut mehr fließt, kommt es dann, das Spinnengift. Hinter meinen Schneidezähnen scheint sich eine Giftdrüse entwickelt zu haben, beziehungsweise scheinen die nachts in mich hineingekrochen Spinnen diese produziert zu haben. Ich drücke und drücke, bis kein Spinnengift mehr in meinem Mund ist, im Waschbecken vermischt es sich mit dem Blut zu einer unbeschreiblichen Flüssigkeit. Ich warte darauf, mich zu übergeben, wache aber vorher zitternd auf.

2005
MAI
28

So langsam artet das hier alles in Stress aus. Um 9 Uhr aufgestanden und leicht verkatert, hatte gestern Besuch von einer nicht weiter erwähnenswerten Bekannten, in die Uni gegangen, mich dort wirklich null konzentrieren können, dann nach Hause, das Fahrrad schnappen und 30 Minuten nach Shimo-takaido fahren, mit der Popband proben, die Sängerin kennengelernt, mag Kurt Cobain und Janis Joplin, ist aber ansonsten ganz O.K., redet ständig über Selbstmord und so, aber whatever, danach wieder 30 Minuten bis nach Hause, das Rad abstellen und schnell nach Shinjuku, mich im Plattenladen mit Leuten treffen, die den Weg zum Club kennen, in dem heute J-CHURCH spielen, dann direkt auf zum Red Cloth, so heißt das Ding, 18 Euro (da schmerzt einem echt die Hand beim Bezahlen), 2 japanische Vorbands, erst die sehr mittelmäßigen THE HAPPENING, halt so Riot-girl-wannabe-BIKINIKILL-stuff, mit Ansagen wie »Revolution beginnt in euren Herzen«, für die man echt direkt auf der Bühne sollte erschossen werden dürfen, dann die wirklich coolen THE URCHIN, irgendwie Poppunk, irgendwie Hardcore, man weiß es nicht genau und gerade deshalb verdammt gut. Werde mir wohl die CD kaufen. Als Nächstes dann die mal so gar nicht ins Package passenden Briten HARD SKIN (!), durchschnittlicher Oi-Punk (Name sagt alles), die trotz vor kultureller Ignoranz strotzender, respektloser, sich dumm über japanische Sitten lustig machender, pseudolustiger Ansagen mit ihrer offensichtlichen Dummheit für mich für einen der Höhepunkte des Abends sorgen, als der fette, hässliche Bassist mit dem leersten Gesichtsausdruck der Welt sagt: »Hello! We're HARD SKIN! The next Song is called ›HARD SKIN‹! And it's about ... um ... being a HARD SKIN.« Herrlich. Skinheads, worüber könnte man ohne sie lachen. Obwohl ich auch gehört habe, HARD SKIN sei eine Parodieband, keine Ahnung, auch egal.

Dann spielen J-CHURCH, und die Leute, zumindest die, die nicht wegen HARD SKIN (oh Mann, ich liebe diesen Namen!) da waren, drehen durch, feiern die Band vom ersten bis zum letzten Lied (MISFITS »Where Eagles Dare«) ab und selbst ich, der ich ja eigentlich längst viel zu cool für so was bin, stimme in das »I ain't no goddamn son of a bitch!« mit ein.

Nach der Show, es ist jetzt um die 22 Uhr (sic!), gehe ich kein Risiko ein und laufe den Weg, den ich kenne, der aber gut 40 Minuten dauert, in Richtung Bahnhof Yotsuya, da wo meine Uni ist, und fahre über Nagatachô nach San-Cha für 30 Minuten nach Hause, schlinge alles runter, was im Kühlschrank ist, und muss schon wieder los, um meinen neuen Chef zu treffen, denn ich kann wirklich ab dem 1.6. als Tourmanager anfangen.

Als ich um 0.30 Uhr am Treffpunkt warte, kommt niemand. Ich will ihn anrufen, aber wie immer in so Momenten ist das Scheißhandy leer. Also warte ich bis fast halb 2, gebe auf, laufe nach Hause und falle mehr tot als lebendig ins Bett. Muss in Zukunft meine Termine besser koordiniert bekommen! Managersyndrom, haha.

2005 MAI 29

Party in fucking Roppongi. Spät angekommen, gezwungenermaßen früh wieder abgehauen, um die letzte Bahn zu kriegen. Also schnell und viel getrunken. Zum ersten Mal, seitdem ich hier bin, geküsst worden. Allerdings von einem Schwulen und zum Abschied auf die Wange. Na ja, ein Anfang. Auf dem Rückweg mehrere peinliche E-Mails, die ich später komplett bereuen werde, an alle möglichen Leute geschrieben. Zum Glück versteht eh kaum einer was, weil ich nicht mehr in der Lage war, die richtigen Tasten zu drücken. Oh Mann, ich wünschte, es würde Alkohol geben, mit dem man sich nicht blamiert.

Später: MANN! Kann man euch in Deutschland denn nicht mal 2 Monate alleine lassen, ohne dass die Scheiß-Merkel das Land übernimmt???

2005
MAI
30

Good things come to those who wait. Hab den Tourmanager-Job zu 100 %! Heute hat das Treffen mit meinem verdammt coolen, bis auf die Fingerspitzen tätowierten Boss geklappt, wir haben Kaffee getrunken, über Musik geredet und nebenbei noch kurz meinen Auftrag besprochen. Ist übermorgen und sieht folgendermaßen aus:

Ich hole die Band um 2 in Shinjuku am Bahnhof ab, bringe sie zum Club, übersetze, wenn nötig, eventuelle Wünsche aus dem Englischen ins Japanische und *vice versa*, guck mir die Show an, trink das Bier der Band, bringe diese wieder zum Bahnhof, verabschiede mich und lasse die Kasse klingeln! Na ja, viel bekomme ich nicht wirklich, aber das ist egal, wird auf jeden Fall voll die Erfahrung. Und so was ist ja bekanntlich unbezahlbar. Bin schon irgendwie aufgeregt.

Später: Geträumt, ich läge in der Uni im Bett neben einer meiner Kommilitoninnen, sie liest gerade ein Buch, sieht eigentlich nicht wirklich gut aus, aber auf eine schmutzige Art und Weise irgendwie sexy, also versuche ich, mich unauffällig auf sie zu legen und ihr meinen Schwanz reinzustecken, tue das auch und probiere, dabei so unbeteiligt und normal wie möglich zu wirken. Sie scheint auch kein wirkliches Problem damit zu haben, denn plötzlich ist sie nackt, macht die Beine breit und fängt an, noch immer in das

Buch vertieft, ihr Becken kreisend zu bewegen, als auf einmal meine Nase zu laufen anfängt. Ich versuche, so gut es geht, die Rotze hochzuziehen, doch es kommt immer und immer mehr, bis es mir schließlich aus der Nase läuft, worauf sie mich bittet, doch ein Taschentuch zu nehmen, ich würde sonst noch voll auf sie draufsabbern, und das wolle sie nicht. Also nehme ich ein Taschentuch, das auf dem Tisch neben dem Bett liegt, wir befinden uns übrigens in einem Hörsaal und das auch nicht wirklich alleine, putze mir die Nase und versuche, dabei so cool und sexy wie möglich zu wirken, während ich gleichzeitig darauf achte, nicht aus dem Rhythmus zu kommen. Dann aber reißt das Taschentuch, zu viel Rotze, ich suche krampfhaft ein neues, keins mehr da, und da die Stimmung inzwischen eh am Arsch ist, versuche ich, ohne dass sie etwas davon merkt, aus ihr raus und nach draußen zu kommen. Was mir dann auch ganz gut gelingt, denn sie ist bereits eingeschlafen. Vor der Tür warten meine Freunde und machen mit ihren Handys gegenseitig Fotos von sich, wobei sich im Moment des Knipsens ihre Gesichter zu obskuren Masken verformen.

2005
JUNI
1

Probe Emoband. Wieder mit dem Fahrrad irgendwo hin, wieder klitschnass geworden, geprobt, gefällt mir, wird gemacht, ist so ne Mischung aus frühen GET UP KIDS, JAWBREAKER, ROCKET FROM THE CRYPT und Indie mit einem bisschen Math hier und da. Nicht uninteressant. Außer dem Schlagerzeuger Clay aus Minnesota, der einer der coolsten und nettesten Amis ist, die ich je kennengelernt habe, und der mit seiner alten Band vor GREEN DAY getourt ist, ist nur noch Eugene mit an Bord, asiatischer Amerikaner, der sowohl koreanisches, japanisches als auch französisches Blut in sich trägt und die treibende Kraft hinter der Band zu sein scheint, als Hauptsongwriter und Texter äußerst kreativ und innovativ. Die Band heißt THE GREAT CIRCUITING, die erste Show ist im Juli.

Gleich noch Hausaufgaben, ist schon fast 1 und ich schlafe halb beim Tippen ein, egal, morgen ist Arbeit, übermorgen auch, dann ein Tag normal »nur« Uni, und am Freitag lern ich dann den ersten meiner Sprachschüler kennen. Sollte ich bis dahin nicht an Stress gestorben sein.

2005
JUNI
3

Und ich lebe noch. Wenn auch nur oberflächlich. Hätte fast gesagt, ich funktioniere noch, aber das war dann selbst mir zu Klischee. Oh Mann. Was für 4 Tage. In Kurzform verliefen sie ungefähr so:

Dienstag früh aufgestanden, zur Uni gefahren, irgendein Penner hat sich vor die Bahn geschmissen (kommt hier regelmäßig vor), Verspätung, Unterricht, danach direkt nach Shinjuku gelaufen (um das Bahngeld zu sparen, manchmal weiß ich echt nicht, was in meinem Hirn vor sich geht, eine Stunde laufen bei schwüler Hitze im Tausch gegen umgerechnet 1,50 Euro!), die erste zu managende Band getroffen, zusammen zum Club, dort bis nach der Show geblieben, die Band zum Bahnhof gebracht, mit der letzten Bahn nach Hause gefahren, ins Bett, am nächsten Morgen total wasted von einer E-Mail auf meinem Handy aufgewacht, verpennt, zur Bandprobe gerast (morgens um 10!), 2 Stunden in dem Proberaumbackofen verbracht, danach wieder Shinjuku, die Band abgeholt, den ganzen Tag im Club, Band in die Bahn gesetzt, nach Hause, Anruf von meinem Boss bekommen, muss morgen *auch* arbeiten, also wieder ins Bett gefallen, vorher noch bis 3 Uhr Kanji gelernt, wenigstens diesmal geschafft, zwischendurch zu duschen, am nächsten Morgen wieder zur Uni, Test: glatte 1, Band abgeholt, diesmal zum letzten Mal, mit ihnen getrunken, in die Bahn, nach Hause, Kanji gelernt, rasiert und gebadet für das Treffen mit meinen Sprachschülern morgen, wieder gegen 3 geschlafen, um 9 aufgestanden, Uni, Test: 1 (lasst mich doch auch mal rumprollen!), mich mit meinem Sprachlehrerjob-Boss getroffen, klargemacht bekommen, dass es von meinem Auftreten bei den Sprachschülern abhängt, ob ich den Job jetzt wirklich bekomme oder nicht, in deren Firma gefahren, mich vorgestellt, Probestunde gehalten, überzeugt, für 1,5 Stunden in der Woche umgerechnet 33 Euro ausgehandelt, nach Hause gefahren, Anruf von meinem Tourmanager-Boss bekommen, Montag und Mittwoch auch noch arbeiten, zwischendurch Midterm-Exams in Soziologie und Literaturwissenschaft, mich aufs Sofa gelegt, das Notebook auf den Schoß und dies hier zu schreiben angefangen.

Im Fernsehen läuft ne Doku über die WM in Deutschland. Ein beschissener Schwaben-Bayernfan-Bastard sagt, unterstützt von japanischen Untertiteln: »Desch hiea isch dä Waaahnsinn. Des hascht noch net gesehe. Desch neue Stadion isch dä absolude Waaahnsinn. Wie a große Salatschüssel.«

So, und jetzt das Ganze noch mal im Detail: Die Band, die ich betreue, heißt ECHO ME ASTRONAUT, ist eigentlich gar keine Band, sondern ein 1-Mann-Projekt in einwandfreier BRIGHT EYES-Manier, unterstützt von einem Bassisten und einem Labelchef/Tourmanager, eigentlich aber alles Freunde, aus einem Kaff irgendwo in Florida, auf jeden Fall supernette, obertalentierte Leute, die fast die gleichen musikalischen, kulturellen und politischen Vorlieben haben wie ich, mit denen das Verständnis von Anfang an blind klappt. Wir hängen im Club rum, laufen durch Shinjuku, tauschen Musik, Informationen und Geschichten jeglicher vorstellbarer Art aus, ich bin trotz des ersten Males, dass ich hier gerade als Tourmanager arbeite, keinen Millimeter nervös, übersetze die Wünsche der Band an die Leute vom Club, alle oberkorrekt und superfreundlich, die erste der 4 japanischen Vorbands, alle akustisch und irgendwie Folk im weitesten Sinne, fängt an und lässt uns mit offenen Mündern zurück, mein Gott, wie talentiert die alle sind, wir beglückwünschen die Jungs nach ihrem Auftritt, keiner spricht Englisch, ich hab also alle Hände voll mit Übersetzen zu tun, und während wir noch draußen die ersten Biere mit unseren neuen japanischen Freunden killen, geht es drinnen schon weiter, so nen tighten Zeitplan hab ich noch nie erlebt. O.K., hab ich auch nicht anders erwartet, also gehen wir rein, hören zu, machen Fotos, chillen weiter, ich tausche die ganze Zeit Adressen aus, ungefähr 100 neue Leute an einem Abend, jeder will abhängen, reden und Fotos von und mit uns machen, dann spielen ECHO, unfassbar gut, auch wenn die Leute, nach 4 japanischen Bands/Sängern/Gitarristen, die alle eher eine Mischung aus Comedy und Singer/Songwriter waren, zuerst nicht so richtig wissen, wie sie den melancholischen, schüchternen Jungen aus Amerika, der mit kaum hörbarer Stimme Ansagen ins Mikrofon haucht, in seinen Liedern aber vor Energie fast zu explodieren scheint, einordnen sollen, egal, irgendwann ist das Eis gebrochen, und wir feiern weiter, bis es irgendwann Zeit für die letzte Bahn wird.

Ich falle mit dem Wissen ins Bett, mit meinem neuen Job, sei er auch noch so schlecht bezahlt, das große Los gezogen zu haben, denn in Bezug auf Erfahrungswerte und soziale Kontakte geht es wahrscheinlich selbst theoretisch kaum besser. Und während ich noch darüber und über meine bis dato unbewusste Fähigkeit, organisatorische Aufgaben zu erledigen, Bands zu betreuen, im richtigen Moment streng oder cool zu sein und über dieses seltsame Gefühl von Verantwortung, von meinem Wort als Gesetz, von dem das Gelingen oder Scheitern dieses ganzen Unternehmens abhängt, nachdenke, übermannt mich der Schlaf mit einem Kribbeln im Bauch, wie ich es sonst nur von der Interaktion mit Mitgliedern des weiblichen Geschlechts kenne.

Am nächsten Tag, trotz all des Stresses, das gleiche Gefühl, Verantwortung, Entscheidungen treffen, ich werde gebraucht, man vertraut mir, hört auf mich, mag mich, und all das im Setting des Red Cloth, demselben Club, in dem ich Tage zuvor noch J-CHURCH gesehen hab, wieder mit einer Vielzahl cooler, interessanter japanischer Vorbands, eine origineller als die andere, trotzdem superunbekannt, eine CD aufzunehmen kann sich hier ohne Label im Rücken kaum einer leisten, außerdem sind die Shows zu gut 90 % »pay to play«, es kostet also um die 100 Euro überhaupt spielen zu können, pervers eigentlich, bei Eintrittspreisen um die 18 Euro, aber alle machen das Beste draus, kennen es natürlich auch gar nicht anders und sind dementsprechend verwundert, als wir von Zuhause berichten.

Später lerne ich die Barfrau kennen, supercoole Person, die mir ihre Handynummer zusteckt und mich bittet, übermorgen zur Show ihrer Band zu kommen, während sich die Amis im Hintergrund wie Schulkinder kaputtlachen und mich anfeuern, als ginge es um Leben und Tod.

Am letzten Tag spielen ECHO *die* Show überhaupt, oberemotional, mitreißend und absolut hitverdächtigt, selbst die japanischen Comedy-Musiker, die wieder als Vorbands fungieren und uns mit ihrer interkulturell verständlichen Show die Lachtränen in die Augen treiben, sind von Anfang an voll dabei, singen Lieder mit, die sie nicht kennen und deren Sprache sie nicht mal verstehen, klatschen und jubeln wie die Wahnsinnigen, irgendwo mit mir mittendrin, trotz des sich langsam einstellenden Gefühls, bald Abschied nehmen zu müssen.

Wir versprechen uns, in Kontakt zu bleiben, und ich bringe die Jungs, Herman, Ates und Jared, ein letztes Mal zum Bahnhof. Sie entscheiden sich, noch länger in der City zu bleiben, ausgelöst durch den öffentlichen Auftritt eines als Anime-Charakter verkleideten Transvestiten mit bunt gefärbten Haaren und einer Million Piercings in der Fresse, der wie wild zu einem Industrial-Song aus einem neben sich aufgestellten Kassettenrekorder abmosht, während ich nach Hause fahre und ernsthaft traurig bin, ab morgen wieder in mein normales Leben zurückkehren zu müssen.

Besser gemacht wird dieses Gefühl durch die ersten Mails von in den Clubs kennengelernten Leuten, die mit mir Party machen wollen. Weiß gar nicht mehr, wie ich das mit der Uni noch unter einen Hut kriegen soll. Scheißegal, hier lernt man fürs Leben! Auch wenn meine neuen Sprachschüler keine, wie eigentlich versprochen, heißen Officeladies, sondern alte, kontaktgestörte, hirnamputierte Männer um die 150 sind.

An der Uni ein Mädchen aus New Jersey kennengelernt, die in dem Ort wohnt, in dem das »Bada-Bing« aus *Sopranos* steht. Sie zählt die Tage, die sie nicht gefickt worden ist, und hat heute ihr 75. Jubiläum. Wir gratulieren uns gegenseitig, als wir zu unserer Verwunderung feststellen, dass wir zeitmäßig genau gleich liegen. Das ist so, wie am selben Tag Geburtstag haben, nur schlimmer.

Später: Oh Mann, Will meint es wirklich ernst. Hat unser (etwas über mittelmäßiges) Demo an Sony geschickt und heute nach der Probe einen Fotografen/Videokünstler kommen lassen, der uns interviewt, fotografiert und filmt, beim Proben und beim Essengehen danach. Und als wir da so auf der Brücke in der Nähe des Shibuya-Bahnhofs posieren, kommen auch schon die ersten Autogrammwünsche japanischer Teenies. Während ich noch ungläubig dastehe und denke, mich verhört zu haben, ist Will schon gut dabei diese zu erfüllen, während Yae, die verrückte Sängerin, mir erzählt, sie habe immer Kopfschmerzen, wahrscheinlich ein Hirntumor, und werde demnächst daran sterben, aber sie wolle ja sowieso nicht älter als 26 werden, so wie ihre Idole Curt Cobain und Janis Joplin. Wer nicht will, der hat schon. Na ja, wäre ich ein Japaner der Arbeiterklasse, würde mir der Tod wahrscheinlich auch wie eine willkommene Erlösung erscheinen.

Als ich später über meine Geldprobleme rede, gibt Will mir 2 E-Mail-Adressen von Englisch lernen wollenden Japanern. Außerdem kann ich seine reguläre Klasse unterrichten, während er nächste Woche in Kanada ist. 10 bis 15 über 50-jährige japanische Hausfrauen. Auf Englisch, und dabei so tun, als sei ich Muttersprachler. Ich muss verrückt sein.

Ich treffe mich mit meinem Tourmanager-Boss in einem Club in San-Cha, um die Details für die Shows nächste Woche zu besprechen. Seine Band spielt auch.

Als ich den Club betrete, werde ich von einer Horde junger Damen im Cosplay Outfit begrüßt (»Cosplay« kommt von »Costume play« und ist eine bei Manga und Anime etwas zu gern habenden jungen Japanern äußerst beliebte Tätigkeit: Man verkleidet sich als einer der Helden aus seiner Lieblingsserie und trifft sich mit anderen Gleichgesinnten bei irgendwelchen Conventions oder sonntags vorm Yoyogi Park in Harajuku zum Rumhängen, Sichaustauschen und Angegucktwerden), es scheint so, als sei PIPE, die heutige Hauptband, unter Cosplayern relativ populär, der Rest des Publikums besteht zu 90% aus Gothic-Leuten, Vampiren, Cyberpunks und sonstigen schwer gepiercten und überall tätowierten dunklen Gestalten, deren Gesinnung ich beim besten Willen nicht subkulturell zu kategorisieren, geschweige denn in Worte zu fassen in der Lage bin. Das kann ja heiter werden. *Otaku* Bedeutet eigentlich »Haus/Wohnung«, steht aber heutzutage für in der Regel junge Leute, die ihrem Hobby, also in etwa Manga, Anime, Figurensammeln oder Ähnliches, so verfallen sind, dass ihr soziales Leben sich großteils im Internet, also eben »zu Hause« abspielt, und die dadurch oft große Schwierigkeiten haben, sich außerhalb dessen zurecht zu finden galore.

Als ich ankomme, spielt gerade noch eine crazy japanische frühe-DEPECHE MODE-meets-KRAFTWERK-meets-SCOOTER-und-APHEX TWIN-mäßige Vorband, mit einem Sänger, der wie ein japanischer Schlagerstar mit langen, blond gefärbten Haaren aussieht und zu krächzenden, kreischenden Tönen und Elektro-Drumbeats aus einem Laptop, das von einem superkleinen, wie wild hin- und herspringenden, headbangenden Menschen, dessen Geschlecht man aufgrund seiner/ihrer Serienkiller-Eishockeymaske nur erahnen kann, bedient wird, rappt und singt, als ob es kein Morgen gäbe. Am Keyboard daneben tanzt supersexy eine unfassbar gutaussehende Frau in superstrengem Bürooutfit, dessen sie sich nach und nach zu entledigenden scheint und mir damit einmal mehr vor Augen hält, was für eine armselige Kreatur ich eigentlich bin, denn, und da bin ich mir sicher, für eine Nacht mit dieser Frau würde ich den Rest meines Lebens in einem meinetwegen malaysischen Gefängnishochsicherheitstrakt verbringen, ohne auch nur ein Wort der Beschwerde zu äußern.

Die Gruftis sind auf jeden Fall weniger angetan, und als die Band fertig ist, O.K., musikalisch war's furchtbar, klatscht ein Mensch im ganzen Raum (nein, nicht ich!). Das war so comichaft, ich hab hören können, wie im ganz hinteren Teil des Raumes jemand leise geseufzt hat!

Egal, als Nächstes spielt die Band von meinem Chef, oder sollte ich besser schreiben: die »Band« von meinem Chef? Denn außer einem Laptop und einem fetten, hässlichen Metal-Drummer IST mein Chef die Band. Und was für eine. Volles Rohr MARYLIN MANSON meets crazy Hip-Hop und traditionellen japanischen Wahnsinn, gepaart mit einer Stimme, für die normale Sänger wahrscheinlich 20 Effektgeräte gleichzeitig einschalten müssten, er aber nicht, er macht das alles vollkommen ohne und vollkommen real und verdient schon allein für diese Leistung mehr Respekt, als ich ihm ob der zum Weglaufen furchtbaren Musik zugestanden hätte.

Leider mache ich den Fehler, nach seiner Show zu gehen, wäre bestimmt noch interessant geworden, und fahre nach Roppongi auf ne Privatparty, bei der ich dann mal wieder die nächste Alone-in-a-Crowd-Erfahrung mache, auf die ich gerne verzichtet hätte. Manchmal ist es echt, vor allem bei amerikanischen Frauen, wie auf dieser Party, wie an meiner Uni, so, als sei ich ohne Scheiß unsichtbar. Aber wirklich, keine Übertreibung. Die reden lieber mit offensichtlich langweiligeren, dümmeren, hässlicheren, schlechter angezogenen, 19-jährigen, pickligen, gerade mal die Highschool beendet habenden Rich Kids als mit MIR, einem erwachsenen Mann mit Charakter (und Skills!)! Kein Wunder, dass es bei denen so was wie Littleton gibt! Trenchcoat Mafia San-Cha Unit! Booya!

2005
JUNI
6

Nach dem Proben vollkommen willkürlich auf der Straße von einem beschissenen Rassisten-Cop gestoppt worden. Wo ich das Fahrrad denn her hätte und son Scheiß. Als es sich dann als nicht geklaut herausstellt, kann man die Enttäuschung in seinen verfickten, hohlen Augen regelrecht mit Händen greifen. Aber er sagt mir dann noch, dass ich besser nicht noch mal ohne Licht fahre (es dämmert gerade mal!), sollte ich nicht 3000 Yen Strafe zahlen wollen. Danke, Wichser.

Oh Mann, Bullen, es gibt echt Dinge, die sind überall gleich. Man sollte einfach alle von denen erschießen, dann ihre Freunde, Familien und dann alle Leute, die finden, dass das, was ich hier gerade schreibe, zu extrem ist. Und dann *deren* Freunde und Familien.

2005
JUNI
7

Ist das heiß! Oh Mann. Kann man sich kaum vorstellen. Obwohl es irgendwie immer nach Regen aussieht. Hitze. Schwül, sengend, erbarmungslos. Ich brauch nen Ventilator.

2005
JUNI
11

Samstagabend allein zu Hause, das Ende meiner Breakdown-Wochen. Kuriere mich von Stress und einer Erkältung. War wohl alles ein bisschen viel, wenn man nicht daran gewöhnt ist.

Immerhin, meine Sprachlehrerjobs, bei denen es, auf die Essenz reduziert, darauf ankommt, wie gut ich die Leute glauben machen kann, dass ich wüsste, wovon ich gerade rede, laufen ziemlich gut – die Hausfrauengruppe war der Hammer. Ich hab einfach 2 Stunden gemacht, was ich eh immer und am liebsten mache, nämlich über MICH reden. Und mir dabei vorkommen wie Henry Rollins bei einer seiner Spoken Words Performances. Im Ernst, ich hab sauviel davon zitiert, und von David Cross, Jerry Seinfeld und Chris Rock, und irgendwann hab ich mir dann selber geglaubt und einfach so getan, als sei das hier mein Podium und die Leute hätten viel Eintritt gezahlt (10.000YEN! 10.000YEN! 10.000YEN!), um MICH reden zu hören, und zwar über MICH, Fußball, Erdbeben, Frauen, New Jersey (da hab ich nämlich immer weiter von erzählt [!], ich käme daher, würde beim Bada-Bing aus *Sopranos* um die Ecke wohnen und hätte mal mit meiner Band LIFETIME in Europa getourt) und alles, was mir sonst noch irgendwie eingefallen ist. Die haben sich kaputtgelacht! Dann habe ich einfach eine Frage an die Tafel geschrieben: »What do you do when an earthquake occurs?«, oder so ähnlich, und die Frauen reihum erzählen lassen. Wobei mir aufgrund meiner akuten Erkältung fast die Augen zugefallen wären. Aber der Gedanke an meine 10.000 Yen hat mich dann doch wach bleiben lassen. Nächsten Freitag das gleiche Spiel.

Zwischendurch hatte ich dann noch Tomomi, meine von Will vermittelte 1-zu-1-Privatschülerin, Managerin einer Modelagentur, von der ich mich 2 Mal die Woche in ein Café einladen lasse und immerhin 3000 Yen die Stunde bekomme, um ihr Englisch beizubringen, was ich in erster Linie durch einfache Kommunikation mache, heißt, ich lasse sie erzählen, tue so, als höre ich zu, nicke, lächele und sage manchmal: »For real?«, »No way!«, »You don't say!«, »Say that again, please?«, oder so ähnlich. Im Prinzip wollen diese One-on-one-Sprachschüler meisten eh nur flirten. Und da sie reich sind, bezahlen sie eben dafür. Also flirte ich mit Tomomi. Für 21 Euro die Stunde. Ich Hure. Aber wenn sie es sich leisten kann?

Schlimmer ist da schon mein Deutschschüler, dieser verfickte Bastard Kondo San. Der erwartet nämlich was für sein Geld. Beziehungsweise für das Geld seiner Firma. Und mit Kommunikation ist es bei dem auch nicht getan. Der *kann* nämlich überhaupt nicht kommunizieren. Der urbane, moderne, kapitalistische Alptraum: Mittvierziger, ein blasser, fast durchsichtiger Mensch, ohne Ecken,

Kanten, eigene Interessen, Vorlieben oder irgendetwas anderes, das ihn in irgendeiner Form charakterisieren würde. Entsetzlich. Der perfekte Büroarbeiter. Sein Boss holt sich wahrscheinlich jeden Tag mehrmals auf den einen runter. Und mit so einem muss ich irgendwie 90 Minuten füllen! Das letzte Mal hab ich ihn nach seinen Hobbys gefragt. Antwort: »Hmmm ... Jaaaaa ... Hmmm ... Ich habe keine Hobbys.« GOTT!!! Das Geile ist aber, dass der echt JEDEN seiner Sätze so anfängt! Egal, was man ihn fragt! »Herr Kondo, wie ist ihr Name?« »Hmmm ... Jaaaaa ... Hmmm ... Kondo. Mein Name ist Kondo.« Denn er will perfekt sein! Fehler eliminieren! Hat er selbst in einem der seltenen Momente gesprächiger Anwandlungen gesagt! Was für ein Roboter. Hat mich das letzte Mal darum gebeten, mehr Grammatik und weniger Konversation zu machen!!! Sollte man so jemanden nicht einfach einweisen lassen dürfen? Ich meine, wie lange dauert das wohl noch, bis er eines Morgens ausdruckslos das Büro betritt und mit einer geladenen Pumpgun die halbe Belegschaft wegbläst, bevor er sich selber den verfickten Schädel vom Hals ballert? Oder eher noch sich widerstandslos verhaften lässt.

Reporter: »Herr Kondo, warum haben sie so ein beispielloses Blutbad angerichtet?«

Kondo: »Hmmm ... Jaaaaaa ... Hmmm ...«

So ein Typ ist das. Sagt nicht, ich hätte euch nicht gewarnt. Egal, alles in allem sieht es wenigstens um meine Finanzen besser bestellt aus. Apropos Finanzen: Mike Hanke, was willst du denn in Wolfsburg???

2005 JUNI 12

Die nächste zu managende Band kommt nach Tôkyô: JUMP ROPE FOR HEART, ein typischer BRIGHT EYES, THE GOOD LIFE oder irgendein anderer SADDLE CREEK-Band-Ripoff, irgendwo aus dem Mittleren Westen der United States, wahrscheinlich Kansas oder so, hab ich vergessen, auf jeden Fall da, wo auf der Karte bei der letzten Präsidentschaftswahl alles tiefrot war.

Egal, heißt ja nix, die GET UP KIDS kommen ja auch daher, genau so wie eine Million weiterer, talentierter Hammerbands und Menschen. Mein Problem ist bloß, dass ich trotz anhaltender Erkältung bis nach Kiba, am Arsch der Welt aka am anderen Ende Tôkyôs, also Westside, fahren und die Band von ihrem Hotel abholen muss, weil sie es offensichtlich selber nicht auf die Reihe kriegen, in die Bahn zu- und in San-Cha, wo die Show praktischerweise stattfindet, auszusteigen.

Außerdem soll ich noch irgendeinem Taxifahrer irgendeine mir per E-Mail zugesandte Skizze von dem Club geben, damit er der Mutter (?!) eines der Bandmitglieder den Weg dahin erklären kann. O. K., manchmal versteh ich dieses Japanisch auch einfach noch nicht so gut, vor allem am Telefon mit schlechtem Empfang und so weiter. Da sich aber meistens eh immer alles irgendwie von alleine aufklärt, fahr ich also dahin und guck erst mal, was da so geht, in diesem Kiba. Ich sollte mich nicht verhört haben.

Als ich Raum 401 des »Viking Mansion« betrete (supergeil, wie sich der Sprachgebrauch des Begriffs »Mansion« im Japanischen vom Englischen unterscheidet [!]; die Bands sind immer voll enttäuscht, wenn sie in ihrem »Mansion« ankommen, das sich dann eben nicht als geräumige Residenz, sondern als verpilzte Low-Class-Absteige herausstellt), schlägt mir als Erstes der gemischte Gestank von Zigaretten, Menschen, billigem Parfum und Haschisch entgegen, dann die Kakophonie aus mehreren laufenden MP3-Playern, Fernsehern und Gesprächsfetzen und schließlich die gelinde gesagt schauderhaften Antlitze der 8 Personen, für die Sorge zu tragen ich für den Rest des Tages bezahlt werde.

Auf engstem Raum, ist wohl normalerweise eher ein 4-Bett-Zimmer, hängt hier die Band mit ihrer Entourage, bestehend aus der Freundin und der Mutter des untersetzten, verpickelten, kleinen, zahnspangetragenden 17-jährigen (!!) Gitarristen, und ihrem Merch/Soundmann ab und erinnert in ihrer äußeren Erscheinung eher an eine Gruppe Asylsuchender (kein Diss!) als an Musiker, vor allem, weil alle irgendwie total deplaziert und wie bestellt und nicht abgeholt wirken und auch weil niemand irgendetwas zu wissen scheint, weder wer ich bin, noch wo es heute hin geht oder irgendetwas anderes. O.K., kann ich erklären, ist ja mein Job.

Als Erstes äußert sich die fette, eher an Jabba The Hut als an ein menschliches Wesen erinnernde Mutter des fetten, kleinen Gitarristen zur Lage der Dinge und bellt mir durch eine Fahne aus billigem Parfum und Whiskey irgendwelche Befehle in einem mittelamerikanischen Slang entgegen, den ich wenigstens halbwegs verstehe, weil ich ja immer *Beavis and Butt-Head* geguckt habe. Auf jeden Fall ist sie mit so ziemlich allem unzufrieden. Als ob ich was dafür könnte. Was kommt die auch mit auf Tour? Schnalle! Also ruf ich meinen Chef an und übersetze so gut es geht, was diese Person so alles zu sagen hat, wobei sich rausstellt, dass mein Chef »vergessen« hat, mir zu sagen, dass sie die Managerin der Band, manisch-depressiv UND Alkoholikerin ist, eine Mischung, die definitiv mehr knallt als 1/3 Heizöl und 2/3 Benzin, vor allem kurz nach Mittag. Ich soll einfach zu allem Ja sagen. Mache ich und sie beruhigt sich. Was mir Zeit gibt, die anderen Mitglieder etwas näher unter die Lupe zu nehmen.

Auf dem Sofa sitzt playstationspielend ein Hüne von einem Mann, der dem Sänger von HOT WATER MUSIC mehr als wie aus dem Gesicht geschnitten ähnelt. Vollbart, muskulös trotz Bierbauch, ganz in Schwarz, überall tätowiert. Aber das Gesicht! Hinter dem Bart versteckt sich das Gesicht eines Kindes! Auch er ist erst 18! Was ihn zum ältesten Bandmitglied macht! Alle anderen sind eher klein, unbeschreiblich hässlich und fett, sehen wirklich zu 100% aus wie Kinder, fragen mich nach meinen Lieblingsbands und explodieren fast vor Freude, als ich neben BRIGHT EYES auch THE GOOD LIFE und AN ANGLE nenne. Ich kann zuerst gar nicht glauben, dass dieser Haufen Kinder damit überhaupt schon irgendwas anfangen kann, ich meine, sollten die nicht noch Emo-Metal oder PENNYWISE oder so hören? Aber bei den Amis überrascht mich so langsam gar nichts mehr, und als ich bei der Show später, mit Taxi und Bahn nach San-Cha ging alles klar, kurz die Augen schließe, um das Bild dieser Vögel aus meinem Bewusstsein zu verdrängen und nur der Musik zuhören zu können, fühle ich mich für einen Moment lang nach Omaha versetzt, so perfekt und virtuos beherrschen die alle ihre Instrumente. Und dass dieser komische, fette, kleine Typ von Sänger, der mit seinem Erscheinungsbild eine Frau noch nicht mal von der Nähe aus zum Angucken bekommen haben dürfte, solche Texte über Liebe, Verlust und Leiden schreiben kann, geht halt auch irgendwie überhaupt nicht klar. Aber so gut das alles auch gemacht ist, irgendwie scheint es schon fake, unecht, nicht real, woanders schon mal so gehört und einfach in einer technisch hochwertigen Art und Weise kopiert. Was man zugegebenermaßen auch erst mal können muss.

Aber als wir nach der Show vor dem Club abhängen, über dies und jenes reden, und nachdem ich einen Handjob der unfassbar bizarr-aussehenden Freundin des Gitarristen-Mamakindes abgelehnt habe, stellt sich dann heraus, dass 2 von denen waschechte Republikaner sind, Bush supporten, gegen die Homoehe sind, als Hobby mit ihren Vätern jagen gehen und der Meinung sind, dass man Nordkorea und alle anderen Länder der Achse des Bösen lieber heute als morgen dem Erdboden gleichmachen sollte.

Spätestens jetzt hab ich keinen Bock mehr. Wie bizarr das alles ist! Und so was mit einem Punkrock-Background! Wie kann man so einer Meinung sein und BRIGHT EYES mögen? Und als mir dann noch die Jabba-The-Hut-Mutter, ohne dass ich überhaupt in den letzten Stunden mit ihr geredet hätte, vorwirft, ich hätte ihr verboten (!) CDs der Band zu verkaufen, weil das in Japan illegal sei (!!), sage ich meinem Chef, dass er besser dran wäre, diese Band in irgendeinen Zug an den Arsch der Welt zu setzen und sie anschließend inklusive ihres ganzen Gefolges in den wieder aktiv geworden zu sein scheinenden Berg Fuji zu werfen. Er stimmt mir zu.

Ich gehe nach Hause, werfe mich in mein Bett, lache innerlich über diesen Tag und schlafe, endlich, tief, fest und lange. Als ich aufwache, schreibe ich dies.

Später: Das wollt ich doch eh die ganze Zeit schon machen! Eine Playlist der Musik, die mich hier seit meiner Ankunft begleitet.

In no particular order:

THE STARTING LINE – Make Yourself At Home
BEN FOLDS – Songs For Silverman
COMEBACK MY DAUGHTERS – Spitting Kisses
DAMIEN RICE – 0
FALL OUT BOY – From Under The Cork Tree
AN ANGLE – And Take It With A Grain Of Salt
THE ACADEMY IS – Almost Here
MAE – The Everglow
PAINT IT BLACK – Paradise
REEVE OLIVER – S/T
THE ROCKET SUMMER – Hello Good Friend
BOXHAMSTERS – Demut und Elite
DIZZEE RASCAL – Showtime & Boy In Da Corner
ELLEGARDEN – S/T
COMEBACK KID – Wake The Dead
V/A – Run The Road
BRIGHT EYES – Fevers And Mirrors

Sowieso dreht sich hier natürlich viel um Musik. Bin grad vom Proben mit THE GREAT CIRCUITING zurückgekommen, noch 3 weitere Proben und dann spielen wir die erste Show. Bin mal gespannt, wie das alles funktioniert. Ist übrigens ironischerweise in Ichigaya, die Show. Also da, wo auch meine Uni ist. Egal. Jetzt bräuchte ich nur noch ab und zu mal Sex, und es würde keine weiteren Beschwerden geben. Sieht aber nicht gut aus. Die Leute, die ich kenne, die hier Sex haben, haben ihr Niveau einfach unter ein unerträglich niedriges Level sinken lassen. Freiwillig. Oder waren schon immer so. Die ficken jedes Wochenende die unfassbarsten Schabracken. Das kann ich nicht mal besoffen.

2005 JUNI 13

Erinnert sich noch jemand an die Barfrau, die ich bei der einen ECHO ME ASTRONAUT-Show kennengelernt hab? Hab sie in Shimokita getroffen. Furchtbarer Hut mit Blumen drauf, karierte Chucks mit lila Schnürsenkeln, Karottenjeans. What a letdown. Getrunken bis fast 5 Uhr morgens, trotzdem nichts passiert. Auch Schönsaufen hat seine Grenzen.

2005 JUNI 14

Holy Shit, das muss ich schnell aufschreiben, bevor ich's vergesse: Bin total besoffen und hänge mehr schlecht als recht vorm Notebook, aber egal.

Also: Ich komm wie jeden Montag total erschlagen nach 100 Stunden Uni nach Hause, realisiere gestresst, dass nix mehr zu Essen im Kühlschrank ist (meine Hostmutter ist seit fast 2 Wochen im Urlaub), und da mein Hostvater schon wieder besoffen in seiner Stamm-Sushibar abhängt, fahr ich schnell mit dem Rad nach Meguro zum nächsten 100-Yen-Shop, um das Lebensnotwendigste zu kaufen. Als ich gerade den Rückweg antreten will, im Walkman noch immer die neue STARTING LINE, die mich fahrradtechnisch zu disziplinarischen Höchstleistungen antreibt, ruft er mich an und fragt, ob ich nicht auf ein Bier vorbeikommen wolle. Und HELL YEAH, ich will, das ist so schwül und heiß hier, das könnt ihr verfickten Mitteleuropäer euch nicht mal in euren beschissensten Alpträumen vorstellen.

Also fahr ich bei der Sushibar vorbei, setz mich zu ihm an den Tisch und lasse das Bier zu fließen beginnen, als mir die 3 Personen am Nebentisch auffallen: Eltern, um die Mitte 50, und ihre nicht zu verachtende Tochter, wohl so um die Anfang 30, also guck ich ab und zu rüber, sie erwidert sogar meine Blicke, oh mein Gott, was ist denn hier los, und als sie an mir vorbei in Richtung Toilette geht, lächelt sie sogar über ihr ganzes verficktes Gesicht, eine Tatsache, die nicht nur mir, sondern auch meinem besoffenen Hostvater auffällt, also winkt er ihre Familie an unseren Tisch und initiiert ein Gespräch über den bizarrsten Scheiß, was weiß ich, und nur 30 Minuten später haben sie und ich Telefonnummern ausgetauscht und uns für die Tage zum Saufen one on one verabredet, sicker Shit halt, die ist bestimmt Mitte 30, billig, Chefin einer Sprachschule, aber verdammt sexy, High Heels, Minirock, zu viel Make-up, das ganze Programm.

Aber was soll's, ich bin eh dicht, also flirte ich, was das Zeug hält, sie wohnt keine 5 Minuten von hier, und während wir schon dabei sind, Pläne für morgen Abend zu machen, wird das Gespräch hinter uns irgendwie immer lauter und seltsamer, hatte natürlich gar nicht mehr hingehört, aber als wir uns umdrehen, springt mein Hostvater auch schon auf, um den Vater meiner Bekanntschaft am Kragen zu packen und vom Stuhl hochzuziehen. Gerade noch bevor er zuschlagen kann, spring ich dazwischen, halte seine Faust fest, er versucht sich loszureißen und den Typ platt zu machen, also gehen wir beide zu Boden, ich krieg was weiß ich wie oft den Ellenbogen was weiß ich wohin, egal, hab ihn am Boden und schrei dem anderen Typ zu, dass er sich verpissen soll, was er dann auch macht, während seine Tochter mir zuruft, ich solle sie anrufen (!), und mit ihm zusammen den Laden verlässt.

Als sich mein Hostvater endlich beruhigt hat, lasse ich ihn los, worauf er in bester American-Football-Manier mit einem Seitausfallschritt an mir vorbei- und hinter dem Typ herzulaufen probiert, oh Mann, sind wir alle 16 hier, also halte ich ihn fest, und wir gehen wieder zu Boden, diesmal mit allen möglichen anderen Leuten oben auf uns drauf, wobei ich mich nur noch lauthals kaputtlache, kann mich einfach nicht mehr halten, und als wir ihn 5 Minuten später kollektiv loslassen, hat er sich auch wirklich beruhigt. Noch immer halb lachend gebe ich ihm ein Bier aus, und frage, was zur Hölle das gerade eigentlich war, worauf er mir erklärt, es hätte mit

Wirtschaft (!), speziell mit Toyota und deren Vorgehen in Übersee zu tun gehabt, wonach ich mich echt zusammenreißen muss, um mir nicht in die verfickten, für diesen Sommer recycelten Baggypants zu pissen. Egal, ich bring ihn nach Hause, schreib meinem GREAT CIRCUITING-Gitarristen Eugene eine Mail über die Frau und meinen crazy Hostvater, worauf dieser, immerhin halb Japaner, antwortet: »Done and done! The Nikkei Index is not bullish! Fist to head!« Recht hat er.

Es ist jetzt fast 2 Uhr und ich hab noch immer ohne Ende Kanji zu lernen. Obwohl sich so langsam der Kater einzustellen beginnt. Mal sehen, ob die mich morgen wirklich anruft. Oh Mann, dieses Land ist so der Hammer! Haha!

2005
JUNI
15

Es wird ein neues DESAPARECIDOS Das Rockprojekt von BRIGHT EYES-Wunderknabe Conor Oberst -Album geben!!! Außerdem ist heute der Rest meiner Hostfamilie zurückgekehrt, was für mich in erster Linie bedeutet, wieder richtiges Essen bekommen zu können! Gloria! Und außerdem hab ich von einer Freundin aus Deutschland mehrere Packungen Miracoli Spaghetti geschickt bekommen. Der Geschmack treibt mir die Tränen in die Augen.

2005
JUNI
19

Nach der Hippie-Frau aus dem Live Club – furchtbares Date Nr. 2. Selbes Schema, selbes Ergebnis: Ich treffe eine Frau besoffen, denke, sie ist fit-but-you-know-it, tausche Nummern aus, sehe sie wieder, diesmal nüchtern, und sie ist hässlich, dumm und langweilig. Und ich muss mich irgendwie aus der Situation herauswinden wie ein verfickter Aal.

Auf jeden Fall ruft die Frau aus dem Restaurant, deren Vater von meinem Hostvater fast eine gezogen bekommen hätte, mich tatsächlich an, wir verabreden ein Date für den nächsten Tag in Aoyama, ich warte an der Haltestelle auf eine, die so aussieht wie sie, beziehungsweise wie ich sie in Erinnerung habe, aber niemand kommt, also ruf ich sie an, und plötzlich klingelt das Handy der Tussi neben mir, ich guck sie an – OH MEIN GOTT, sie ist es, bloß um 100 Jahre gealtert, den Minirock gegen beschissene Hosen und die High Heels gegen irgendwelche abgefuckten Omaschuhe ausgetauscht, das Gesicht eine Kraterlandschaft des Grauens, die Rückseite des Mondes in hässlich, und ich verspüre für einige Sekunden den unbändigen Drang, einfach nur wegzurennen.

Aber da ist es auch schon zu spät und sie hat mich bemerkt. Ich kann gerade noch den Ausdruck auf meinem Gesicht zu einer verzerrten Fratze des Lächelns ändern, egal, auch sie scheint mich anders in Erinnerung gehabt zu haben, Begeisterung sieht anders aus, aber was soll's, jetzt müssen wir da durch, denk ich mir noch, als mir der Typ neben ihr auffällt. Ein bärtiger Mittvierziger mit schmutzigen Fingernägeln, die ich ihm noch durchgehen lasse, weil ich ihn für einen Künstler oder so halte, was sich allerdings später als kompletter Schwachsinn herausstellt, denn alles, was er ist, ist ein verfickter 1000 Jahre alter Bastard, der irgendwie die Tussi, mit der ja eigentlich ICH mich gerade treffe, zu daten scheint! Denn er fasst ständig ihre Tasche an und hängt sich irgendwie an sie dran, ganz komisch, aber mir auch scheißegal, beziehungsweise ganz recht, denn mein Gott, so nötig hab noch nicht mal ich das. Also winde ich mich durch 2 Stunden Konversation wie Kaugummi, entschuldige mich und fahre halb lachend, halb weinend nach Hause, esse Spaghetti (!) und entscheide mich für Plan B:

Ich treffe mich mit meinen Bandkollegen Eugene und Clay, um später in einen Hip-Hop-Club in Shibuya zu gehen, kostet angeblich nur 1000 Yen (7 Euro), in dem ein gewisser DJ SCRATCH oder SCROTCH oder so auflegt, der wohl früher mal ne große Nummer gewesen sei, was weiß ich.

Als wir uns am *hachikô* treffen, ist es noch immer früh, so gegen

9 Uhr, also entscheiden wir uns dafür, uns gnadenlos mit *konbini*-Bier wegzuhämmern, sodass wir nicht mehr so viel Geld im Club lassen müssen.

Guter Plan, um 23 Uhr ist bereits alles zu spät, wir hängen an der Straßenecke rum wie die letzten Penner, saufen, lachen, hören uns die ganzen Streetlive-Shows Tokioter Indiebands an, reden über Musik und Frauen, als uns ein Mädchen mit SATANIC SURFERS-Tattoo auf dem Oberarm auffällt, also sprechen wir sie an. Sie sieht gut aus, ist nett, und ihre Lieblingsbands sind MINOR THREAT und CIRCLE JERKS! Jackpot! Wir tauschen Nummern aus, dann kommt ihre Freundin und holt sie ab, offensichtlich nicht besonders begeistert, dass sie sich mit uns besoffenen, vollgeschwitzten Asi-Ausländern abgibt, egal, denn sie sieht das definitiv anders und ist auch im nüchternen Zustand noch süß, da bin ich mir sicher, auch wenn ich meinen neuen Vorsatz, immer alle Frauen, die ich besoffen kennen lerne, zu fotografieren, damit ich mich auch noch am nächsten Tag an sie erinnern und peinliche Fehler wie oben erwähnten zukünftig vermeiden kann, schon wieder vergessen habe. Was soll's, sie will zu unserer immer näher rückenden ersten Show kommen, also, ist Pay-to-play, da können wir jeden Gast gebrauchen.

Als wir den Club betreten, ist es kurz vor 12. Wir treffen uns davor mit einer Horde japanischer Frauen, Fickbekanntschaften unseres Drummers, die allesamt aussehen wie billige, thailändische Nutten, offensichtlich der Typ Japanerin, der unbedingt einen Ausländer daten will, das sind definitiv die Schlimmsten, aber auch das ist mir jetzt egal, ich scheine ja gerade eh eine Pechsträhne bezüglich des weiblichen Geschlechts zu haben, und schon wenige Minuten später rocken wir die Tanzfläche zu irgendwelchen Songs von MISSY ELLIOTT, 50 CENT und vielleicht sogar noch schlimmeren Typen, während eine der Tussis ihren Arsch an mir reibt, wie in einem dieser »In The Club«-Videos, bloß, dass das in Realität eher unfreiwillig komisch wirkt, zumindest eher das als sexy, was weiß ich, vielleicht bin ich auch einfach zu anspruchsvoll, denn schon kommt jemand anderes, tanzt sie an und weg ist sie. Er, Ami, GI, muskulös, begrapscht ihren Arsch, ihre Titten, gräbt seinen Mund in ihren Hals, das alles nach circa 30 Sekunden, und ich muss mal wieder feststellen, dass mir für so was scheinbar einfach die nötige Aggressivität fehlt.

Also setze ich mich mit unserem Gitarristen Eugene, mit dem ich anfange mich immer besser und besser zu verstehen und der auch heute wieder wie eine wandelnde VOLCOM-Werbetafel aussieht, an den Gang, wir gucken uns die unfassbar schönen Frauen an und fangen an sie in »Ja (würden wir)« und »Nein (würden wir nur besoffen)« einzuteilen, ein System, das offensichtlich nicht funktionieren kann, denn wir sind ja schon besoffen, weshalb uns auch in mehr als 30 Minuten nicht ein »Nein« über den Weg läuft, also ändern wir unser Bewertungssystem in Schulnoten, aber das hier scheint einfach der falsche Club zu sein, denn außer 1 und 1+ läuft uns nichts über den Weg. Die Frauen hier, das kann einem einfach niemand glauben, der nicht selbst da gewesen ist, die sind alle so perfekt, die Körper, Gesichter, alles. Aber so was von unerreichbar für uns fucking Nicht-Hip-Hop-Ausländer. Frustrierend. Aber irgendwie aushaltbar.

Also rocken wir den Club, bis es einfach irgendwann zu voll ist, die lassen halt auch immer und immer weiter Leute rein, überall sind diese japanischen Fake-Gangsta-Typen, voll die OGs halt, aber immer ein Detail ist komisch, zum Beispiel haben die alle voll die Monster-Baggys, klar, normal, sauteure Hip-Hop-Marken-Shirts, auch normal, komische Caps, böse Gesichtsausdrücke, ebenfalls normal, dann aber so komische Stofftier-Disney-Mickey-Mäuse um den Hals hängen oder so! Voll un-Gangsta, Mann! Und so lustig. Was für Typen. Egal, denn *die* kriegen ja die Frauen.

Irgendwann hab ich genug, also gehe ich, als mir auffällt, dass ich nicht den Hauch einer Ahnung habe, wo ich mein Fahrrad geparkt habe, was in insgesamt einer guten Stunde Suche rund um den Scheißbahnhof Shibuya gipfelt, bis ich es finde und endlich, endlich zu Hause bin, duschen und schlafen kann.

2005 JUNI 20

Auch wenn es mir selbst schon fast peinlich ist und für alle anderen wahrscheinlich in erster Linie langweilig: die nächste Episode in Sachen holder Weiblichkeit! Die erste Einladung zu einer *gôkon* Gruppen-Blind-Date. im klassischen japanischen Stil: 5 Ladies, 5 Typen, 1 *izakaya*, viel Alkohol und danach Karaoke-Box. Kommenden Sonntag, direkt nach der Probe. Eugene und ich nehmen die Instrumente mit, um billig Eindruck zu schinden!

2005 JUNI 22

Irgendwie scheinen die bei Sony in den Chefetagen wirklich dumm genug zu sein, das Demo, das Will ihnen geschickt hat, ernsthaft in Betracht zu ziehen! Wir sollen unsere persönlichen Profile abgeben und dann wird weitergesehen. Müssen die verzweifelt sein. Als wir uns dann gestern getroffen haben, um die Profile zu erstellen, hab ich Wills Lieblingsbands aufgeschrieben gesehen: EVANESCENE und RED HOT CHILI PEPPERS. Ich glaub, ich steig aus.

Später: Die Assoziationssphäre mit dem weiblichen Geschlecht steigt weiter an. Gestern bei der »Study Abroad Fair« eine weitere Kandidatin kennengelernt. Sie hat gerade angefangen Deutsch zu studieren und liebt den 1.FC Köln. Nobody is perfect. Wir gucken wohl das Fußballländerspiel Deutschland – Brasilien zusammen. Am Tag vorher treffe ich oben erwähntes MINOR THREAT-Chick, und 24 Stunden später ist die *gôkon*. Wenn aus all dem nichts werden sollte, war das hier mein letzter Eintrag und ich stürz mich von Tôkyô Tower.

2005 JUNI 25

Weekend Wars, Episode 1 (Freitag):

Ich treffe süßes Punkrock-Chick Hitomi am *hachikô*. Da, wo wir sie damals angesprochen hatten. Und was sich in den vorausgegangenen Mails schon angedeutet hatte, bestätigt sich: Sie ist der absolute Oberhammer!

Zuerst die Klamotten: Als ich sie kennengelernt hab, hatte sie halt so 0815-Punkrock-Zeugs an, jetzt allerdings, gerade von der Arbeit (Städteplanerin mit 21!) kommend, trägt sie High Heels, ein klassisches, fast strenges Oberteil mit viel Spitze und ist dezent, aber wirksam geschminkt. Zum Dahinschmelzen.

Egal, wir laufen durch Shibuya, checken als Erstes mal alle möglichen Plattenläden aus, gehen dann in ein abgefahrenes Restaurant (gibt es in Tôkyô eigentlich auch nichtabgefahrene?). Sie sieht wunderbar süß aus, wie sie mit den Stäbchen umgeht, vornehm, und doch irgendwie bestimmt, isst sie einen Salat und irgendeine seltsame Reis-mit-Ei-Pampe und hört sich dabei aufmerksam an, was ich über die Welt und die sich auf ihr befindlichen Dinge zu sagen habe, alles auf Japanisch, denn sie spricht zu meinem Glück nicht ein Wort Englisch, und wie sich unsere Konversation so dahinzieht, merke ich weder, wie die Zeit davonfliegt, noch, dass ich die ganze Zeit Japanisch spreche und nicht mal ab und zu in mein Wörterbuch gucken muss, es stimmt einfach zwischen uns, wir haben denselben Humor, lachen über dieselben Dinge, mögen dieselben Filme (mein Gott, diese Frau ist Japanerin und kennt und liebt *Monty Python* [!], die Ritter vom Ni werden unser Running Gag) und dieselben Bands ja sowieso.

Nach dem Essen kaufen wir uns Bier im *konbini* und setzen uns in die unfassbar schwüle Hitze von Shibuya, es ist echt so heiß, das glaubt einem keiner, und auch nachts wird es nicht besser. Egal, denn wir reden ohne Unterbrechung, lachen über jeden Scheiß, und als ich so neben ihr sitze, und, während sie erzählt, ihre Lippen beobachte, überkommt mich ein unfassbar starker Drang, sie zu küssen. Ich will aber nichts versauen, was eventuell noch besser werden kann, also lass ich es, und als der letzte Zug kommt, wir haben gute 5 Stunden durchgelabert, tut es mir wirklich leid, sie verabschieden zu müssen. Aber ich fahre mit einem Hammergefühl im Bauch nach Hause, und bevor wir schlafen, versichern wir uns noch per E-Mail, dass es für uns beide super war und wir uns auf jeden Fall bald wiedersehen!

Am nächsten Tag frage ich sie per Mail, was sie am Wochenende noch so vorhat, worauf sie antwortet: »Ich bin gerade im Zug nach Ôsaka, um meinen Freund zu besuchen.« Aua.

2005
JUNI
26

Weekend Wars, Episode 2 (Samstag):

Deutschland spielt im Confederations-Cup-Halbfinale gegen Brasilien. Ich fahre tatsächlich mit dem Rad die 45 Minuten nach Kôenji, um mich da mit Izumi, dem »Study Abroad Fair«-Chick, zu treffen und das Spiel in ihrer Wohnung zu gucken. Als ich in Kôenji ankomme, bin ich nassgeschwitzt, bin ich hier eh immer, kein Wunder bei den Temperaturen, und muss erst mal literweise Deo auf meinen geschundenen Körper sprühen, um mir nicht alle Chancen bereits im Vorfeld zunichte zu machen.

Izumi wohnt im 9. Stock, und der Ausblick über die ganze Stadt, man kann bis zur Skyline von Shinjuku sehen, haut mich gelinde gesagt um. Nicht minder wie der Anblick von Izumi selber, die einen Körper zu haben scheint, als ob Gott höchstpersönlich Hand angelegt hätte, um dem männlichen Geschlecht zu zeigen, was für ein unverschämtes Glück es doch hat, mit Frauen wie ihr in Kontakt kommen zu können. Ihre Hobbys sind, neben klassischer Gitarre und Trinken (!), Joggen und Rudern (!!), was man sofort sieht und toll findet. Außerdem mag sie DASHBOARD CONFESSIONAL und lauter anderen abgefahrenen Scheiß, typisch japanisch halt, also verstehen wir uns von Anfang an super, ich erzähle von den Dingen, die ich so mache und über die ich schreibe, von meinen Bands und so weiter, sie von Europa, Köln und allem möglichen anderen, ich weiß nicht mehr so genau, denn noch mehr als ihr zuzuhören, genieße ich im Moment den Anblick ihres Körpers, ihrer makellosen Haut und ihrer vollen Lippen.

Irgendwann kommen ihre Freunde, und wir gucken zu fünft das Spiel, die verfickten Brasilianer gewinnen, obwohl wir klar besser sind, also fließt noch mehr Bier, die saufen hier aber auch echt, was das Zeugs hält, und wir labern bis um 6 Uhr morgens über Gott und die Welt, wieder komplett auf Japanisch, und als es Zeit für mich ist zu gehen, stellt sich bereits der Kater ein, der mich auf meiner 45-minütigen Fahrrad-Rückfahrt gnadenlos zu begleiten beliebt.

Egal, denn wenn es mit der einen nicht geklappt hat, dann jetzt vielleicht mit der anderen, Izumi ist aber auch so was von der Hammer, also stört mich auch der akute Mangel an Schlaf nicht wirklich, als ich nur wenige Stunden später wieder aufstehen und zur Generalprobe vor unserer ersten Show mit THE GREAT CIRCUITING muss, die sich, auch weil Eugene und die anderen am Abend davor bis in die frühen Morgenstunden auf Koks und Pillen in irgendeinem billigen Club gefeiert, auf dem Rückweg mehrere Fahrräder in irgendeinen Fluss geworfen und danach eine Leiche auf der Straße liegen gesehen haben, die gerade von den Bullen aus einer Pfütze Blut geborgen wurde, worauf ihr literweise Blut aus dem Mund und allen möglichen weiteren unnatürlichen Öffnungen geflossen ist, als die langsamste und pussymäßigste Probe aller Zeiten rausstellt und gerade deshalb sehr lehrreich ist, denn jetzt wissen wir: in Zukunft einen Gang zurück.

2005 JUNI 27

Weekend Wars, Episode 3 (Sonntag):

Fast zu meiner Erleichterung, denn ich bin am Ende meiner Kräfte, sagen die Mädchen, die Eugene und mich eingeladen hatten, die für heute geplante *gôkon* ab und verschieben sie auf einen anderen Tag. Wäre auch einfach zu viel geworden.

Ich hänge den Rest des Tages mit meinen Bandkollegen in einem American Diner in Shimokita ab, reize das Free-Refill-System bis an die Grenzen seiner Belastbarkeit aus und fahre dann nach Hause, um Hausaufgaben zu machen, endlich zu duschen und etwas Richtiges zu essen. Und dies hier zu schreiben. Denn es ist jetzt halb 12 abends, und mir fallen die Augen zu. Noch 60 Vokabeln bis morgen und dann ist Schluss.

2005 JUNI 30

Am Mittwoch treffe ich Izumi wieder, sie kommt gerade von der Jobsuche und sieht in ihrem Bürooutfit einfach hinreißend aus. Wir treffen uns in Shibuya, laufen durch die überfüllten Straßen, und sie zeigt mir alle möglichen interessanten Geschäfte und Lokalitäten, die mir bis dato vollkommen unbekannt waren. Danach gehen wir essen, und ich tue so, als würde mir bei Spaghetti für 15 Euro das Herz nicht bluten. Aber Izumi liebt Bier, also trinken wir welches, unterhalten uns und verstehen uns richtig gut. Die blöde Punkrock-Frau mit dem Freund ist schnell vergessen.

Später setzen wir uns draußen hin, kaufen Bier im *konbini* und unterhalten uns weiter über Gott und die Welt (Foreshadowing!), bis ich irgendwann den Fehler mache, sie nach ihrem Studium zu fragen. Antwort: Katholische Theologie!

Mir verschlägt es ohne Scheiß die Sprache, mit so was hätte ich ja in meinen schlimmsten Alpträumen nicht gerechnet. Also erzähle ich ihr zögernd von meiner Theorie über Religion, ihr wisst schon, alles erfunden, aus dem und dem Grund und so weiter, und dass ich Atheist bin, ein Wort, das sie nicht kennt, also schlagen wir es zusammen in meinem Wörterbuch nach, mit dem Ergebnis, dass sie sagt, sie sei ja auch Atheist! Eine Christin, die bis vor wenigen Monaten einmal im Monat in die Kirche gegangen ist, Katholische Theologie studiert und Atheistin ist! So was gibt's auch nur in Japan. Aber was soll's, nachdem ich mich, unter reger Mithilfe von Asahi-Bier, vom ersten Schock erholt habe, endet der Abend doch noch versöhnlich, und zwar, indem sie mich für nächste Woche einlädt, mit ihr auf den Tôkyô Tower zu gehen, das höchste Gebäude der Stadt, von dem man einen perversen Überblick haben soll. Später erfahre ich von anderen japanischen Freunden, dass dies eine Sache ist, die vor allem Verliebte gerne machen. Bin zwar nicht verliebt, aber wie gesagt, was für eine Frau! Eigentlich viel zu gut für mich. Außerdem hat die ganze Christensache irgendwie meinen Ehrgeiz geweckt. Obwohl es ja heißt, dass diese Leute eh schon die Verdorbensten sind. Ich hoffe, ich werde es rausfinden.

2005
JULI
1

In der Schule lerne ich Matt kennen, und wir sind nach nur ungefähr 3 Stunden die besten Freunde, beschließen, seinen letzten Monat in Japan so gut es geht zusammen zu verbringen, und können nicht glauben, dass wir uns bis jetzt gegenseitig nicht aufgefallen sind! Matt kommt aus Colorado, ist ein typisches Ami-Emo-Kid, BRIGHT EYES, TAKING BACK, STARTING LINE, und teilt ungefähr 99 % aller Ansichten bezüglich Musik, Film, Politik, Comics und was weiß ich noch mit mir. Unfassbar. Matt lebt zwar am anderen Ende der Stadt, dauert gute 90 Minuten bis zu ihm, aber seine Hostmutter ist ein waschechter MILF (Jeder *American Pie* gesehen? »Mom I'd like to fuck«) und hot bis zum Verrücktwerden. Matt ist zu gut und zu Emo, um das auszunutzen, aber ich nicht. Keine 4 Monate Japan und ich erkenne mich, was das angeht, teilweise selbst kaum wieder. Dieses Land verändert einen. Und nicht immer unbedingt auf die beste Art und Weise. Aber das Beispiel Matt zeigt, dass es auch anders geht. Und ich muss sagen, dass Teile meines moralischen Verfalls der letzten Monate auch auf mein teilweise horrendes Umfeld zurückzuführen sind. Irgendwie färbt so was ab.

Zum Beispiel meine Bandhomies ziehen jedes Wochenende Koks, fressen Ecstasy und haben 3 »Freundinnen« gleichzeitig, die sie gelinde gesagt scheiße behandeln.

Egal, noch hab ich nicht jegliche Kontrolle über den alten David verloren und schwanke irgendwo zwischen sensiblem Loser und gewissenlosem Arschloch hin und her, und so wie ich mir das vorstelle, werden spätestens meine Kölner Freunde mich wieder zurück auf den Boden holen. Aber im Moment hilft es ungemein, mit Matt rumzuhängen und jemanden zu haben, bei dem man nicht ständig so tun muss, als würde man rund um die Uhr nur ficken und saufen wollen. Wir haben beide unsere Frauen, in die wir heimlich verliebt sind, hier und zu Hause, und heulen uns vollkommen emoschwuchtelmäßig darüber aus, etwas, das ich mit meinen anderen Homies hier einfach nicht machen könnte, weil sie es nicht verstehen würden.

Am Abend habe ich Bandprobe, Generalprobe sozusagen, denn morgen ist die Show! Und wie sich das für eine gute Generalprobe gehört, geht so gut wie alles schief. Wir kommen 30 Minuten zu spät (von 60, die wir gemietet haben), erst geht der Gitarrenamp kaputt, dann haut mich ein Stromschlag vom Mikro fast 2 Meter rückwärts gegen die Wand. Wir weigern uns zu bezahlen und kommen damit durch. Ein Hoch auf japanische Höflichkeit.

Nach der Probe treffe ich Matt am *hachikô*, und wir trinken labernd *konbini*-Bier, anscheinend meine Lieblingsbeschäftigung der letzten Tage, auch wenn es diesmal vor allem deshalb relaxter ist, weil ich eben niemanden beeindrucken muss und nur ich selbst sein kann, ein Luxusgut, das ich schon fast vergessen hatte. Das

Dumme ist nur, dass wir bis 6 Uhr morgens weitersaufen und ich am Tag der Show mit dem schlimmsten Kater seit meiner Ankunft in Japan aufwache.

2005 JULI 2

Also verschlafe ich erst mal grandios unseren eigenen, zugegebenermaßen mit 1 Uhr (trotz 8 Bands) sehr früh angesetzten Soundcheck, nicht gerade zur Erbauung meiner Bandkollegen. Aber ist das nicht irgendwie Rock 'n' Roll? Und war das gerade nicht die schlechteste Ausrede aller Zeiten?

Es geht aber auch einfach nichts, ich wache um 10 mal kurz auf, nur um meinen eigenen Tod festzustellen, aufs Klo und wieder ins Bett zu gehen. Das nächste Mal ist es halb 2, und ich habe Tausende von unbeantworteten Anrufen und Mails auf meinem Handy, offensichtlich macht man sich Sorgen, also kämpfe ich mich aus dem Bett, entschuldige mich eine Million Mal, esse ein Brot, was ich bitter bereuen soll, und mache mich irgendwie taumelnd und mehr schlafend als wach, mehr blind als sehend (ohne Scheiß!) auf den Weg nach Ichigaya.

20 Minuten in der Bahn können einem wie gute 20 Stunden vorkommen, wenn man bei jeder Station zum Kotzen aussteigen will. Im Club angekommen müssen wir direkt zum Checken auf die Bühne, mein Kopf zerspringt fast, trotz 2 starker Aspirin, dieses verfickte japanische Pseudobier ist aber auch echt ein Giftgemisch, und beim Singen kotze ich 2 Mal fast auf die Bühne. Wir spielen einen halben Song und ich verabschiede mich nach backstage, wo ich auf der Stelle zwischen gut 15 lachenden, labernden und singenden Musikern der anderen Bands einschlafe.

Aufwachen tue ich eine gute Stunde später durch den Veranstalter, der mir erzählt, dass da ein Mädchen für mich sei, das mich die ganze Zeit suche und nicht aufgeben wolle, also stehe ich auf, so gut das irgendwie geht, und taumele nach draußen, die Sonne knallt auf mich nieder wie mehrere Atombomben auf Nagasaki, und suche jenes Mädchen, von dem ich annehme, es wäre Izumi oder irgendjemand anderes, den ich kenne.

Aber da ist niemand. Also setze ich mich vor den Club, und als ich gerade dabei bin, an die Wand gelehnt, wieder einzuschlafen, spricht mich eine unfassbar hässliche Person auf Englisch an, ich wünschte, ich könnte hier ihre Klamotten wiedergeben, aber so was habt ihr auch einfach noch nicht gesehen, Hippie as fuck, und ein Gesicht, dass mir jegliche Worte selbst jetzt noch im Hals stecken bleiben.

Sie will wissen, ob ich »German Dave« sei. So nennen mich die Amis an der Uni, um eventuellen Verwechslungen mit »Handsome Dave« aus Kansas vorzubeugen. Sie selbst gibt sich als Wakana zu erkennen und auf einmal fällt es mir wie verfickte Schuppen von den Augen: Vor Monaten hatte ich mal mit Handsome Dave über eine seiner Freundinnen geredet, die zwar verrückt, dafür aber sehr süß sein sollte und einen Typ suche, ob ich nicht interessiert sei. War ich. Aber das hier? Hallo? Und während ich schon die süßesten Rachepläne für Montag in der Uni an Handsome Dave schmiede, macht Wakana ihrem Ruf als Verrückte alle Ehre, labert ohne Unterbrechung den unzusammenhängendsten Scheiß, komplett auf Englisch, natürlich ignoriert sie wie so viele andere jegliches Japanisch meinerseits, erklärt mir, dass sie Christin sei (!!!) und dass Gott und Jesus uns alle retten würden, so, dass ich jetzt schon mit 2 verschiedenen Sorten von Brechreiz zu kämpfen habe.

Also erkläre ich ihr, um die Sache schnell zu beenden, dass ich den Kater meines Lebens habe und es mir deshalb gerade absolut furchtbar ginge, sie mich also bitte entschuldigen solle.

Was sie 100%ig ignoriert, sich hinter mich setzt und einfach anfängt mich zu massieren! Und nicht nur, dass ich eigentlich generell, auch ohne Kater, kein Fan von Massagen bin, nein, Wakanas Massage wird immer brutaler und heftiger, sie sticht mir mit ihren ausgestreckten Fingern von hinten zwischen die Rippen, und als ich vor Schmerz aufschreie und ihr befehle mich loszulassen, sagt sie irgendwas von ayurvedischen Punkten, verdreht mir den Arm hinter dem Rücken und fängt an darauf und auf meinen restlichen geschunden Körper einzuschlagen. Ohne Scheiß, ich werde verprügelt! Was aber noch vergleichsweise angenehm ist, denn jetzt ist sie bei den Schläfen angekommen und bohrt mir ihre Finger in den Schädel, als ob es kein Morgen gäbe, und ja, wenn sie so weitermacht, GIBT es auch kein Morgen mehr, zumindest für mich nicht, denn ich bin zu schwach, mich zu wehren, während weiter hinten Eugene in seinem Leben noch nicht so gelacht haben dürfte.

Irgendwann ist sie fertig und ich fühle mich wie ein Kind nach einer Vergewaltigung, nur verkaterter. Wakana weicht nicht von meiner Seite. Sie hat sich offensichtlich in den Kopf gesetzt, meine Freundin zu werden, und ignoriert meine nicht mal einsilbigen Antworten völlig. Stattdessen lässt sie die größte Lawine von Scheiße aus ihrem Mund schwallen, die Tôkyô je gesehen haben dürfte. Mit mir als Opfer.

Nach und nach klingelt mein Handy, und lauter zum Konzert kommen wollende Leute müssen vom Bahnhof abgeholt werden, da sie den Weg nicht finden. Ich renne hin und her wie ein verfickter Eskort-Service, immer mit Wakana irgendwo dabei, die sich wie Sekundenkleber an mich geheftet hat und wissen will, ob ich schon mal über Heirat nachgedacht habe. Endlich erbarmt sich Eugene und sagt, wir hätten Backstage etwas zu bereden, und da sie keinen Pass habe, dürfe sie nicht mitkommen. Ich schulde ihm mein Leben.

Als dann endlich alle unsere Freunde da sind, insgesamt haben wir allein fast 50 Tickets verkauft, das heißt Break-even plus 200 Euro Gewinn, setze ich mich so nah an Izumi, dass Wakana sich endlich etwas distanziert, es sind aber inzwischen auch andere Leute da, die sie kennen, also verläuft es sich etwas, und ich kann zum ersten Mal einigermaßen aufatmen. Selbst der Kater ist nicht mehr ganz so schlimm. Auch wenn sich die arme Izumi zwischen uns auf schmutzigstem Englisch Witze machenden Asis, mit dem ungeduschten, unrasierten German Dave halb auf ihrem Schoß sichtlich überfordert fühlt. Sie ist aber auch einfach zu gut für diese Welt.

Um 18 Uhr trinke ich das erste Bier und beende damit offiziell meinen Kater, aber nicht nur durch den ganzen Restalkohol bin ich nach wenigen Minuten wieder besoffen, euphorisiert und wahnsinnig gleichzeitig. Jetzt kann's losgehen!

Vor uns spielen eine Handvoll hochtalentierter, stinklangweiliger japanischer HC-, Punk- und Popbands, alle uns technisch meilenweit überlegen, dafür aber weder mit Herz noch mit Eiern dabei, was generell ein Problem der meisten Bands hier zu sein scheint. Die wissen gar nicht so genau, was sie wollen, kopieren nur irgendeinen Ami-Scheiß, ohne dabei zu checken, worum es eigentlich geht, und wenn sie dann mit Arbeiten oder so anfangen, ist es eh vorbei.

So langsam ist es Zeit für unsere Show, und eine gewisse Nervosität stellt sich ein, obwohl es sich verglichen mit den Shows meiner Band THE ZERO THREE in Deutschland vergleichsweise in Grenzen hält, denn verantwortlich für Songwriting und Ähnliches bin diesmal nicht (nur) ich, sondern hauptsächlich Eugene.

Als wir die Bühne betreten, brenne ich wie Feuer, jegliche Aufregung ist wie weggeblasen, ich will nur noch rocken, und genau das tun wir dann auch. Vom ersten Lied an knistert die ganze Stage vor Elektrizität, wir rocken so hart und gut es eben geht, wenn man dabei noch einigermaßen komplizierten Scheiß spielen muss, irgendwann ist das aber auch egal, und ich schmeiße den Bass um mich, springe von der Bassdrum und werde komplett wahnsinnig. So was hab ich aber auch einfach noch nie gesehen, geschweige denn First Hand selber erlebt. Jetzt weiß ich, wie sich eine Ami-Band auf Tour in Europa fühlen muss! Die ganzen ersten Reihen, soweit man im Dunkeln sehen kann, gehen ab wie die Hölle, singen, tanzen, moshen, rocken und feiern, was das Zeug hält, obwohl sie unsere Songs nicht mal kennen, und als ich mich an den Bühnenrand stelle, greifen mir mindestens 10 Frauenhände in die Saiten, unters T-Shirt und was weiß ich wohin, halten meine Beine fest, kreischen und schreien, dass ich mich ausziehen soll. Ich komm mir vor wie in einem Traum. Blickt man von der Bühne ins Publikum, sieht man nichts als japanische Frauen, die vollkommen durchdrehen, eine besser aussehend als die andere ...

Was uns natürlich noch weiter antreibt, also geben wir alles, zertreten sich auf der Bühne befindliche Mikroständer, Stühle und was sich halt sonst noch in unseren Weg verirrt, die Crowd bewirft uns mit leeren Bierdosen, die wir zurück in die Menge treten, und spätestens als wir unsere cheesige Poppunk-Coverversion von MR. BIGs »To Be With You« spielen, gibt es kein Halten mehr, jeder (außer mir) kennt den Text, singt mit und feiert uns ab, als wären wir BIG persönlich! Zum Schluss krachen Eugene und ich zusammen und bleiben, da es sowieso der letzte Akkord war, erschöpft am Boden liegen. Es geht aber auch einfach nichts mehr. Selbst die körpereigene Endorphinproduktion hat ihre Grenzen, also hören wir auf, als es am schönsten ist, und kommen irgendwie erst Backstage wieder richtig zu uns, alles vorher scheint wie ein Traum, einfach zu gut, um wahr zu sein.

Aber wahr, das war es, ich habe Fotos, die es belegen. Ich gebe den von einer der Vorbands ausgeliehenen Bass zurück, als ich bemerke, dass sowohl er wie auch meine Hand voller Blut sind, hab mich wohl irgendwie geschnitten, und bevor ich mich versehe, sind auch schon 3 japanische Sid-Vicious-Verschnitte dabei, den Bass zu säubern. Wir verlassen Backstage nach einigen Minuten ungläubigen Staunens und mischen uns unter die Massen, die vor dem Laden auf der Straße Bier trinken.

Was für ein Gefühl. Auf einmal wollen alle mit einem reden, leider auch fucking Wakana, aber die anderen Chicks machen schnell ihren Territorialanspruch geltend, und weg ist sie. Wir feiern und trinken mit unseren Freunden, bis die letzte Bahn kommt, Eugene und Konsorten gehen noch in irgendeinen Club in Shibuya, ich nicht, bin einfach zu fertig und könnte diesen perfekten Abend auch einfach nicht mehr besser machen. Mit einem eingemeißelten Dauergrinsen verlasse ich die Venue und komme vollkommen erschöpft zu Hause an, wo ich ohne Umschweife ins Bett falle und 14 Stunden schlafe.

Nachtrag 1: Die Typen vom Club wollen von uns (die fast alleine die ganze Show finanziert haben) Geld für die Notenständer und den anderen Scheiß, der kaputtgegangen ist. Sie geben uns weder das versprochene Videotape noch die Live CD. Also behalten wir den gesamten Gewinn für uns und sprechen nie wieder ein Wort mit ihnen.

Nachtrag 2: Ich kriege E-Mails von Frauen, die ich nicht mal kenne, die sich meine Adresse von irgendwelchen Bekannten geholt haben!

2005
JULI
5

Eine Woche wie jede andere. Einziger Unterschied: ständige Anrufe von Wakana, deren Nummer ich in weiser Voraussicht unter »Nicht drangehen!!!« gespeichert habe. Scheint Wakana aber nicht zu interessieren. Sie spricht Romane auf meine Mailbox, die, würde ich sie zu Ende anhören, mein gesamtes Guthaben auffressen würden. Sie gehen ungefähr so (stellt euch dazu eine unterirdische Aussprache vor): »Hello ... David? ... This is Wakana ... You met me at Concert ... I Friend of Dave ... Desmond, Dave Desmond ... from America ... He is Student ... of Jôchi ... Like you ... I am his Friend ... (endlose Pause) ... You have not got ... my call? ... I call ... yesterday ... on your phone ... (endlose Pause) ... Is there ... someone ... who you want ... to marry?« Und so weiter. Ich erzähle an der Uni davon und nach 2 Tagen haben wir ungefähr 700 neue Running Gags.

2005
JULI
8

Ein Bekannter aus der Uni hat Geburtstag. Als der unsympathische Typ, der er ist, feiert er natürlich in Roppongi. Aber wenigstens in einer Privatwohnung, was in Japan, wie bereits erwähnt, Seltenheitswert hat, also entscheiden Matt und ich hinzugehen, das Freibier wegzutrinken und danach mit der weiteren Handvoll okayer Leute irgendwo in einer Karaoke-Box zu verenden.

Aber alles kommt anders. Wir treffen um circa 21 Uhr als fast die Letzten in der Wohnung ein, ein riesiges, nicht nur für japanische Verhältnisse geräumiges Apartment, in dem 2 Chicks mit reichen Eltern wohnen. Wir schätzen die Monatsmiete auf ungefähr 2000, 3000 Euro und fangen umgehend an uns über die Biervorräte herzumachen, das heißt, ich tue das, Matt geht direkt und ohne Umschweife zu Wodka Shots über, er hat irgendeine seltsame Theorie, wonach der Level der Meereshöhe in irgendeinem Zusammenhang damit stehen soll, wie viel Alkohol jemand vertragen kann, also trinkt er 7 Shots in 15 Minuten, während ich noch bei meiner ersten Dose Pseudobier bin.

Auf jeden Fall sind eine Menge Leute da, natürlich 70 % Ausländer, und es wird innerhalb weniger Minuten so laut, dass die Bullen kommen und die Party noch vor 22 Uhr auflösen. Also schlägt unser Gastgeber Pawney, der wahrscheinlich schwuchteligste Schwule Hawaiianer der Welt, vor, in einen nahe gelegenen Club zu gehen, worauf eigentlich niemand so richtig Bock zu haben scheint, aber was soll's, ist ja seine Party, also gehen wir mit der ganzen Meute von schätzungsweise 30 besoffenen Idioten in Richtung Club, wo wir dann auch erfahren, dass Frauen zwar umsonst reinkommen, Männer aber umgerechnet 40 Euro zu zahlen haben! Innerhalb weniger Minuten ist die Meute auf 10 Leute zusammengeschrumpft, alle Frauen sind schon drinnen, und wir stehen eigentlich nur noch draußen rum, um zu überlegen, was wir denn jetzt mit dem angebrochenen Abend machen, als unser Gastgeber Pawney Matt und mich persönlich aus der Menge und an den Türstehern vorbei in den Club zieht, für uns den Eintritt bezahlt und uns dazu noch je 2 Getränkebons in die Hand drückt. Er scheint uns zu mögen.

Ich muss meine Jacke anbehalten, um die Tattoos zu verdecken, sagt der Türsteher, sonst komme ich nicht rein. Ist ein scheißexklusiver Scheißclub. Alles von vorne bis hinten durchdesignt, ein Bier

10 Dollar, nur Prada, Gucci und Shit, wohin man guckt, kaum Japaner, überall Amis in Armani-Anzügen und was weiß ich noch.

Matt kriegt das alles gar nicht mehr wirklich mit, seine Theorie mit den Meereshöhen hat dem praktischen Test nicht standgehalten, bestellt aber trotzdem Wodka White Russian und sackt an unserem Tisch in sich zusammen, womit er mich mit einem Schwulen und ungefähr 10 Frauen alleine lässt. O.K., könnte schlimmer sein, denk ich mir noch, beginne mit einer entsetzlich billigen Japanerin zu reden, die ihre Augenbrauen tätowiert hat, Permanent Make-up nennt man das wohl, als Matt plötzlich aufsteht, sich die Hände vor den Mund schlägt und gerade noch verhindern kann, dass die ganze Kotze auf unseren Tisch geht, stattdessen läuft sie an seinem T-Shirt runter und weiter auf den Boden, er ist aber offensichtlich zu orientierungslos, um irgendwas dagegen zu unternehmen, also trage ich ihn halb aufs Klo, wo er schreckliche Geräusche macht und Dinge tut, die ich mir nicht mal vorstellen will. Auf jeden Fall versichert er mir, er käme alleine klar, worauf ich ihm Wasser besorge, wieder nach oben gehe und mich den Frauen widme. Ich komme mit einer Russin ins Gespräch, die ihrer japanischen Vorgängerin in puncto Billigkeit in nichts nachsteht, aber gerade deshalb irgendwie reizvoll ist, weiß auch nicht, warum mich so was immer so anzieht.

Wir reden und reden, aber nicht nur das, die ganze Atmosphäre ist supersexuell aufgeladen, also küsst sie, auf meinem Schoß sitzend, erst ein anderes Mädchen, lange und verdammt hot, dann mich und schließlich uns beide gleichzeitig, bis mir irgendwann plötzlich Matt einfällt, ich gucke auf die Uhr, oh mein Gott, 2 Stunden her! Also spurte ich auf die Toilette, wo mir schon Meter davor ein nasenbetäubender Gestank entgegenkommt. Von Matt allerdings keine Spur, also klopfe ich an die Tür, immer lauter, bis endlich eine Reaktion kommt. Er ist eingeschlafen! Doch kaum frage ich ihn, ob wieder alles O.K. sei, antwortet er mit einem rauschenden Sturzbach Kotze, und ich hole erneut Wasser und harre, diesmal mit meiner neuen Russenfreundin, vor der Tür aus.

Als Matt endlich öffnet, bietet sich uns ein Bild des Grauens: Er ist komplett nackt (!), hat nicht ins, sondern vors Klo gekotzt, dazu auf alle seine Klamotten, inklusive Unterwäsche, und eigentlich alles, was sich irgendwie im Raum befindet. Obwohl ich fast vor Ekel sterbe, kann ich mich nicht mehr halten. Das ist so Jackass, das gibt's gar nicht. Jetzt kann auch Matt nicht mehr, und in sein schallendes Gelächter mischen sich Kotzschwälle biblischen Ausmaßes. Irgendwann ist er leer und wir ziehen ihm seine wie die Pforten der Hölle stinkenden Klamotten an, machen Fotos von der Sauerei und verpissen uns, bevor uns jemand dafür haftbar machen kann.

Aber die letzte Bahn ist längst weg und bis zur ersten dauert es noch, in Matts Zustand auf jeden Fall, zu lange. Also fragen wir Pawney, ob wir in seiner Wohnung pennen können, kein Problem, alle möglichen anderen Leute seien auch schon da, also gehen wir alle zusammen zu ihm, und als ich Matt unter die Dusche stelle und mit der Russin zusammen anfange irgendwelche Nudeln zu machen, schleicht sich Pawney heimlich in die Dusche zu dem halb bewusstlosen Matt, um diesen sexuell zu belästigen. Wir merken es gerade noch und können das Schlimmste verhindern, als ich als das nächste Opfer auserkoren werde, Pawney betatscht mich ohne Ende, setzt sich auf meinen Schoß, steckt mir seine Zunge ins Ohr etc. Ich sage ihm circa eine Million Mal, dass er damit aufhören soll, aber als er mir dann von hinten an den Schwanz greift und so hart zudrückt, dass ich fast Sterne sehe, drehe ich mich um und ziehe ihm so fest eine, dass von dem Knall 2 auf dem Boden pennende Mädchen aufwachen.

Aber jetzt haben wir Ruhe, essen die Nudeln und können endlich auf irgendwelchen Sofas einpennen. Matt, nach Kotze und Verderben stinkend, fickt die hotteste Brasilianerin, die ich seit Langem gesehen habe. Ich die Russin.

2005 JULI 12

Komischer Hostvater, next Episode: Wir sitzen beim Essen, ich neben ihm, und irgendwann steckt er sich die Hand in die Hose und spielt sich offen gedankenverloren am Sack rum. Ich denk zuerst, es juckt ihn vielleicht oder irgend so was, aber er hört einfach nicht mehr auf damit, ne gute Minute lang, und starrt dabei wie gebannt auf den Fernsehbildschirm. Ich kann irgendwie nicht aufhören hinzugucken, ist wie bei einem Autounfall, eigentlich will man's nicht sehen, ist aber zu fasziniert vom Grauen, um den Blick abzuwenden, und als er dann endlich fertig ist, zieht er die Hand aus der Hose und riecht daran (!), ebenfalls eine gute Minute lang (!!), vollkommen offen, ungeniert und aus allen Winkeln. Außer mir scheint allerdings keiner davon Notiz genommen zu haben oder alle anderen sind Meister im Ignorieren, also sag ich natürlich nichts. Aber mit Essen ist auch nichts mehr.

2005 JULI 13

Im berühmt-berüchtigten *yasukuni jinja* 1869 gegründeter shintô-Schrein in Tôkyô, in dem im Krieg für Japan gefallenen Soldaten gedacht wird. Durch das Aufnehmen einiger im Zweiten Weltkrieg als Kriegsverbrecher verurteilter, hochrangiger Militärs werden diese dabei gleichzeitig mitverehrt, was immer wieder zu politischen Spannungen mit Nationen wie China und Korea führt, die im Krieg besonders stark unter dem japanischen Imperialismus zu leiden hatten, dem Schrein, in dem Premierminister *Koizumi* gerne alten japanischen Kriegsverbrechern zu gedenken pflegt, findet irgendein *matsuri*, also ein traditionelles Fest, statt, dessen Sinn und Zweck ich wegen hohen Alkoholpegels leider nicht wirklich verstehe. Muss ich aber auch gar nicht, denn wir haben auch so unseren Spaß.

Überall sind riesige Wände, an die 10 Meter hoch, bestehend aus Hunderten von erleuchteten Lampions, Japaner in traditionellen Trachten, Stände mit Essen und Trinken, und irgendwie sind alle gut drauf, was ungemein ansteckend ist. Unsere Enklave von besoffenen *gaijin* Japanische Kurzform für gaikokujin (»Ausländer«) ist irgendwo dazwischen und rockt *Yasukuni*. Für die meisten naht so langsam das Ende ihres Austauschjahres und damit der Abschied vom liebgewonnenen Japan, weshalb sich eine allgemeine Melancholie unter die Fröhlichkeit mischt. In 2 Wochen sind 90 % meiner Freunde weg. Das heißt für mich, noch mal von vorne anfangen. Und das suckt ohne Ende.

2005
JULI
15

Komischer Hostvater, next Episode: Eine der 5 Katzen hier ist, wie nennt man das, »läufig«? Sprich, sie will schwanger oder einfach nur gefickt werden, weiß ich selber nicht so genau, verstehe einer die Frauen, da aber alle im Haus anwesenden Kater sterilisiert sind, wird da leider nichts draus, was darin resultiert, dass Marmalade (so heißt das Vieh) den ganzen Tag komische Laute von sich gebend mit dem Unterleib über den Boden robbt – eine zugegebenermaßen äußerst kreative Form der Masturbation. Auf jeden Fall springt Marmalade in regelmäßigen Abständen auf den Tisch, an dem gerade mein Hostvater und ich sitzen.

Eigentlich kein ungewöhnlicher Vorfall, bis allerdings auch *otôsan* (Remember Japanisch? »Vater«) auf Marmalades Lage aufmerksam wird und anfängt die Katze mit der Hand zu befriedigen, indem er sie mit der Muschi auf die Tischplatte drückt, die Hand vibrieren lässt und mich dabei wie wahnsinnig grinsend ansieht. Irgendwie unheimlich, ich kann seinem Blick nicht standhalten und fühle mich in irgendeiner Form sexuell belästigt. Was Marmalade allerdings nicht im Geringsten zu stören scheint, ganz im Gegenteil, sie wird lauter und lauter, gibt vollkommen Katzen-untypische Schreie von sich, bis sie schließlich absolut und offensichtlich den multiplen Orgasmus ihres Lebens hat. Eins muss man *otôsan* lassen, er versteht sein Handwerk. Ein Katzenmasturbator allererster

Güte. Was die Sache allerdings nicht weniger verstörend macht. Und als ob das nicht genug wäre, grinst er mich mit selbstzufriedenem Gesichtsausdruck an, nur um direkt EIN WEITERES MAL Hand anzulegen und Marmalade in einer Art und Weise zu befriedigen, die wahrscheinlich 99 % der dies hier gerade lesenden Frauen auf der Stelle in einen Flieger nach Japan steigen lassen würden, könnten sie es nur sehen. TROTZDEM! DAS IST NE KATZE, MANN!

2005 JULI 18

Es gibt da eine Sehende unter den Blinden (wie ich die japanischen Frauen inzwischen zu nennen pflege), ein Mädchen namens Azusa, die mir seit unserer GREAT CIRCUITING-Show immer weiter Mails schickt, so um die 10 Stück am Tag, die ich jeweils mit der sich gebietenden Sorgfalt zu beantworten versuche.

Sie fragt mich Dinge wie: »Wie war dein Tag?«, sie erinnert sich an Sachen aus vorhergehenden Mails, die ich schon längst vergessen habe, wünscht mir morgens vor der Uni alles Gute für meine Tests und eine gute Nacht, bevor ich schlafen gehe. Ich weiß nicht, ob sich ein nicht in der Diaspora lebender Mensch vorstellen kann, wie gut sich das anfühlt. Das ist so, als wäre man nicht mehr so alleine, obwohl wir uns noch nicht persönlich getroffen haben, außer bei der Show eben, und da wollte sie eigentlich für ihre Freundin meine Nummer haben, da ich aber schon besoffen war, hab ich ihr, geblendet von ihrer vollkommenen Schönheit und in einem Anfall seltenen postkonzertalischen Mutes, gesagt, dass aber eigentlich eher sie mich bitte anrufen oder mir mailen solle, ohne natürlich jemals damit zu rechnen, dass sie das dann auch tatsächlich tun würde, denn Frauen wie sie interessieren sich, zumindest in Deutschland, in der Regel eher für andere Jungs als mich, eher so für, mmh, ja, für wen eigentlich, Brad Pitt? Ich weiß es selber nicht, die reden ja nie mit mir.

Azusa auf jeden Fall mailt mir seitdem mehrfach am Tag und ich ihr zurück, eigentlich vergingen die letzten 10 Abende auf diese Art und Weise, immer bis zum Einschlafen, kleine nette Mails über alle möglichen Dinge, irgendwie so, als ob man nur in die Bahn steigen müsste und schon bei ihr wäre. Aber Tôkyô ist (als hätte ich es noch nicht erwähnt) groß, und umgerechnet auf Deutschland ist das so, als hätte man eine Freundin in Koblenz oder Aachen (was ich natürlich niemandem wünschen würde), und wenn der eine Teil des Paares dann auch noch richtig arbeitet, sagen wir Concierge in einer großen Hotelkette ist, erfordert es erst mal ein gewisses Maß an Planung und Durchhaltevermögen, seine Pläne in die Tat umzusetzen.

Aber das ist alles nicht weiter tragisch, denn schon allein das Wissen, dass da irgendwo jemand da ist, irgendwo in dieser wahnsinnig anonymen Riesenstadt, der auch gerade alleine im Bett liegt, dieselben Sachen im Fernsehen oder meinetwegen auch dieselben Sterne sieht, wenn er aus dem Fenster blickt, macht alles um ein so Vielfaches besser, dass man morgens mit einem erwartungsvollen Lächeln aufwacht, und, obwohl man saumüde ist, weil man sich gestern Nacht wieder bis spät geschrieben hat, reißt man die Augen auf und greift sich als Allererstes das Handy, um zu sehen, ob sie einem schon gemailt, meistens auf dem Weg zu ihrer Arbeit aus der vollen Bahn, und einen schönen Tag gewünscht hat, was in 90 % der Fälle auch tatsächlich zutrifft. So ist das mit Azusa.

Also nehme ich eines schönen Tages, zwar nicht im April wie bei Murakami, dafür aber im Juli, allen meinen Mut zusammen und schlage ein Treffen vor, am besten in Harajuku, denn da ist es cool, und ich falle nicht weiter auf, anders als in meinetwegen Shibuya, wo alle Leute 100 Mal stylischer aussehen als ich und auch mehr Geld haben.

Azusa nimmt an, und einen Tag später versammele ich alle meine Freunde an der Uni um mich herum, um mir Mut, dumme Ratschläge und Beistand angesichts der langsam einsetzenden Übelkeit, die ich immer bei wichtigen Dates habe, zu holen und das baldige Ende meiner Leidenszeit zu verkünden. Alle hören sich geduldig meine Version der Story, die ich einschränkungslos für die romantischste seit mindestens Romeo und Julia halte, an und verabschieden mich mit den besten Wünschen, als ich in die *chuôsen* Mitten durch Tôkyô fahrende S-Bahn steige, um in Richtung Date zu fahren.

Mir ist schlecht, und ich esse kiloweise aus Deutschland geschickt bekommen habende Fisherman's Friends, um irgendwie meiner Nervosität Herr zu werden. Ein kurzer Check, bevor ich ankomme, keine äußerlichen Auffälligkeiten, O.K., also sprühe ich die halbe Dose Deo, die ich vorausschauenderweise mitgebracht habe, unter mein T-Shirt und auf geht's.

Raus aus der Bahn und mit dem Strom aus Gothic-Lolitas, Cosplayern und normalen Wahnsinnigen die Treppen runter in Richtung Süd-Ausgang. Als ich ankomme, ist sie noch nicht da, und in jeder Sekunde, die ich auf sie warte, verringert sich die Hoffnung, dass sie tatsächlich kommen wird, um gute 100 %, was teilweise verheerende Folgen für meinen Geisteszustand hat, ich schwitze, mir ist schlecht, und ich bin einfach nur noch müde, will am liebsten nach Hause, alleine ins Bett und meinetwegen 24 gucken, da weiß ich, dass das Schlimmste, was passieren kann, ist, dass der DVD-Player in meinem Notebook hängt und ich es einmal runter und wieder hochfahren muss. Probleme, die ich lösen kann.

Aber bevor es noch schlimmer kommt, steht sie auf einmal vor mir und lächelt so unschuldig und verführerisch gleichzeitig, als sie sich für die 2 Minuten Verspätung entschuldigt und sich dabei eine Haarsträhne hinters Ohr klemmt, dass jegliche Zweifel wie im Ansatz weggeblasen sind. Also flanieren wir durch die dicht bevölkerten Gassen von Harajuku, gehen in Secondhand-Läden und gucken uns irgendwelchen abgefahrenen Scheiß an, SpongeBob-Pistolenschaldämpfer und was weiß ich, ich krieg das alles gar nicht so wirklich mit, weil ich viel zu beschäftigt damit bin, so zu tun, als sei Azusa meine Freundin, unsere Reflektion in irgendwelchen Spiegelwänden zu begutachten oder einfach, wie ich es mir vorgenommen hatte, den Moment zu genießen. Die Konversation läuft ziemlich gut, wir setzen uns in einen Starbucks, reden über dies und jenes, und selbst als ich, ob der Wahnsinnshitze, vorschlage, doch etwas trinken zu gehen, reagiert sie positiv, und wir suchen uns das nächste *izakaya*, das billig und gut aussieht.

Man führt uns in eine Zweierkabine, bringt uns das Menu, und während ich Bier bestelle, ordert sie einen Salat. Mein Problem ist bloß, dass ich ebenfalls super Hunger habe, hab ja nichts gegessen, weil mir den ganzen Tag schlecht vor Aufregung war, allerdings nach wie vor viel zu nervös bin, um das jetzt nachzuholen, was darin resultiert, dass ich viel zu viel Bier auf vollkommen nüchternen Magen trinke und im Handumdrehen komplett besoffen bin, was ihr natürlich auffallen muss, denn sie hat ja nichts getrunken. Also versuche ich, so nüchtern wie möglich zu wirken, was in den komischsten linguistischen Verrenkungen meinerseits resultiert, denn ich tue ja so, als sei jeder Fehler, jedes Lallen irgendwie Absicht und so geplant, und manövriere mich damit in Teufels Küche, und zwar direkt auf den Herd. Aber Azusa scheint eher amüsiert zu sein, denn wenn japanische Frauen eins von der Pike auf gelernt haben, dann, mit alkoholisierten Vollidioten klarzukommen, und sie ist wirklich hervorragend darin, ich bin 2 Mal kurz davor, vor ihr auf die Knie zu fallen und ihr meine ewige Liebe zu gestehen, kann mich wirklich gerade noch so bremsen, und als sie mich fragt, ob ich noch laufen kann (!), als ich aufstehe, um zum Klo zu gehen, und dabei erst mal aus Versehen den halben Vorhang abreiße, entscheide ich, dass das eben mein letztes Bier war. Wir sitzen noch lange auf unseren Plätzen, zeigen uns Fotos auf unseren Handys, und ich weiß selbst nicht mehr, ob es der Alkohol oder einfach nur die Erfüllung in ihrer Gesellschaft ist, aber ich erzähle ihr die komplette Geschichte meines Lebens, die frühen Loser- und Drogenjahre, die Selbstläuterung durch Straight-Edge, die Bands, die Politik, den Veganismus, einfach alles, eigentlich viel zu viel und viel zu früh, aber ich kann mich einfach nicht bremsen, es ist einfach viel zu gut mit ihr.

Irgendwann ist es Zeit zu gehen, sie wohnt am Arsch der Welt und braucht gute 90 Minuten nach Hause, also bringe ich sie zu ihrer Station, verabschiede mich so wie, glaub ich zumindest, Chow Yun Fat es getan hätte und laufe den kompletten Weg nach Shibuya zu Fuß, um noch mehr Bier zu trinken und den Abend Revue passieren zu lassen. ›Trotz peinlicher Einbrüche unter Alkoholeinfluss ziemlich gut gelaufen‹, resümiere ich und entscheide, mich erst übermorgen wieder zu melden, damit sie sich nach mir verzehrt.

10 Minuten später schreibe ich ihr, wie gut der Abend für mich war, sie der Hammer ist und ich hoffe, sie so bald wie möglich wiederzusehen.

2005
JULI
20

2 Tage später ruft Eugene mich an und fragt mich, ob ich mich an Azusa, das Mädchen von unserer Show, erinnere. Er hätte sie gestern gefickt.

Ich muss mich setzen und mich fast übergeben. Alles wird zu Stein und ist es immer noch.

Es scheint so, als höre so was niemals auf. Ist man einmal auf diese Loserstraße geraten, kommt man nicht mehr so einfach davon runter. Oh Mann. Was ist also passiert?

Azusa war auf einer Party, auf der auch Eugene war. Sie hat zu viel getrunken und die letzte Bahn verpasst. Eugene, der a) in der Gegend wohnt und b) von ihr und mir nichts wusste, hat sie also bei sich pennen lassen und, da schien sie kein Problem mit gehabt zu haben, gleich noch gefickt. Das 3. Mädchen in 3 Tagen für ihn, vollkommen bedeutungslos. Wie ironisch das immer alles ist. Sie ist jetzt in ihn »verliebt«. In einer Stadt mit wie vielen Millionen Einwohnern muss so was ausgerechnet mir passieren? Ist schon fast wieder lustig. Ich kann Eugene nicht mal böse dafür sein. Für ihn sind Frauen einfach allgemeine Güter, da gibt es keinen Privatbesitz. Und er wusste auch wirklich nichts. Sonst hätte er wohl zumindest nicht bei mir angerufen und mit seiner neusten Eroberung geprahlt. Er *mag* sie ja noch nicht mal. Hat mir heute gemailt, wie sehr sie ihm seitdem auf den Sack geht, mit ihren ständigen Anrufen und E-Mails …

Ich war gerade arbeiten, unterwegs mit einer sagenhaft schlechten Band aus Amerika, als der Anruf von ihm kam, also konnte ich nicht mal groß darauf reagieren, sondern musste erst mal so tun, als sei alles O.K., hab die Band so gut betreut wie es irgendwie ging, war ja nervig genug, ne scheißverfickte Diva, dieser Sänger, bestellt irgendwas zu essen und verlässt dann einfach, ohne was zu sagen, das Restaurant, als das bestellte Zeug ankommt und es ihm optisch nicht zusagt. Ich muss also den Leuten vom Restaurant erklären, warum der Typ so ein Penner ist, hat aber gut geklappt, die waren alle jung und cool, also gebe ich ihnen einfach Gästelistenplätze für die Show um die Ecke.

Später beendet die Diva ihre Show nach 4 Liedern, es reißt ihr eine Saite, und der Monitor fiepst ab und zu, das reicht aus. Am Tag zuvor sei das Gleiche passiert, erfahre ich später. Also ist mir auch keiner böse, als ich mich schon um halb 10 verpisse, sollen die Idioten doch sehen, wie sie alleine klarkommen.

Ich bin auf jeden Fall schon hammerbesoffen, und da die Show in Higashi-Kôenji ist, rufe ich Izumi, die ja in Kôenji wohnt, an, um sie zu fragen, was sie so macht. Nichts, ich soll vorbeikommen. Also laufe ich die halbe Stunde nach Kôenji und trinke auf dem Weg 2 weitere Dosen Bier, als mich eine Mail von Azusa erreicht, die vorschlägt, die Tage zusammen essen zu gehen! Ich antworte mit der bösesten Mail, die je in Japan über den Server gegangen sein dürfte, ich wüsste alles von Eugene, sie solle doch ihn ficken und mit ihm essen gehen und weitere typische Drama-Queen-Sachen, ich bin aber auch schon gut dabei, schreibe mich regelrecht in Rage und lese die abgeschickte Mail immer und immer wieder, so gut ist sie geworden, ich kann selbst gar nicht glauben, dass wirklich *ich* das geschrieben haben soll und nicht Bukowskis Geist aus irgendeinem Grab oder so.

Am Bahnhof angekommen treffe ich Izumi, wir kaufen noch mehr

Bier, gehen in ihre Wohnung, nach und nach kommen und gehen noch andere Freunde, und bevor ich es bemerke, bin ich zwar mit Izumi allein, aber auch schon so müde und besoffen, dass eigentlich trotz des angetrunkenen Mutes nicht mehr viel geht. Und das, obwohl, da die letzte Bahn längst weg ist, sie mich fragt, ob ich da bleiben und mit ihr zusammen auf der 1-Mann-Matratze schlafen will. Ich will, aber mehr als schlafen geht leider nicht. Kann mich nicht mal mehr daran erinnern, muss sofort weg gewesen sein.

Irgendwann wache ich in der Nacht auf, gehe pissen und leg mich wieder hin, als Izumi im Halbschlaf ihren Arm um mich und ihren Kopf auf meine Schulter legt. Ich zwinge mich, so lange wie möglich nicht wieder einzuschlafen und dieses gerade wie Balsam auf meine Wunden wirkende Gefühl zu genießen. Ich halte gute 20 Minuten durch.

Am nächsten Morgen sitzt Izumi am Computer und schreibt fleißig irgendwelche Bewerbungen. Mir geht es entsetzlich, und so gerne ich auch mit ihr aufgestanden, gefrühstückt und vielleicht irgendwas gestern Versäumtes nachgeholt hätte, mein Körper macht mir einen Strich durch die Rechnung. Um uns die Peinlichkeit, in ihrer Wohnung zu kotzen, zu ersparen, fahre ich sofort nach Hause, wo ich direkt wieder einschlafe und erst nachmittags wieder aufwache.

Ich maile Izumi, entschuldige und bedanke mich 1000 Mal für gestern, worauf sie antwortet, ich könne jederzeit wieder bei ihr übernachten. Das Problem ist bloß, dass sie einfach ein so guter Mensch ist, dass ich nie weiß, ob das jetzt gerade ihre christliche Nächstenliebe oder vielleicht doch die teuflische Sünde ist, die ihre Aktionen determiniert.

2005 JULI 22

Sommerferien. Die letzten Tests sind geschrieben. Große Abschiedsparty in meiner Wohnung. Hostfamilie ist in Europa, mal wieder, also kommen alle meine Uni-Freunde nach Sancha, und wir trinken, feiern und lassen das letzte halbe Jahr Revue passieren, bis die letzte Bahn alles beendet.

Das war das letzte Mal, dass ich einige von meinen Freunden hier je gesehen habe, denn so langsam müssen alle zurück in ihre Heimatländer. Nur 1 einziger Typ bleibt hier. Das wird ein hartes nächstes Semester, nochmal total von vorne anfangen, und es wären auch harte Ferien, wenn mich nicht alle möglichen genialen Leute aus der guten alten Welt besuchen kommen würden. Auf jeden Fall gehen einige von uns nach der Party noch zur Karaoke, was mir persönlich die Gelegenheit zu einem historischen Fauxpas bietet: Wir hängen in unserer Box rum, hammerbesoffen, und singen alle möglichen Songs, von GREEN DAY über OUTKAST bis JIMMY EAT WORLD. Die Stimmung wird immer ausgelassener und wilder, Matt springt auf den Tisch, wirft dabei alle Getränke runter und brüllt seiner Ex »Screaming Infidelities« von DASHBOARD CONFESSIONAL um die Ohren. Zum Wegschmeißen! Also will ich das Ganze noch toppen, und zwar indem ich mich für »Angel Of Death« von SLAYER entscheide! Das Lied fängt an, alle drehen durch, ich schnapp mir das Mikrofon, fasse Ben am Kragen und brülle ihm: »Auschwitz the meaning of pain, the way that I want you to die, slow death immense decay, showers that cleanse you off your live!«, entgegen, als mir auffällt, dass Ben ja Jude ist!!! Oh mein Gott!!! Er nimmt es mit Humor. Das Loch im Boden, in dem ich gerade versinken möchte, könnte auf jeden Fall nicht größer sein. Der einzige Deutsche und der einzige Jude. Die Welt ist ein beschissenes Dorf, auch in Tôkyô.

Erste Show der Popband, die ich nebenbei immer noch irgendwie am Laufen gehalten habe, wobei ich den Kontakt zu Surferboy Will immer auf ein Minimum reduziert habe. Ich kaufe noch schnell neue Saiten, bevor ich nach Hause gehe, um die Gitarre zu holen und direkt weiter nach Shibuya zu fahren, wo es doch tatsächliche Sony-Verantwortliche geben soll, die sich unsere Show freiwillig antun werden. Doch als ich fast bei meinem Haus angekommen bin, passiert es: Erdbeben!

Aber nicht irgendein Erdbeben, nein, das Stärkste, das Tôkyô seit 13 Jahren gesehen hat! Und das mit mir mittendrin.

Die Sache mit den Erdbeben hier ist folgende: Es gibt so viele davon, dass es nicht besonders lange dauert, bis man sich einfach vollkommen daran gewöhnt hat. Meistens sind sie recht klein und kurz, sodass man sie fast nicht bemerkt, manchmal meinetwegen auch mittelstark, so, dass auch schon mal Bücher aus dem Regal oder Bilder auf den Boden fallen. Keine große Sache auf jeden Fall.

Diesmal ist es anders. Man stellt sich Erdbeben, zumindest war das bei mir immer so, eher so vor, dass es langsam anfängt, stärker wird und irgendwann abebbt. In Wirklichkeit ist es ganz anders. Nämlich von 0 auf 100. In Millisekunden. Deshalb ist meistens auch schon alles wieder vorbei, wenn man es gerade bemerkt hat. Ich laufe also zügigen Schrittes in Richtung Zuhause, in voller Lautstärke die neue FALL OUT BOY im Walkman, als plötzlich ganz Tôkyô einmal heftigst unter mir auf und ab springt, inklusive mir selbst und allen umstehenden Personen. Da die Musik so laut ist, verstehe ich in der ersten Sekunde gar nicht richtig, wie mir geschieht, dann fallen mir die erheblich schwankenden Strommasten auf, als Nächstes die Blumentöpfe, die von Balkonen fallen und krachend auf der Straße landen, dann die Autos und Motor- und Fahrräder, die hektisch zu stoppen versuchen, und schließlich die geschockten Gesichtsausdrücke der immerhin seit ihrer Geburt an Erdbeben gewöhnten Leute um mich herum.

Langsam nehme ich den Walkman ab und gucke mich um. Nach den ersten Schrecksekunden scheint alles wieder seinen gewohnten Gang zu gehen, die Autos fahren weiter, und auch die Leute setzen ihren Weg fort. Inklusive mir, denn Angst hab ich eigentlich keine gehabt, dafür ging alles einfach viel zu schnell.

Zu Hause angekommen schalte ich erst mal den Fernseher an und bin überrascht von dem Fakt, dass die meisten Sender ihre Programme für Sondersendungen unterbrochen haben. Ich versuche E-Mails an meine japanischen Freunde zu schreiben, aber jede davon kommt an mich zurück, »Out of service« steht da geschrieben. So langsam begreife ich, dass das da gerade wohl heftiger war, als es mir am Anfang vorkam. Im Fernsehen reden alle möglichen Sprecher durcheinander, und immer wieder werden diverse Laufbänder eingeblendet, auf denen steht, dass es ein Erdbeben der Stärke XY (hab ich leider vergessen) irgendwo im Ozean war, dass es aber Tsunami-Entwarnung gibt.

Als Nächstes klingelt das Telefon und meine Mutter ist dran. Sie hat in den deutschen Medien davon gehört und will wissen, ob ich noch lebe. Tue ich. Und wie. Ich schnappe mir das Monster von einer Gitarre und mache mich damit auf den Weg in Richtung San-Cha-Bahnhof, wo schon wieder alles in seinen gewohnten Bahnen läuft. Fast alles. Denn die Bahnen fahren nicht. Angeblich sind durch das Erdbeben diverse Schienen verbogen und es kann deswegen für unsere Sicherheit nicht garantiert werden. Eine Katastrophe im hektischen Tôkyô.

Überall rennen Leute durcheinander, schreien in ihre Handys und versuchen, zu irgendwelchen Bussen oder Taxis zu kommen. Ich weiß zuerst gar nicht, was ich machen soll, denn außer mit der Bahn bin ich ja noch nie nach Shibuya gefahren. Da ruft mich Yae, Sängerin der Popband, hauptberufliche Verrückte, heftige Drogenkonsumentin und äußerst erfolgreiche Hostesse in ihrem Stammclub, an, ob es mir gut gehe und wie ich jetzt nach Shibuya zu kommen gedenke. Ich sage ihr, dass ich nicht den geringsten Hauch einer Ahnung hätte, wahrscheinlich müsse ich laufen, und das trotz der schweren Gitarre, die bereits damit begonnen hat, mein Rückgrat seltsam zu verformen. Sie sagt mir, ich solle ein Taxi nehmen, sie würde es bezahlen. Doch auch das ist sinnlos, mehrere 1000 Businessmänner haben dieselbe Idee und wissen 100 Mal besser, wie so was funktioniert. Da ich den Bus auch vergessen kann, allein die Schlangen an den Haltestellen sind fast 100 Meter lang, bleibt mir nichts anderes übrig und ich mache mich auf den gut eine Stunde dauernden Fußweg.

Über die Show selber breiten wir den Deckmantel des Schweigens, von wegen Sony, es stellt sich raus, dass dieser Idiot Will lediglich einen Formbrief erhalten hat, in dem steht, dass irgendein Unterdepp bei Sony ein Video von unserer Liveshow sehen will, Standardschreiben halt, keine Bedeutung. Nur checkt Will das eben nicht, mir ist es sowieso egal, ich bin müde und mir tun Rücken und Füße weh. Das Dumme ist nur, dass wir vor fast leerem Haus spielen, denn die Bahnen fahren ja, wie gesagt, nicht, und das stundenlang. Was für manche Leute, die sich zum Zeitpunkt des Erdbebens, war ja Rushhour, in einem der Züge befunden haben, bedeutet hat, dass sie bis zu 3 Stunden in dem vollgestopften Wagon ausharren mussten. Wäre ich einer von ihnen gewesen, ich würde wohl heute nicht hier sitzen. Horror. Aber das ist eben eins von den Dingen, mit denen man hier zu rechnen hat. So was passiert halt ab und zu. Man kann nur hoffen, dass es einen selbst nicht trifft. Noch 7 Monate Daumendrücken.

2005 JULI 26

Mein erster Modeljob. Die Vorgeschichte: Vor mehr fast genau 3 Monaten (siehe Eintrag vom 29.04.) hat mich auf der Straße so eine komische, nach Lesbe aussehende Grufti-Frau angesprochen, ich sähe »cool« aus, sie sei Fotografin und wolle Fotos von mir machen.

Ob das O.K. wäre. Sicher, hab ich gesagt, mir nichts dabei gedacht, ihr meine Telefonnummer gegeben und gut 3 Monate nichts mehr von ihr gehört. Also alles komplett vergessen.

Vor 2 Wochen ruft sie mich dann plötzlich an, ob ich mich an sie erinnere und noch immer interessiert sei. Ja, bin ich, obwohl ich eigentlich gar keinen richtigen Bock hab, denn inzwischen weiß ich hier eigentlich genug mit meiner Zeit anzufangen, um nicht auf irgendwelche komischen Typen wie sie, die mir eigentlich von Anfang an irgendwie unheimlich war, angewiesen zu sein. Aber jetzt ist es zu spät, und da ich mir denke, dass es ja nicht viel länger als 1-2 Stunden dauern kann, ich dafür aber ein paar semiprofessionelle Fotos von mir in Japan bekommen würde, hab ich eben O.K. gesagt.

In der letzten Woche vor dem Termin ruft sie mich fast täglich an, will Details wissen, meine Klamottengröße, Maße und 1000 andere Dinge, die ich aufgrund ihres Englisch nicht verstehe. Auf jeden Fall hört sich auf einmal alles so todernst an, dass es mir irgendwie gar nicht mehr so recht ist, wer weiß, was die alles will, erwartet und vorhat?

Ich erwache am Tag des Shootings mit Kopfschmerzen und todmüde, bin immerhin erst vor wenigen Stunden vom Saufen aus Shibuya wiedergekehrt, nehme eine Aspirin, dusche und harre der Dinge, die da kommen. Am Tag davor hat mir meine Hostschwester Akiko noch irgendwie Panik gemacht, es gäbe ja ach so viele komische Leute in Japan, und ich solle bloß aufpassen. All das geht mir durch den Kopf, als ich vor meiner Wohnung auf das Auto warte, das mich abholen soll. Nicht gerade gebessert wird dieses Gefühl durch den Fakt, dass es sich bei dem Auto um einen ganzen Van handelt, mit 6 Personen darin, eine seltsamer aussehend als die andere.

Vielleicht hätte ich vorher deutlicher nachfragen sollen, alles, was ich jetzt gesagt bekomme, ist, dass es sich hier um Fotos für irgendeine Modezeitschrift oder so handeln soll, so viel habe ich inzwischen kapiert. Aber ich weiß weder wo noch wie das Ganze genau ablaufen soll. Die Meute steigt aus dem Bus, ich erkenne die Fotografin (die sich als Requisiteurin rausstellen soll) wieder, sie trägt einen modischen Oberlippenbart und ein Baader-Meinhof-T-Shirt. Weiter mit von der Partie sind ein mürrischer alter Mann (Fahrer), 2 junge, leicht punkige Typen (Hairstylist und Beleuchtung), ein langhaariger Superweirdo (Fotograf) und eine recht süße Lady, die mir als Einzige entgegenlächelt und sich später als Editorin des Magazins herausstellt. Zu dem Zeitpunkt weiß ich das allerdings alles nicht und steige mit einem mehr als mulmigen Gefühl in den Van. Auf meine Frage, wo es denn eigentlich hingehen soll, erhalte ich die einsilbige Antwort »Yokohama«.

Wir verlassen Tôkyô. Ich überlege kurz, ob ich irgendwem irgendwelche Abschiedsmails schicken soll, beruhige mich dann aber doch, als jemand WEEZER einlegt, zwar die neue, aber trotzdem, können einem WEEZER-Fans wirklich ernsthaft Schaden zufügen? Trotzdem, während der eine gute Stunde dauernden Busfahrt sagt niemand ein Wort, was mich nur noch nervöser werden lässt.

In Yokohama angekommen, eine superschöne Stadt im Übrigen, viel sauberer und traditioneller als Tôkyô, sogar mit eigener Chinatown, steigen wir vor einem alten Landhaus aus, das sich als Fotostudio herausstellt. Alle sind auf einmal sehr beschäftigt, laden 1000 Sachen aus dem Bus aus und tragen sie in das Haus, Klamotten, Requisiten, was weiß ich, auf jeden Fall scheint jeder seine genau verteilten Aufgaben zu kennen und erledigt diese effizient und professionell. Außerdem reden inzwischen die ersten Leute mit mir, fragen mich, was ich in Japan mache, und verbessern damit die Stimmung ungemein. Die Editorin bestellt Essen bei einem udon-Restaurant, und nachdem wir gegessen haben, geht es los.

Die Make-up-Typen schminken mich, während sich der Hairstylist darum bemüht, das Gel rauszuwaschen und meinen Haaren einen seltsamen Retrolook zu verpassen. Als sie fertig sind, muss ich noch seltsamere Klamotten anziehen, von irgendeinem britischen Designer namens Paul Smith oder so ähnlich, alles irgendwie Mod und Retro, und als ich mich selbst im Spiegel sehe, muss ich mich fast totlachen. Ich sehe aus wie der neue Freund meiner Exfreundin in Köln.

In der Zwischenzeit hat die Lesbe das eine Zimmer in ein von A bis Z durchgestyltes Chaos verwandelt, überall liegt und steht diverses Zeugs rum, sieht aus wie ein Bild von Dali in Realität – alte Uhren, Fotos, Zylinder, Weinflaschen, was weiß ich. Crazy.

Der Fotograf kommt auf mich zu und hält einen der absurdesten Monologe, die ich seit meiner Ankunft hier gehört habe, irgendwas über Leiden und die gequälte Seele eines Künstlers, soll wohl Thema der Fotos sein, und ich komme mir vor wie Bill Murray in *Lost In Translation*, obwohl der Film rassistisch, dumm und scheiße ist, was hier nur mal so am Rande erwähnt sei. Ich tue also so, als würde ich irgendwie verstehen, was er meint, ›Umso schneller bin ich hier wieder raus‹, denke ich mir, hab ja schließlich noch eine Hausarbeit zu Ende zu schreiben, nicht mehr allzu viel Zeit dazu und damit, dass ich hier in den nächsten Stunden wohl nicht wegkommen werde, hab ich zugegebenermaßen auch nicht wirklich gerechnet. Was soll's also, ich mache eben das Beste daraus, und im schlimmsten Fall verliere ich halt mehr oder weniger einen Tag, hab dafür aber eine Menge komischer Erinnerungsfotos, ist ja auch was wert.

Ich muss mich in den seltsamsten Posen inmitten des Chaos postieren, während der Fotograf mir unverständliche Befehle zuruft, die ich so gut es eben geht befolge, aber Vokabeln wie: »senke deinen Kopf etwa um 90° nach rechts, gucke dabei leidend von schräg unten in die Kamera und winkle deine Beine in die entgegengesetzte Richtung an«, oder so ähnlich, bringen sie einem in der Uni scheinbar einfach nicht bei. Gute 6 Stunden, Dutzende von immer schlimmer werdenden Outfits und Locations später, kenne ich sie alle. Leider muss ich für die meisten Aufnahmen diverse Brillen tragen, echte Brillen mit Dioptrien, die im Laufe der Zeit in Kombination mit meinem auch nicht zu verachtenden Kater für entsetzliche Kopfschmerzen sorgen.

Trotzdem, irgendwann sind wir fertig, die mit den Fotos und ich mit der Welt, und bevor ich mich versehe, ist die Unmenge an Equipment wieder im Van verschwunden. Das *sind* echte Profis. Während ich also noch vollkommen fertig an einem der Tische sitze und dem regen Treiben aus der Ferne zuschaue, nähert sich mir die Editorin, beglückwünscht mich zu dem gelungenen Shooting und überreicht mir, sich verbeugend, einen kleinen weißen Umschlag. Als ich ihn öffne, traue ich meinen Augen nicht: 30.000 Yen (250 Euro) in verdammt großen Scheinen!

Ich kann es kaum fassen.

Wie der Tag angefangen hat und wie er endet, könnte verschiedener nicht sein. Ich muss mich zurückhalten, ihr nicht um den Hals zu fallen. Die Zeitschrift erscheint Mitte August. Und weitere Aufträge werden folgen, so versichert mir die Editorin wiederholt. Als ich endlich zu Hause abgesetzt werde, gehe ich als Erstes in den nächsten *konbini*, kaufe mir ein Sixpack guten, richtigen Bieres, eine Packung Kippen, ein verficktes Häagen-Dasz und feiere alleine, bis ich einpenne, musikhörenderweise in meinem Bett.

2005 AUGUST 7

Lange kein Eintrag mehr. Irgendwie geht grad auch nichts mehr. Bin körperlich und geistig einfach total am Ende. Erschöpft. War auch so viel los, diese ganzen Abschiedspartys von Kommilitonen, endlose Karaoke-Sessions, *hana-bi* Feuerwerk, findet jedes Jahr im Sommer statt. Muss man einfach gesehen haben und was auch immer. Dazu konstant diese sengende schwüle Hitze, das macht man irgendwann nicht mehr mit, ob man will oder nicht. Also bin ich einfach mal im klassischen Sinne körperlich, und meinetwegen auch ein bisschen emomäßig, zusammengeklappt. Liege jetzt seit einigen Tagen im Bett, lasse mir von meinem Ventilator heiße Luft ins Gesicht blasen und kann einfach nicht mehr. Sogar das Schreiben fällt mir gerade relativ schwer, irgendwie verschwimmen die Buchstaben vor meinen Augen, und es ist auch nicht so wie sonst, wo mir die ganzen Storys nur so aus den Fingern fließen, sondern superanstrengend und ermüdend. Fasse ich mich also kurz.

Ich treffe mich mit Izumi und ihren Freunden, um mein erstes *hana-bi* zu sehen! Das heißt, wie schon gesagt, übersetzt so viel wie »Feuerwerk«, ist hier seit Jahrhunderten Tradition und wer dabei an *Rhein in Flammen* oder so denkt, der hat, genauso wie ich vorher, nicht den leisesten Hauch einer Ahnung, was wirklich so geht im Feuerwerks-Biz. In Japan haben die über die Jahrhunderte so was von einer Kunst daraus gemacht, dass einem echt fast die Spucke wegbleibt. Das ganze Spektakel ist mit irgendeiner pompösen, Wagner-mäßigen klassischen Musik unterlegt und synchronisiert, was, wie ich mir sagen lasse, fast das ganze Jahr an Vorbereitung und Planung kostet, aber mein Gott, das Ergebnis kann sich echt sehen lassen. Im Jahr gibt es Dutzende solcher *hana-bi* in Japan, davon allein bestimmt 10 richtig große in Tôkyô, was die Leute trotzdem nicht davon abzuhalten scheint, jedes Mal in Scharen aufzulaufen, zu bestimmt 70 % in *yukata* genannten Kimonos, gibt dem Ganzen eine supercool aussehende historische Optik, und dementsprechend überfüllt ist es dann eben auch, für Leute mit klaustrophobischen Tendenzen, zu denen zu gehören ich das Glück mein eigen nenne, nicht gerade ein Mekka. Außerdem ist es manchmal sogar so voll, dass man vom eigentlichen *hana-bi* gar nichts zu sehen bekommt. Um das zu verhindern, gehen wir zu einem zwar nicht kostenlosen, dafür aber organisatorisch geregelten Ding, ist zwar noch immer alles andere als relaxt, aber es geht, und als wir uns vorbei an den Massen von Leuten endlich auf unsere Plätze geschoben haben, kann ich zum ersten Mal Izumi in ihrem *yukata* bewundern. Herrlich. Ich liebe dieses Land. Irgendwann geht dann das Feuerwerk los und lässt uns mit runtergeklappten Kinnladen zurück. Das alles hier zu beschreiben zu versuchen, wäre a) ein schlechter Witz und b) die Manifestation meiner literarischen Selbstüberschätzung, deshalb lass ich das jetzt einfach mal. Es war auf jeden Fall bunt. Und eindrucksvoll. Und schöner als fast alles andere, was ich bis jetzt gesehen habe. Schalkes Tore exklusive, versteht sich.

Als alles vorbei ist, laufen wir die halbe Stunde nach Shinjuku, um, wie könnte es anders sein, Bier zu trinken und in eine Karaoke-Box zu gehen. Doch irgendwie machen sich schon hier erste Ermüdungserscheinungen bemerkbar, und ich bin gar nicht besonders traurig darüber, dass nach einer Stunde alles schon wieder vorbei ist und wir unsere jeweiligen letzten Bahnen kriegen müssen. Außerdem versuche ich mich an »Hands Down« von DASHBOARD CONFESSIONAL und muss schmerzhaft feststellen, was ich schon immer irgendwie geahnt habe: Ich bin nicht Chris Carraba. Dafür überzeugt meine im Team mit Izumi (war ihre Idee) vorgetragene Version von EAMONs unsäglichem »Fuck It (I Don't Want You Back)« auf ganzer Linie. »Fuck all those kisses, they didn't mean jack, fuck you, you ho, I don't want you back.« Hervorragend. Mit Widmung nach Deutschland.

Am nächsten Tag verabrede ich mich mit Izumi, um endlich, endlich das Versprechen einzulösen, mit ihr auf den Tochô Tower, eins der höchsten Häuser der Stadt, zu gehen, von dem aus man ein perverses Panorama über ganz Tôkyô hat.

Irgendwie bin ich zwar seit gestern Abend total am Arsch, aber was soll's, im Gegensatz zum Leben in Deutschland ignorier ich solcherlei Symptome hier immer recht erfolgreich, also treffe ich Izumi am Bahnhof in Shinjuku, und mein Gott, ich sollte es nicht bereuen, sie hat ihr normales Jeans/T-Shirt-Outfit gegen ein schwarzes Kleid und hochhackige Schuhe eingetauscht und ist sich wahrscheinlich noch nicht mal im Klaren, was sie damit bei mir auslöst, hormonell und so, auf jeden Fall hat es schon mal den Effekt, dass ich die nächsten Stunden nicht mehr an meine morgendliche Erschlagenheit denken sollte.

Wir unterhalten uns prima, als wir in Richtung Tochô laufen, aber als wir dann davor stehen und ich an diesem endlos wirkenden Riesen aus Glas und Metal hochgucke, bin ich mir nicht mehr ganz so sicher, ob das hier wirklich so eine gute Idee für mich ist. Egal, schon stehen wir in der Schlange, sind wie immer Heerscharen von Leuten, in erster Linie Touristen, die die gleiche Idee haben, und als der Aufzug in 45 Sekunden (!) die gesamte Strecke von bestimmt 10.000 Kilometern aufwärts hinter sich hat, kann mich selbst das ganze Gerede von irgendwelchen Erdbeben, durch die solche Fahrstühle angeblich immer mal wieder abstürzen, nicht mehr aus der Ruhe bringen.

Was für ein Ausblick. Was für ein Riesenmonster von einem Gebäude! Wie zur Hölle baut man so was? Wie kann man in dieser verfickten Höhe so präzise und genau einen Stein auf den nächsten setzen? Unfassbar. Man kann fast die Straßen nicht mehr erkennen, so hoch ist das. Trotzdem, nach 10 Minuten ist gut, und auf einmal wird mir hammerschwindelig, ich weiß nur noch, dass ich so schnell wie möglich wieder nach unten muss, dabei aber Izumi so wenig wie möglich von meinem Zustand merken lassen will, was zugegebenermaßen auch schon mal besser geklappt hat, aber als wir unten ankommen, ist erst mal alles wieder ganz O.K., noch etwas wacklig auf den Beinen, aber nicht mehr kritisch. Izumi ist übrigens superverständnisvoll, da gibt's gar keine Probleme.

Also entscheiden wir uns, zu ihr nach Kôenji zu fahren, zu Abend zu essen und Video zu gucken, was eigentlich schon impliziert, dass ich über Nacht bleiben kann, und vielleicht, ja vielleicht, ist das hier heute meine große Chance. Denke ich mir und ignoriere das Unwohlsein, das mich eigentlich schon seit Stunden verfolgt, erst leise, dann immer deutlicher werdend, wobei ich das auf Nachwirkungen von meiner Tochô-Besteigung zurückführe, aber als wir in Kôenji angekommen sind und in einem Restaurant sitzen, stelle ich fest, dass ich eigentlich gar keinen Hunger habe. Aber was soll ich Izumi sagen, also bestelle ich auch was, manchmal kommt der Appetit ja beim Essen, aber als ich dann auch noch ein Bier trinke, geht plötzlich gar nichts mehr, und ich muss aufs Klo rennen, um meinen gesamten Mageninhalt oral auszuleeren. Keine schöne Sache. Vor allem, da ich mir ja vorgenommen habe, Izumi nichts davon mitkriegen zu lassen, ein Plan, der sich immer weniger in die Wirklichkeit umsetzen lässt, umso mehr die Zeit voranschreitet. Ich bemühe mich also, so schnell wie möglich alles aus mir herauszukriegen, sodass sie noch immer denken könnte, ich wäre nur pissen gewesen, was in einer wirklich pervers ekelhaften Toilettenorgie kumuliert, die hier besser im Detail undokumentiert bleibt.

Als ich mich wieder neben sie setze, murmele ich irgendetwas von einer Toilettentür, deren Funktionsweise ich nicht richtig verstanden hätte, und versuche so zu tun, als wäre nichts gewesen, was allerdings nur ungefähr 5 Minuten, also bis mir zum nächsten Mal schlecht wird, gut geht, diesmal versuche ich aber alles drin zu halten, was zuerst sogar einigermaßen funktioniert, als wir uns aber auf dem Weg zur Videothek befinden, weiß ich, dass ich auf gar keinen Fall mehr mit zu ihr kommen kann, lasse mir irgendeine saudumme Ausrede einfallen, irgendwas mit dem Tochô oder so, springe in die nächste Bahn, in der ich fast das Bewusstsein verliere, und rase nach Hause, gerade noch rechtzeitig für die nächste Toilettensession sondergleichen.

Furchtbar, ich fühle mich, als ob ich sterben würde, innerlich zerrissen und dabei immer noch mit dem Bewusstsein im Hinterkopf, dass ich heute bei Izumi wahrscheinlich die Chance überhaupt verpasst habe. Als ich endlich vollkommen leer bin und mich schlafen lege, denke ich noch, das Schlimmste sei überstanden, was sich nur wenige Stunden später, am frühen Morgen, als komplette Fehleinschätzung erweisen soll, als ich weitere 2 bis 3 Stunden zwischen Klo und meinem Bett hin- und herwandere, mehr bewusstlos als lebendig. Zerrissen von heftigen Krämpfen winde ich mich auf meinem Bett hin und her, immer am Überlegen, wo das denn jetzt alles auf einmal herkommt, Lebensmittelvergiftung, Magendarmgrippe, Krebs oder Aids?

Ich weiß es bis heute nicht, auf jeden Fall sollte ich die nächsten Tage so verbringen, in einem furchtbaren Zustand, elend und depressiv, nicht wissend, was mir als Nächstes passieren würde oder wie zur Hölle ich jemals wieder gesund werden sollte. Auch die starken Tabletten, die mir mein crazy Hostvater gibt, helfen nicht. Ich esse gute 3 Tage gar nichts und versuche dabei immer so viel isotonische Drinks wie möglich in mich hineinzuschütten, um irgendwie den Flüssigkeitshaushalt in meinem Körper zu regeln. Das erste Mal seit meiner Ankunft hier wünsche ich mich wirklich nach Hause. Wie allein man eigentlich ist, merkt man erst in solchen Momenten. An wen soll man sich wenden, wem kann man sich wirklich anvertrauen? Klar, meine Hostmutter ist supercool, aber sie kommt mir direkt mit Krankenhaus und so, was wirklich der letzte Ort ist, an dem ich jetzt sein will. So was macht einem dann wirklich ernsthaft Angst, vor allem in den Nächten, in denen man von Krämpfen geschüttelt nicht schlafen kann, wach liegt und im Wahn keinen klaren Gedanken fassen kann, da kommen einem schon mal Dinge wie, was wenn ich hier sterben sollte, was wenn ich meine Freunde nie mehr sehen sollte, meine Stadt, meine Straßen, meinetwegen sogar meine Mutter. Obwohl man natürlich weiß, dass das alles höchst unwahrscheinlich ist, in solchen Momenten ist die rationale Seite nicht immer die stärkste.

Na ja, irgendwann ist das Schlimmste überstanden, jetzt, um genau zu sein, und ich kann zum ersten Mal seit Tagen wieder feste Nahrung zu mir nehmen, vor die Tür in die unmenschliche Hitze gehen (nach Meinung vieler auch eine mögliche Ursache) und einfach nur rumlaufen und einkaufen. Hoffentlich war's das jetzt wirklich. In meiner Abwesenheit haben sich Izumi und ihre Freunde natürlich bestens amüsiert, sich in irgendwelchen Clubs rumgetrieben, sind ans Meer schwimmen gefahren und so weiter. Einen neuen Ausländerfreund hat sie da auch gleich kennengelernt. Kanadier. Bestimmt immer gesund. Oh Mann. Bin ich fertig.

Schalke gewinnt nicht nur den Ligapokal, sondern auch das erste Spiel der neuen Saison. 2 zu 1 gegen Lautern, Pflichtsieg, trotzdem mal wieder unnötig spannend. Egal, irgendwie gut zu wissen, dass es wieder losgeht.

Komischer Hostvater, next Episode: oder besser gesagt, 2 Episoden in einer. Und das »komisch« würde ich im Nachhinein auch ganz gerne gegen ein passenderes Wort ersetzen, aber jetzt ist es irgendwie zu spät, also bleibt es dabei. Eigentlich habe ich mich nach seinen ganzen beschissenen Episoden mit Prollereien, Alkohol und Nationalismus, Ignoranz und unfassbarer menschlicher und kultureller Arroganz dazu entschlossen, ihm so gut wie möglich aus dem Weg zu gehen, wie es eigentlich alle in dieser Familie verständlicherweise tun, aber manchmal klappt das eben nicht so gut, da hört man ihn nicht kommen, und schon ist man in der Falle.

Ich hatte ja, glaub ich, schon erwähnt, dass er sich konstant weigert, auch nur 1 Wort Japanisch mit mir zu reden, aus allen möglichen Gründen, einmal, da er eben dieser alten Generation Japaner angehört, die sich beim besten Willen nicht vorstellen kann, dass ein Ausländer ihre Sprache beherrscht, immerhin stammen sie, die Japaner, ja mehr oder weniger direkt vom Kaiser, und damit dann auch von der Sonnengottheit *Amaterasu* Hat der Legende nach Japan erschaffen, ab, was sie grundsätzlich schon mal zu einer überlegenen »Rasse« macht, mit dem Resultat, dass jeder gut Japanisch sprechende Ausländer irgendwie als Bedrohung ihrer ethnischen und kulturellen Homogenität angesehen wird, und außerdem lernt der Alte ja Englisch und muss jedem seine Sprachkünste unter die Nase reiben, so bescheiden sie auch sein mögen, er hält sich auf jeden Fall für den King, und je mehr Leute um uns herum sind, desto lauter wird sein Englisch, soll ja jeder mitbekommen, und wenn diese ihn dann fragen, warum er mit mir, der des Japanischen ja einigermaßen mächtig ist, denn immer nur Englisch rede, dann antwortet er immer: »He's my teacher! David, you are my teacher, right?« Und ich sag dann jedes Mal, dass ich mich eigentlich nie bereit erklärt habe, sein Lehrer zu sein, was er dann aber immer vollkommen ignoriert, lauthals lacht und mein Japanisch lobt: »Since you have come to my house (Betonung auf »*my*«), your Japanese has gotten a lot better!« Ein Satz, der ihn fast Minuten kostet. Meine Antwort darauf ist auch jedes Mal die gleiche: »Even though it has nothing to do with you ...« Was ihn dann zu weiteren Lachstürmen bewegt. Was soll man mit so jemandem also machen? Man hält sich von ihm fern.

Oder ignoriert ihn. Wofür ich mich letztendlich entschieden habe. Wenn er auf Englisch mit mir reden will, kriegt er eben nur eine einsilbige Antwort. Punkt. Denn ohne Scheiß, für mich ist das beleidigend. Mein Japanisch ist um Längen besser als sein Englisch, aber er ignoriert das und ist einfach superegoistisch, denkt nur an sich und an das, was er will, aber so ist er halt, da kann man nichts machen. Ein verficktes Kind im Körper eines Erwachsenen. Aber das sagte ich ja bereits. Was er allerdings seit Neuestem immer macht, schlägt dem Fass ohne Scheiß den Boden aus. Wenn ich mit irgendjemandem in seiner Gegenwart auf Japanisch rede, übersetzt er einfach ungefragt deren Antworten an mich auf Englisch! Egal wie einfach der Satz ist! Wodurch er mir natürlich vermittelt, ich sei zu dumm seine verfickte Sprache zu begreifen, was ihn mir noch unsympathischer macht.

Gestern, ich noch geplagt von diversen krankheitsbedingten Symptomen, sitzen wir im Wohnzimmer, essen zu Abend und gucken das Fußballländerspiel Korea – Japan. Da sagt er auf einmal ansatzlos: »I hate Korea!« Und als ich ihn noch fassungslos anstarre und darauf warte, dass er vielleicht zu lachen anfängt oder so, schlechte Witze macht er ja ständig, erklärt er mir den Grund dafür: Japaner und Koreaner hätten einander ja schon immer gehasst, das sei in der Kultur so verankert, und da könne man nichts machen – eine hier verdammt verbreitete Einstellung, ich hab halt immer nur gedacht, er gehöre nicht zu diesen Leuten – und fragt mich da-

rauf, ob ich als Deutscher auch ein Land hätte, das ich hassen würde!
Es ist so traurig, dass es fast schon lustig ist. Er spielt damit auf die Türkei und die in Deutschland lebenden Türken an, deren Stellung man durchaus mit den in Japan lebenden Koreanern vergleichen kann. Als ich schließlich resigniert verneine, ist er enttäuscht. Bastard.

Auch großartig, der Dialog ums Abendessen. Hier in Japan isst man im Sommer kalte Nudeln, nicht gerade das, was ich persönlich unter kulinarisch wertvoll verstehe, also hab ich seiner Frau schon vor Monaten sehr höflich gesagt, dass das eben zu den Sachen gehört, die ich leider nicht esse, davon gibt es hier zugegebenermaßen einige, aber so ist das halt einfach manchmal bei so unterschiedlichen Kulturen. Alles überhaupt kein Problem für seine Frau und alle anderen Menschen, die ich hier je kennengelernt habe, nur er versteht das natürlich wieder mal gar nicht und sieht sich und seine Kultur dadurch angegriffen. Was sich zwischen seiner Frau und mir zum Running Gag entwickelt hat, versteht er nicht und nimmt es stattdessen ernst. Sie fragt mich also immer mal wieder im Spaß, ob ich heute nicht kalte Nudeln essen möchte. Was ich verneine. Hahaha. Klar, lustig ist anders, aber mein Gott, die ist halt auch schon etwas älter. Als er diesmal daneben sitzt, entwickelt sich folgender kurze, aber herrliche Dialog:

Er: »Do you eat cold noodles today?«

Ich: »No, you know, I don't really like them ...«

Er: »You are selfish!«

Ich: »What? I am selfish?«

Er: »Yes!«

Ich: »Because I don't like cold noodles?«

Er: »Yes!«

Ich: »So, what you're trying to say is that everybody who doesn't like cold noodles is selfish???«

Er: »YES!«

Hammer.

2005 AUGUST 13

Die Symptome ändern sich, die Krankheit ist einfach nicht in den Griff zu bekommen. Nachdem alles mit der ganzen Magen-Darm-Sache angefangen und sich dann zu einer ausgewachsenen Erkältung/Grippe ausgeweitet hatte, an dem einen Tag hab ich schätzungsweise gute 2 Liter Rotze durch die Nase verloren, wobei »verloren« irgendwie komisch klingt, ist ja nicht so, als ob ich das unbedingt behalten hätte wollen, sind jetzt alle Lymphknoten auf der linken Seite des Halses geschwollen, was zur Folge hat, dass ich auf härtere, seltsame, sauteure japanische Medikamente umgestiegen bin und jetzt, infolgedessen, nicht mal mehr in der Lage bin, allein nach Shibuya, geschweige denn irgendwohin weiter, zu fahren, da ich alles mindestens doppelt und durch mehrere Schleier sehe und ständig weiche Knie kriege. So wie gestern, als ich endlich *Star Wars 3* gesehen hab. Will ich jetzt gar nicht so viel zu sagen, außer vielleicht, dass ich positiv überrascht war, kein fucking Jar Jar Binks, kaum Disney-hafte Comedy-Scheiße, dafür sauviel Action und THE DARK SIDE OF THE FORCE! DARTH fucking VADER! Hab fast geheult, als ihm die Maske aufgesetzt wurde und er danach vorm sich gerade im Bau befindlichen Todesstern stand. Ergreifend. Großartig auch die Szene, in der er all die Jedi-Kinder geslayt hat. Und das trotz dieser Niete von Schauspieler.

Auf jeden Fall war ich mit Punkrock Babe Hitomi, mit der ich inzwischen normal befreundet bin, da, zuerst waren wir bei meinem neuen (weil wirklich billigen) Lieblingsitaliener essen, wobei durch diese verfickten Medikamente die Konversation mit mir ungefähr so spannend wie die mit einem Stein, den man auf meinen Stuhl gelegt hätte, gewesen sein muss. Und im Kino bin ich dann ein paar Mal fast eingepennt, trotz meiner positiven Überraschtheit bei gegen null tendierender Erwartungshaltung an George Lucas 2005.

Als wir danach zum Abschied noch ein *konbini*-Bier auf der Straße getrunken haben und sich dazu Alkohol in meine Blutbahn gemischt hat, ging dann auch gar nichts mehr, und ich hab wieder ungefähr so Japanisch geredet wie im 3. Semester oder so. Furchtbar. Und jetzt sitze ich hier, starre stundenlang die Wand oder das Testbild im Fernsehen an und warte auf irgendwas. Darauf, dass ich morgen aufwache und es mir gut geht. Oder so.

Denn in 5 Tagen kommt mein erster Homeboy aus Deutschland, und ich erwarte von dieser Woche nicht weniger, als dass Tôkyô danach keine Angst mehr vorm nächsten großen Erdbeben haben wird, WEIL DAFÜR NÄMLICH NICHTS MEHR ZUM ZERSTÖREN ÜBRIG GELASSEN WERDEN WIRD!

2005
AUGUST
14

Derbysieger!!! 2 zu 1 gegen Dortmund, 2 Mal Kuranyi! Wäre ich an die jährlichen 6 Punkte aus dem Derby nicht so gewöhnt, ich würde fast Deutschland vermissen ... Trotzdem sei es an dieser Stelle noch mal in aller Deutlichkeit gesagt:
SCHAAAAAAAAAAAAAAALKEEEEEEEEEEEEEEE!!!!!!!

2005
AUGUST
15

Wir gehen Chinesisch essen. *Otôsan*: »You should eat more potatoes. It's good for your cock.« Thank you, Sir!

Später: Ich muss aus einem Buch zitieren, das ich gerade lese. Und sei es noch so aus dem Kontext gerissen, für mich macht es den totalen Sinn:

»Ich (...) begann den Abstieg. Die Sprossen der Leiter waren so feucht wie zuvor, man musste Acht geben, nicht abzurutschen.

Beim Abstieg musste ich die ganze Zeit an das Pärchen im Nissan Skyline und an die Musik von Duran Duran denken. Die wussten von nichts. Hatten keine Ahnung, dass ich gerade mit einer Taschenlampe und einem großen Messer in die Finsternis hinabstieg, eine Hand auf meine Wunde gepresst. Die hatten nur das Tachometer im Kopf und harmlose Popsongs, die in den Charts ganz oben standen oder wieder fielen, und dachten an den Sex, den sie haben würden, oder erinnerten sich an den, den sie gehabt hatten. Nicht, dass ich sie kritisieren wollte. Sie hatten bloß keine Ahnung.« Haruki Murakami, *Hard-boiled Wonderland und das Ende der Welt*, Suhrkamp Verlag, 2006, Seite 257

2005 SEPTEMBER 14

Oh mein Gott! Noch ein Tag mehr und es wäre ein Monat ohne Eintrag geworden ... Allem vorweg: Ich lebe noch! Tusch!

Und zwar gar nicht mal so schlecht. (Kurze Randnotiz: Hat jemand schon mal probiert, ne halb gefrorene Bierdose zu öffnen? Ich hab grad in dieser Disziplin debütiert, mit dem Ergebnis, dass es nicht aufhört zu schäumen und auszulaufen, gnadenlos, unaufhörlich, und vor allem schnell. Wenn jemand Physiker ist, bitte erklären, warum! Auf jeden Fall war ich gezwungen, einen halben Liter auf Ex zu trinken, und wenn das jetzt meinen Schreibstil beeinflussen sollte, Beschwerden bitte an die Asahi-Brauerei, den Kühlboxhersteller oder die Person, die das Bier darin 2 Tage vergessen hat, also mich, womit sich der Kreis auch schon wieder schließt.) Auf jeden Fall geht es mir gut, und jetzt sogar noch ein Stück besser als normal, zumindest für ungefähr die nächste halbe Stunde.

Letzten Monat hatte ich Besuch von Oli aus Deutschland, seines Zeichens DEAR YOU-Fanzine-Mitherausgeber, Fotograf und neu in den Olymp aufgestiegener Karaoke-Gott. Doch dazu später mehr.

Hier also eine chronologische Rekonstruktion der letzen 29 Tage, basierend auf alkoholverwaschenen Erinnerungen und notdürftigen Einträgen auf Bierdeckeln, Eintrittskarten und Zigarettenschachteln.

2005
AUGUST
18

Oli kommt mittags gegen 12 in Shibuya an. Mit dem Bus hat er es eigenständig aus Narita in die Innenstadt geschafft, was mich stolz macht und realisieren lässt, dass wir alle keine 16 mehr sind. Ich habe auf jeden Fall wesentlich größere Probleme das Hotel, an dem der Flughafen-Shuttlebus hält, zu finden, und das trotz der Tatsache, dass es sich an einem Ort befindet, an dem ich fast tagtäglich vorbeilaufe. Egal, irgendwann peil ich es, und die Wiedersehensfreude ist groß. Man kann kaum in Worten beschreiben, wie es ist, eine liebgewonnene Person am anderen Ende der Welt begrüßen zu können.

Auf einmal rückt alles dichter zusammen. Die Welt, die in einem, und die außerhalb, die Stadt, der Weg vom *hachikô* nach San-Cha und vor allem das Gefühl, in all dem Chaos allein zu sein: weggeblasen. Wir haben viel zu reden, und als ich die zu 99 % fertiggestellte Debütausgabe des DEAR YOU sehe, immerhin ein Projekt, an dessen Realisierung wir fast ein Jahr lang gearbeitet haben, hätte ich am liebsten die ganze Welt umarmt. Da aber nur Oli da war, tat der es auch fürs Erste. Ich hoffe, der Rest der Crew konnte irgendwie spirituell davon mitprofitieren. Um Oli den Mörderjetlag des Jahrhunderts zu ersparen, hab ich im Vorhinein das Hammerpartyprogramm aufgestellt. Zu Hause angekommen, essen wir was, catchen up, was es upzucatchen gibt, und gerade als ich in seinen Augen erste ernsthafte Anzeichen von Müdigkeit erkenne, ist es auch schon so weit: Wir fahren nach Shibuya, treffen uns da mit ein paar Leuten und gehen dann, wie könnte es anders sein, nach einem Kaffee zum Aufwärmen, KARAOKE SINGEN! Willkommen in Tôkyô, Bitch!

Zuerst kaufen wir billigen *happôshu* im *konbini*, den wir wie immer mit reinschmuggeln, und dann geht's los, aber so was von! Ich eröffne den Reigen mit meinem absoluten Favoriten, »Across The Sea« von WEEZER. Spätestens bei »I wonder how you touch yourself and curse myself for being across the sea« brechen alle Dämme, wir schreien uns im Duett die Lungen aus dem Hals und lassen diesen Abend zu einem gedenkwürdigen Ereignis werden.

Respekt vor Oli, der bereits nach dem ersten Song jegliche Scham ablegt und abgeht wie ein verfickter Berserker, so wie sich das halt gehört, und vor unseren bezaubernden japanischen Begleiterinnen, die zumindest so tun, als hätten sie keine Todesangst.

Nachdem wir mit der letzten Bahn nach Hause gefahren sind, weiter getrunken und geredet haben, bis es fast schon wieder hell wird, Oli inzwischen gute 2 Tage am Stück ohne Schlaf, fallen wir endlich erschöpft und glücklich in unsere Futons, wissend, dass dies erst der Auftakt war. Aber was für einer! Ein Hoch auf Tôkyô, Karaoke und die Freundschaft!

2005 AUGUST 19

Fuck, was weiß ich, was wir gemacht haben, wahrscheinlich erst mal ausgepennt, dann gefrühstückt, gechillt, und früher oder später werden wir nach Shibuya gefahren sein, um uns unseren Battleground von gestern mal bei Tag zu besehen. Oli sagt treffend: »Ich bin ja echt schon an vielen Orten gewesen, aber gegen diese City ist selbst New York ein verficktes Dorf!«

Für mich ist es in diesem Zusammenhang ganz anders. Denn zum ersten Mal realisiere ich, dass es für mich zur Normalität geworden ist, dass dies jetzt mein Zuhause ist. Und obwohl ich mich in diesem Labyrinth aus Hochhäusern, Neonlichtern und gigantischen Werbetafeln und Menschenmassen immer noch mal verirre, fühlt es sich vollkommen normal an. Normal und gut. Ich würde wohl an keinem Ort der Welt lieber sein. Während ich Oli und seine Bewunder- und Begeisterung beobachte, denke ich an mein erstes Mal hier, an meine eigenen Gefühle im Neon-Dschungel, meine Unsicherheit, Ungewissheit, Ängste und an den Unterschied, den die letzten 5 Monate für mich hier ausgemacht haben. Ich glaube, ich bin angekommen.

2005 AUGUST 20

Die nächsten Tage verbringen wir vor allem damit, die letzten 5 Monate aufzuarbeiten, denn obwohl ich mich stets bemühe, den Kontakt nach Deutschland nicht einschlafen zu lassen, stellt sich das als härtere Aufgabe als erwartet heraus. Es ist so viel passiert. Und damit meine ich nicht nur, dass der Mutterficker von neuem Papst in meiner Heimatstadt gastiert hat.

Irgendwie scheint gerade alles so weit weg. Auch emotional. Frauen, die mir einmal wichtig waren, leben jetzt mit anderen Typen zusammen oder kommen wie vom Regen in die Traufe mit einem Corporate-Zombie nach dem anderen zusammen. Das Leben geht weiter, auch ohne mich. Aber eben auch andersrum. Ich bin jetzt hier. Punkt.

Auf jeden Fall schwankt unsere tägliche Routine zwischen urbanem Sightseeing, Trinken, Karaokesingen und Reden hin und her. Wir checken Shibuya, San-Cha, Harajuku, Shimokitazawa, Shinjuku, Yotsuya, eben all die Plätze, an denen sich mein Leben hier abspielt, bloß dass ich diesmal nicht alleine dabei bin und jemanden habe, mit dem ich all die angestauten Erinnerungen teilen kann. Dadurch erscheint vieles in einem neuen Licht, und teilweise wird mir jetzt erst bewusst, auf was ich mich da eigentlich eingelassen habe, wie einsam ich dabei die meiste Zeit bin und wie gut das trotzdem alles funktioniert. Ich weiß nicht, ob ich als derselbe Mensch nach Deutschland zurückkommen werde. Aber derselbe Mensch, was heißt das schon? Ist man nicht immer einfach die Summe seiner Erfahrungen? Determinieren diese dann nicht alle Handlungen, wodurch man wieder wahrnehmbar für andere wird? Was weiß ich. Man tut halt, was man kann.

2005 AUGUST 25

Mir fällt grad selber auf, dass ich wünschte, ich könnte hier irgendwelche verrückten Geschichten über uns zum Besten geben, aber im Prinzip haben wir die meiste Zeit über immer das Gleiche gemacht. Lange ausgeschlafen, wozu man sagen muss, dass der japanische Sommer auch einfach seinen Tribut fordert, es ist so heiß, dass man wenige Minuten nach dem Duschen schon wieder von Schweiß durchnässt ist, bei 2 Männern in einem 8-Quadratmeter-Zimmer nicht immer schön und sexy, dann erst mal gefrühstückt und dann irgendwann nach Shibuya oder sonst wohin gegangen, um abzuhängen, uns die Leute und die Geschäfte anzugucken, irgendwann wieder nach Hause zu fahren, abendzuessen und dann mal gucken. In der Regel Bier und Karaoke. Mehr braucht man einfach nicht. Vor allem im Sommer.

Na ja, auf jeden Fall bin ich der Meinung, dass wir ne ziemlich perfekte Zeit hatten, auch wenn wir auf gut 80% des üblichen Touristikprogramms verzichtet haben. Meistens war zumindest ich eh viel zu verkatert, um früh aufzustehen und nach Kamakura oder sonst wo zu fahren. Dafür haben wir das Leben genossen. In und aus vollen Zügen. Und obwohl es 24/7 zu zweit in einem winzigen Zimmer und einer Stadt von der Dichte Tôkyôs nicht immer einfach ist, haben wir diese Hürde alles in allem mit Bravour gemeistert. Wie gut, hab ich erst am 30.08. gemerkt. Als ich plötzlich wieder alleine war.

2005 AUGUST 30

Ich bringe Oli zum Abfahrtort des Flughafen-Shuttlebusses. Es ist komisch, auf der einen Seite freue ich mich darauf, auch mal wieder Zeit mit mir selbst verbringen zu können, ich bin einer von den Typen, die superkomisch werden, sobald sie nicht genug davon bekommen, andererseits weiß ich natürlich auch, dass so eine Art von Gesellschaft mit Gold nicht aufzuwiegen ist. In erster Linie bin ich jetzt gerade, nach nur 3 oder 4 Stunden Schlaf, aber einfach saumüde.

Am Tag zuvor lag dann auch endlich *sie* im Briefkasten: die Ausgabe der allumfassenden, sauteuren und superhypen japanischen Hochglanz-Modezeitschrift HIGH FASHION, in der auf 4 vollen Seiten aufzutauchen allen Ernstes *ich* die Ehre habe. Wir trauen unseren Augen nicht. Das bin wirklich ich. In derselben Zeitschrift wie irgendwelche wirklichen Topmodels. Neben Prada und Gucci. Eingehüllt in Paul Smiths Haute Couture. Zum Wegschmeißen. Oli meint, dass ich jetzt dranbleiben müsse. Ich werde es auf jeden Fall versuchen.

2005 SEPTEMBER 4

Mir fehlen die Mails von Azusa, die mir immer sehr viel bedeutet haben, und vor allem durch den Fakt, mich verstanden gefühlt zu haben, eine Reduktion der Einsamkeit um lockere 50% mit sich brachten. Hab ich ja, glaub ich, schon mal erwähnt, wie unbezahlbar so etwas in einer Situation wie der meinigen sein kann.

Man zieht sich an so was hoch, es erhellt selbst den dunkelsten Tag, und auch wenn das hier vielleicht nicht immer so klingen mag, davon gibt es doch einige. Vor allem in den ersten 2 Monaten, erwartungsgemäß, und jetzt immer mal wieder zwischendurch, wenn mir bewusst wird, wie sehr das Leben aller Leute um mich herum von meinem eigenen losgelöst stattfindet. Klar sind die froh, wenn ich da bin, wenn sie mit mir Bowling spielen, Karaoke singen oder saufen können, aber würde es jemanden *wirklich* berühren, wenn ich meinetwegen noch heute verschwinden würde, für immer, wie vom Erdboden verschluckt? Ich glaube nicht.

Das Leben würde weitergehen, sie würden ihre Abschlüsse machen, in irgendwelche Firmen eintreten, bei vielen ist es schon nächstes Jahr so weit, gute 40 Jahre am Stück schuften, meistens mit zwischen 3 und 7 Ferientagen im Jahr, dann in Rente gehen und die Unsummen von erspartem Geld bei irgendwelchen lächerlichen Kreuzfahrten auf den Kopf hauen, nur um schließlich mehr oder weniger allein, auf jeden Fall aber alt und verbraucht, in irgendeinem Vorort von Tôkyô zu sterben. Klingt negativ? Ist aber die Realität für gute 95% meiner Freunde hier. Und kommt mir bloß nicht mit irgend so nem Scheiß, dass es bei uns besser wäre. Vielleicht tendenziell, noch. Aber im Endeffekt ist es doch die gleiche Scheiße.

Egal, worauf ich hinaus will: Ich bin kein wirklicher Teil davon. Und werde es wahrscheinlich auch nie sein. Ist O.K., muss ich ja auch nicht. Aber in den Momenten, in denen ich nachts allein in meinem Zimmer sitze, mit niemandem weit und breit, der einen *wirklich* kennt oder versteht, todmüde, aber nicht in der Lage zu schlafen, da setzt es mir manchmal ernsthaft zu. Und in solchen Momenten hilft vor allem eins: zu wissen, dass da draußen irgendwo jemand ist, egal wie weit weg, der auf derselben Erde lebt, denselben Himmel sieht und der versteht, was ich im Moment durchmache, ganz einfach deshalb, weil er mir zuhört, egal wie, und weiß, was ich meine.

Ich werde Mitglied bei »Hype«, einer der größten Modelagenturen Tôkyôs. Die Fotos in der HIGH FASHION öffnen tatsächlich Türen. Will, bereits Mitglied, nimmt mich mit, stellt mich vor, und als ich denen die Fotos in der Zeitschrift zeige, werden gar keine weiteren Fragen gestellt, sondern direkt der Vertrag ausgepackt und das erste Angebot unterbreitet. Unfassbar!

Es handelt sich dabei um eine Modelshow, so richtig über den Catwalk laufen und so, und zwar für Uniqlo, die japanische Version von H&M, und dann noch für deren Hauptsitz im Luxusviertel Ginza. Wow. Ich auf dem Laufsteg, oh Mann. Aber um abzulehnen, sind sowohl diese Erfahrung als auch die Bezahlung einfach viel zu gut. Jetzt muss ich's nur noch durch die Audition schaffen, könnte laut den Typen von der Agentur ein Problem mit den Tattoos geben, aber ich werde einfach probieren, die gut zu verstecken, ist ja auch nicht das erste Mal, für meine Lehrerjobs mach ich ja nichts anderes.

2 Stunden später habe ich das nächste Vorstellungsgespräch, diesmal bewerbe ich mich als Übersetzer für die Marktforschungsabteilung Japans größter Wirtschaftszeitung, der *Nikkei Shinbun*. Mit was für seltsamen Superlativen ich hier um mich werfe. Egal, auf jeden Fall hat Izumi mir diesen Job vermittelt, ihre Freundin arbeitet da, und von der hat sie gehört, dass die noch einen deutschen Muttersprachler brauchen, das Problem ist bloß, dass diese Person eigentlich den 2. Level des Japanese-Language-Efficiency-Tests bestanden haben muss, also annähernd muttersprachliche Kompetenz aufzuweisen hat, was bei mir eben noch nicht der Fall ist. Versuchen tu ich's trotzdem.

Da sich wieder irgendein Penner vor meine Bahn geschmissen hat, bin ich einer der Letzten, die im luxuriösen Nikkei-Gebäude eintreffen. Als ich das Interviewzimmer betrete, es handelt sich übrigens, ökonomisch effizient, um ein Gruppeninterview, sitzen da schon 6 andere Leute aus allen Teilen der Welt und warten darauf, dass es endlich losgeht. Auf jeden Fall scheine ich der Einzige zu sein, der in normalen Klamotten gekommen ist, die anderen tragen alle Anzüge oder Kostüme (nein, das sind keine Superhelden, sondern Frauen). Entweder die haben das »Dress in ordinary attire« aus der E-Mail nicht verstanden oder ich. Hmm ... 6 zu 1. Egal.

Die Interviewer, 3 an der Zahl, alles Wirtschaftswissenschaftler im gehobenen Alter, betreten den Raum und stellen erst sich und dann ihre Firma vor. Als Nächstes sind wir dran. Selbstvorstellung auf Japanisch, wie sehr ich das hasse. Bloß dass es diesmal nicht Unterricht in der Uni ist, sondern the real thing. Dementsprechend stottere ich rum. Im krassen Gegensatz zu den meisten anderen, die, wie ich bei dieser Gelegenheit erfahre, alle schon mindestens 3 Jahre in Japan leben, auch Wirtschaft studiert haben oder studieren und richtige, vollkommen reale Vollspacken sind. Vollspacken mit nahezu perfekten Japanischkenntnissen, wie ich neidlos anerkennen muss.

Um es kurz zu machen: Ich werde trotzdem angestellt. Noch mal unfassbar. Was für ein Tag. Auf dem Weg zur Bahn spricht mich eine der anderen Bewerber an, wie könnte es anders sein, eine Russin, will meine Telefonnummer haben und lädt mich zu einer Party am Wochenende ein. Ich hätte meinen Austausch nach Russland machen sollen. Was wär das für eine Jahr geworden ...

2005 SEPTEMBER 16

Die Mücken hier haben Humor. Ich werde 4 Mal und nur in den Arsch gestochen. Ist mir auch noch nicht passiert.

2005 SEPTEMBER 20

Ich werde zum ersten Mal erkannt! Aber nicht etwa als der Typ aus dem HIGH FASHION, nein, viel besser. Als ich über Freunde eine Crew von deutschen Halbjapanern kennen lerne, ist da auch jemand mit einem DILLINGER FOUR-Shirt dabei. Und jemand mit einem DILLINGER FOUR-Shirt rennt bei mir einfach offene Türen ein. Wir unterhalten uns also kurz darüber, was wir so machen, und als ich das OX-Fanzine und meine Kolumnen über mein Leben in Tôkyô darin erwähne, ist die Reaktion: »Was, DU bist das??? Wusste ich doch, dass ich dich eines Tages hier treffen würde!« Krass. Dabei lebt der schon Jahre in Deutschland und ist grad nur zu Besuch hier. Was für ein krasser Zufall. Aber auf jeden Fall super zu wissen, dass meine Kolumnen tatsächlich gelesen werden.

Wir gehen in ein billiges *izakaya*, bestellen *nomihôdai* All you can drink für 2 Stunden, wanken in die nächste Karaoke-Box und rocken, bis die letzte Bahn kommt. Wie cool und klein die Welt manchmal ist. Beim Rausgehen fällt irgendeinem der Türsteher auf, dass wir zu wenig gezahlt haben, doch während die eine Hälfte von uns wegrennt, bleibt die andere stehen und diskutiert uns da raus. Als ich nachts um 3 mit Kopfschmerzen und Brand wieder aufwache, verrät mir mein Körper vor allem eins: Du lebst noch. Aber pass auf!

2005 SEPTEMBER 24

Es ist schon komisch, wie sehr sich die Tage und manchmal auch Wochen voneinander unterscheiden. Ich meine stimmungsmäßig. So erlebe ich teilweise unglaubliche, coole Tage und Nächte, voll von Freunden, Bier, Karaoke, Partys und guter Stimmung, nur um am nächsten Morgen mit Depressionen aufzuwachen, der Körper fühlt sich alt und schwer an, nichts scheint Sinn oder Spaß zu machen, und ich weiß nicht, wie ich die nächsten 24 Stunden überstehen soll. Bleib ich im Bett, steh ich auf? Macht es überhaupt irgendeinen Unterschied? Interessiert sich jemand dafür? Ändert sich etwas dadurch? Und dann fällt mir auf, dass sich diese Tage summieren, der eine zum nächsten führt, und bevor man sich versieht, steckt man wieder bis zum Hals in einer Scheißdepression, aus der man sich an den eigenen Haaren wieder rausziehen muss. Macht ja sonst keiner für einen.

Das Schlimmste sind aber die Nächte. Der Schlafrhythmus verschiebt sich, man bleibt bis um halb 2 im Bett, kann dann nachts bis um 4 nicht einpennen, was wiederum darin resultiert, dass man am nächsten Morgen trotz Wecker, den man im Halbschlaf natürlich ausmacht, wo ist die Disziplin, wieder bis nachmittags schläft. Ein Teufelskreis. Aber warum auch aufstehen?

In so Nächten trinke ich immer viel Bier, was bleibt einem auch übrig, wenn es erst 23 Uhr ist, niemand in der Nähe, und man weiß, dass man sowieso vor 4 nicht schlafen kann. In meinem kleinen, verliesartigen Zimmer habe ich auch weder Fernsehen noch Internet, ist also nicht so, als hätte ich die Optionen auf meiner Seite.

Wie sehr ich diese nächtlichen Gänge zum *konbini* hasse. Dann fühlt es sich so an, als sei ich der einzige Mensch in der ganzen Stadt, der gerade allein ist, alle anderen haben irgendjemanden, den sie anrufen, bei dem sie pennen können, oder Partys, zu denen sie gerade unterwegs sind. Selbsthass. Ich kaufe mein Bier beim *konbini*, Nacht für Nacht, sitze alleine in meinem 8-Quadratmeter-Zimmer, trinke Bier, höre Musik und lese Bücher. Im Moment mal wieder Murakami. Habe gerade »Hard-boiled Wonderland« beendet, »Sputnik Sweethearts« is up next. Ich starre die Poster und Fotos an der Wand an.

Im Fernsehen oder in den Büchern kommen Menschen vor, die jemanden haben, jemanden, der sich für sie interessiert, der es nicht abwarten kann, bis sie nach Hause kommen und er sie in den Arm nehmen kann. Das kommt mir gerade so weit weg vor wie lange nicht mehr. Dabei ist es doch so lange gar nicht her. Trotzdem, dieses Gefühl, gebraucht, gewollt, gut gefunden zu werden, dass da gerade jemand ist, der nichts lieber wollen würde, als seine Zeit mit einem zu verbringen, der neben dem Telefon ausharrt, in der Hoffnung, es möge ein Anruf oder eine SMS kommen: weit entfernt. So weit, dass ich nur noch weiß, dass da mal was war, den Verlust noch spüren kann, aber nicht mehr das Gefühl dessen, was ich eigentlich verloren habe. Jemand, der denkt, *ich* wäre genau der oder das Richtige? Der alles in seinen Kräfte Stehende tun würde, *mich* zu sehen, zu treffen, zu sprechen, zu küssen, neben mir einzuschlafen? Wie ein Schleier aus fernster Vergangenheit.

Vor ein paar Tagen hat mich auf der Straße eine Nutte angesprochen, ob sie mich nicht massieren solle. Ist mir hier zum ersten Mal passiert, also war ich zuerst so perplex, dass ich anstatt weiterzugehen kurz stehen geblieben bin, worauf sie sich bei mir am Arm eingehakt hat, und, obwohl mir natürlich klar war, was abging, kann ich nicht leugnen, dieses Gefühl genossen zu haben. Und wie. Ich fühl es immer noch, wenn ich die Augen zumache.

Es ist jetzt 0.11 Uhr, noch gute 4 Stunden, bis ich schlafen kann. Heute ist Samstagabend. Morgen ein weiterer leerer Tag. Was zur Hölle ist bitte gerade los? Wann ist mir das Leben zwischen den Fingern durchgeglitten? Ich meine, es läuft doch! Ich hab 2 Castings Anfang nächster Woche, dann probieren wir mit THE GREAT CIRCUITING nen neuen Drummer aus, Izumi hat Geburtstag, ich hab meine Noten von der Uni gekriegt, alles Einsen, und in 10 Tagen kommt einer meiner besten Freunde aus Deutschland zu Besuch.

Trotzdem. Irgendwas läuft falsch. Ich weiß bloß nicht was. Und seit wann oder warum. Langsam und schleichend ist es gekommen und hat alles in sich eingehüllt. Und ich kann mal wieder sehen, wie ich da alleine rauskomme.

2005 SEPTEMBER 25

Noch ein Zitat aus Murakami: »Dicke Frauen sehen in rosafarbener Kleidung meistens wie riesige Erdbeertorten aus (…).« Haruki Murakami, *Hard-boiled Wonderland und das Ende der Welt*, Suhrkamp Verlag, 2006, Seite 234 Ich mag Erdbeertorten. Aber wenn ich's mir so richtig überlege, mag ich wahrscheinlich einfach generell Kuchen.

2005 SEPTEMBER 26

Audition für Uniqlo Ginza, wie ich schon sagte so was wie das japanische H&M, und dann noch direkt für den Hauptsitz der Firma. Wenn alles gut läuft, laufe ich demnächst über den Catwalk, Uniqlo-Klamotten tragend und mit der Gitarre in der Hand. Die suchen nämlich Musiker für ihre nächste Modeshow.

Als ich in dem bestimmt 15-stöckigen Gebäude ankomme, herrscht da schon modelmäßige Betriebsamkeit, überall laufen mehr oder weniger schöne Menschen mit mehr oder weniger leeren Gesichtsausdrücken rum, drücken Agenten und ähnlichen managermäßigen Typen ihre Fotos in die Hand, schleimen rum, was das Zeugs hält, und unterhalten sich über ihre letzten Shootings. Für mich, als Neuling in dieser Welt, wirkt auch erst mal alles dementsprechend befremdlich. Aber da nichts so heiß gegessen wie gekocht wird, setze ich mich ins Wartezimmer und warte darauf, dass man meinen Namen aufruft.

Wir werden in Dreiergruppen in den Castingraum geführt, in dem hinter einem behelfsmäßig aufgebauten Schreibtisch 4 Personen sitzen, die wohl über Daumen hoch oder runter zu urteilen vermögen. Will ist zuerst dran, spielt eins seiner furchtbaren Lieder, zieht eine deren Jacken an und läuft von A nach B. Dann wird ein Foto gemacht, und nach nur rund 60 Sekunden ist der Nächste dran. Ich.

Will gibt mir seine mitgebrachte Gitarre, ich drehe mich zur Jury und frage, was die Herrschaften denn gerne hören würden, eigentlich eine saudumme Frage, worauf ich zu hören bekomme, ich solle doch einfach irgendetwas spielen, was sie kennen, hm, was kennen die denn wohl, und bevor ich zu lange überlege, fange ich mit »The Places You Have Come To Fear The Most« von DASHBOARD CONFESSIONAL an, wahrscheinlich genau das, was so Mainstream-Modelagency-Typen hören wollen, ich Depp. Wäre wahrscheinlich sogar »Dragostea Din Tei« besser gewesen, das es ja schlimmerweise erst diesen Sommer nach Japan geschafft hat und mir dementsprechend gleich 2 Sommer hintereinander zum Hassobjekt werden konnte, eigentlich eine musiksoziologische Seltenheit, sollte man mal Untersuchungen drüber anstreben: »Impotenz und frühzeitiger Tod als Folge von 2 konsekutiven Sommern mit ›Dragostea Din Tei‹ – eine empirische Studie von David S.«

Aber zurück zum Casting. Nach circa 30 Sekunden unterbricht mich der Manager gelangweilt und befiehlt mir zu laufen. Laufen. Das kann ich. Mach ich seit gut 25 Jahren. Ich bin sogar von der Bahnstation hierher gelaufen. Was soll da schon schiefgehen? Ich laufe also von A nach B und zurück, drehe mich am Ende meiner Strecke einmal modelmäßig um die eigene Achse und muss allein beim Gedanken daran, wie das wohl gerade aussah, selber fast zu lachen anfangen.

Ich meine, was weiß ich denn schon? Kenn ich mich mit dem Scheiß etwa aus? Also versuch ich irgendwie, das nachzumachen, was ich irgendwann mal im Fernsehen gesehen hab, Heidi Klum und so. Aber das sind ja Frauen! Ob man als Mann genau so laufen soll? Sagt einem ja keiner, so was. Also stehen aufstrebende Jungmodels wie ich eben wie die letzten Deppen da. Wahrscheinlich kommt so was von allein, wenn man schwul ist oder so. Scheint den meisten anderen nämlich keine Probleme zu bereiten. Na ja. Über das Ergebnis werden wir die Tage informiert, man wird also sehn. War auf jeden Fall mal wieder eine Erfahrung wert.

Später treffe ich mich mit meinem aus seinem Urlaub in den Staaten zurückgekehrten Kumpel Eugene und trinke Dosenbier in Shibuya. Wir haben 2 Wochen aufzuarbeiten, und ich bin froh, dass endlich mal wieder jemand da ist, den ich gut kenne. Morgen ist das nächste Casting, und am Abend testen Eugene und ich einen eventuellen Drummer. Könnte also mal wieder alles schlimmer sein.

2005 SEPTEMBER 27

Auf meiner Deo-Dose, die mir Oli freundlicherweise aus Deutschland mitgebracht hat, steht hinten allen Ernstes »Nicht rauchen« drauf! Wer versucht denn bitte Deo zu *rauchen*? Und vor allem wie???

Komischer Hostvater, next Episode: Nach seinen nicht mehr zu toppenden »Ich hasse alle Koreaner«-Äußerungen von letztem Monat wird es diesmal wieder auf die gewohnte Weise etwas subtiler. Manchmal weiß ich auch gar nicht, ob der nicht zuhört, nur doof ist oder durch seine Alkoholdemenz nichts mehr versteht, aber es ist einfach jedes Mal dasselbe.

Diesmal fragt er mich, ob ich schon mal in Roppongi gewesen sei. Ich sage ihm, dass es mir da nicht so gut gefällt, denn da sind ja fast nur andere Ausländer, und ich bin schließlich mit dem Ziel nach Japan gekommen, Japanisch und die japanische Kultur kennen zu lernen. Wenn ich unbedingt mit anderen Westlern abhängen wollen würde, wäre ich wohl nicht nach Japan gekommen. Logisch? Worauf er mir erzählt, ich müsse unbedingt mal nach Roppongi gehen, da gäbe es Clubs, wo zu 90 % Ausländer rumhängen würden, das wäre doch bestimmt was für mich! Mein Gott, Alter, geht's noch???

2005 SEPTEMBER 28

Mich erreicht eine Mail von Zuhause. Der Freund meiner Mutter, ein CDU-Abgeordneter, ist trotz deren Wahlsieg, zu dem und allem anderen ich mir hier jeglichen Kommentar verkneife, aus seinem Wahlkreis rausgeflogen. Und da das für meine Mutter eine drastische Reduzierung ihrer finanziellen Sicherheiten mit sich bringt, sieht das Ergebnis dessen für mich so aus, dass ich ab nächstem Monat NULL Geld mehr von Zuhause kriege. In Anbetracht der Tatsache, dass meine Mutter gut über die Hälfte der hier anfallenden Kosten übernommen hat, kann man dabei ruhig von einem ausgewachsenen Schock für mich sprechen. Von einem auf den anderen Tag wird mir jegliche finanzielle Basis unter den Füßen weggezogen. Ganz schön Furcht einflößend. Klar, ich verdiene hier gut und so, aber Tôkyô rangiert eben auch nicht umsonst unter den 3 teuersten Städten der Welt. Wenn man hier nicht nur in seinem Zimmer versauern will, kostet das Geld. Und zwar ne Menge. Eine Menge, an die auszugeben ich mich gerade gewöhnt hatte. Karaoke, *izakaya*, Essen (bezeichnenderweise an 3. Stelle), Proberaum, Handyrechnung, Kino, der Scheiß addiert sich. Doch ab heute wird dann mal wieder alles anders. Super.

Hab ja noch die Hoffnung auf das ab nächsten Monat neu vergeben werdende Stipendium, denk ich mir noch, als mein Handy klingelt und ich erfahren muss, dass jemand anderes es kriegt. Was für Nachrichten.

Später: Anruf von der Agentur. Leider haben sie mich bei der Audition nicht genommen. Aber es war wirklich sehr, sehr knapp!

Klar, sicher. Kurz darauf klingelt erneut das Telefon, und Band- und Modelkollege Will ist dran. Er hätte den Job nicht bekommen, aber es sei wirklich sehr, sehr knapp gewesen! Alter, wie naiv kann man sein. Nach immerhin schon 5 Jahren in dem Biz. Der Typ ist echt der Hammer.

2005 SEPTEMBER 29

Wir proben zum ersten Mal seit Monaten. Seit der letzten Show. Nachdem unser Drummer und guter Freund Clay nach Minnesota zurückgekehrt war, ging erst mal gar nichts. Aber jetzt haben wir einen neuen Mann am Schlagzeug, Japaner, Ex-Metaller, jetzt Jazzer, technisch versiert und präzise, aber trotzdem mit Power. THE GREAT CIRCUITING are back in town! Wer allerdings selber in einer Band spielt und die Gespräche kennt, die Gitarristen mit Schlagzeugern führen, denen sie den gewünschten Drumbeat zu erklären versuchen, der stelle sich das jetzt bitte noch mit 2 Ausländern vor, die versuchen, ihre Ideen einem Japaner näherzubringen. Auf Japanisch. Hölle. Unsere nächste Show findet passenderweise in einem Club in Shibuya statt, bei der außer uns 9 Metalcoverbands spielen. Der Plan ist, uns Langhaarperücken zu kaufen, die Show mit dem Intro von SLAYERs »Raining Blood« zu beginnen und dann alles niederpopzupunken, was bei 3 nicht »Wimps and posers leave the hall«-mäßig draußen ist. Bei dem Setup kann eigentlich gar nichts schiefgehen.

Als ich nach Hause komme, entdecke ich in der Fernsehzeitung 2 Dinge: Die neue Staffel von 24 fängt heute in Japan an, und, noch viel besser, es gibt eine neue Champions-League-Sendung, zwar um 2 Uhr nachts, dafür aber mit allen Spielen, nicht nur Scheiß-Real und -Inter, nein, auch Schalke! Als ich das großartige 2 zu 2 gegen den AC Mailand sehe, inklusive eines fantastischen Tores von Hamit Altintop, fällt mir auf, dass das gerade das erste Mal seit fast 6 Monaten war, worauf mir vor Freude, Aufregung und Melancholie Tränen in die Augen treten.

2005
SEPTEMBER
30

Das nächste Casting, diesmal für Hermes, eine scheißexklusive Klamottenmarke aus Frankreich, die wohl auch ne äußerst erfolgreiche Zweigstelle in Japan hat. Denn wenn die Leute hier eins haben, dann ist es Geld. Und zögern, es für irgendwelche scheißteuren, ultrahässlichen Fetzen rauszuhauen, tun sie auch nicht. Der perfekte Markt.

Das Casting findet auf jeden Fall in deren Hauptsitz im ultradurchgestylten Luxusviertel Ginza statt. Schon als ich aus der Bahn steige, sind da Schilder, auf denen »HERMES casting: this way please« geschrieben steht. Das nenn ich Service. Ich folge den Schildern durch den Boutiquen- und Reklame-Dschungel Ginza, bis ich vor einem imposanten Gebäude stehe, was-weiß-ich-wie-viel-stöckig, das komplett Hermes zu gehören scheint.

Vor der Haupteingangstür der Boutique im Erdgeschoss öffnet ein Page den Kunden die golden umrahmte Tür und begrüßt jeden von ihnen persönlich mit einer so tiefen Verbeugung, dass seine Stirn beinahe seine Schuhspitzen berührt. Und während ich noch, von dieser olympiareifen, gymnastischen Höchstleistung erstaunt, dastehe, spricht mich schon ein typischer Agententyp mit Knopf im Ohr, Walkie-Talkie und 3 Handys um den Hals hängend an, ob ich eins der Models sei, und führt mich, als ich dies bejahe, zum Fahrstuhl, der mich hoch in den 9. Stock zum Castingzimmer bringen soll.

Doch spätestens dort angekommen hört die höfische Behandlung auch schon wieder auf und ändert sich zu dem, was man eigentlich gewöhnt ist, einer Behandlung, die einen spüren lässt, was die Kunden von ihren Models eigentlich halten, nämlich dass diese den Dreck unter ihren Haute-Couture-Fingernägeln nicht wert sind. Extremst arrogant und herabschauend, eigentlich hat man nie auch nur für wenige Sekunden das Gefühl, irgendwie als Mensch wahrgenommen zu werden, zumindest nicht von den Leuten, die die Entscheidungen treffen, die Stylistinnen und Garderobieren sind eigentlich immer noch ganz nett, wenn auch ein bisschen gehetzt, was aber natürlich nicht deren Schuld, sondern die des immer irgendwie zu knapp erscheinenden Zeitplans ist, beziehungsweise der Leute, die diesen geplant haben, wobei wir wieder bei den Pennern wären, die einen wie Scheiße behandeln. Wenn ich mir dann allerdings viele meiner Modelkollegen so angucke, von denen die meisten natürlich weiße, männliche Amerikaner sind, kann ich diese Haltung sogar irgendwie ganz gut nachvollziehen, aber was soll's, war ja klar, dass diese Welt gefickt sein würde, wer da irgendwie was anderes erwartet, ist selbst schuld. Da oben Kaviar, hier unten Krümel. Aber ohne Scheiß, Kaviar ist ja auch so was von ekelhaft, wer will das schon?

Wenn es allerdings eine Person gibt, die jeden Tag zu ihrem Champagner und Koks wahrscheinlich tonnenweise von dem Scheiß frisst, dann ist es die Chefin von Hermes, eine unfassbar verbitterte, bösartige, genervt dreinschauende französische Despotin, die ich mir hier beim besten Willen nicht mal hätte ausdenken können. Ich hab bis jetzt immer gedacht, solche Charaktere entstammen lediglich der leicht zurückgebliebenen Fantasie untertalentierter *Sex And The City*-Drehbuchautoren, aber NEIN, es ist viel, viel schlimmer, denn es gibt sie wirklich. Sie leben. Und atmen. Hier unter uns. Beängstigend. Abgesehen von der fast schon diabolischen Antipathie dieser Furie im Designeranzug war es dann aber ein Casting wie jedes andere auch. Erst registriert man sich an der Rezeption, und dann wartet man mit einer Horde von anderen Models Ewigkeiten darauf, endlich selber dranzukommen.

Meistens sind sowieso immer dieselben Gesichter da, und mit der Zeit kennt man sich dann auch. Mal davon abgesehen gibt es Cliquenbildung galore. Die Modeschwuchteln hängen untereinander ab, die Sportler, die Heroinchic Lookalikes, die College-Amis, die Japaner, jeder bleibt weitestgehend unter sich. Und dann gibt es, wie an der Uni, immer auch die Gruppe derer, die zu keiner der anderen Gruppen gehört, und auch die finden irgendwie immer zusammen. Zu denen gehöre dann auch irgendwie ich.

Sind auch ein paar echt ganz nette Typen dabei, denen dieser ganze Zirkus eigentlich genauso am Arsch vorbeigeht wie mir und die auch keine steile Karriere anstreben, sondern eben nur irgendwie ihr Leben finanziert bekommen müssen. Was sich hiermit gar nicht so schlecht anstellen lässt.

Wie dem auch sei, wir warten also auf unseren großen Auftritt, halten solange eben Smalltalk, man tauscht Neuigkeiten über andere Agenturen und Ähnliches aus, hat dabei aber immer das Gefühl, dass, sollte es dabei irgendetwas wirklich Wichtiges oder Interessantes geben, die betreffende Person diese Information auf jeden Fall für sich behalten würde. Klar, ist ein Haifischbecken, im Prinzip steht hier jeder zu jedem in einem Konkurrenzverhältnis, was an der Oberfläche so leicht nicht zu sehen ist, da macht schon jeder irgendwie auf kollegial, aber wenn es darauf ankommt, kann man sich eben auf niemanden verlassen. Lustig auch immer die Blicke, wenn jemand Neues den Raum betritt. Dann wird erst mal ausgecheckt, ob der denn Konkurrenz für einen sein könnte. Verächtliche Blicke und so. Mann, was bin ich froh, dass ich nicht einer von den Idioten bin, die den Scheiß hier für sich als Beruf oder Zukunft auserkoren haben. Da wird man ja krank von. Eine Ansammlung fleischgewordener Ich-AGs. Egal, wie gesagt, okaye Leute gibt es ja auch.

Irgendwann werden wir dann wieder gruppenweise aufgerufen, in lächerliche Fummel eingekleidet und müssen vor der Jury auf und ab stolzieren, während die Französin uns anschreit, mit den

Augen rollt, sich die Schläfen massiert und irgendwelche Tabletten frisst. Eines Tages wird sie dann tot in ihrem Loft in einer mit Champagner gefüllten Badewanne gefunden werden, die Pulsschlagadern aufgeschlitzt und eine leere Packung Schlaftabletten neben sich. Jeder verreckt so, wie er gelebt hat.

2005 OKTOBER 1

Der Sommer neigt sich dem Ende entgegen. Es ist nicht mehr so heiß, und ich schlafe zum ersten Mal seit Monaten wieder mit Shirt an, die letzten Tage sogar mit einer dünnen Decke dazu.

Auch die Atmosphäre draußen ist nicht mehr dieselbe. Die Frauen haben ihre High Heels gegen Stiefel eingetauscht, und auch ich ziehe inzwischen eine dünne Jacke übers T-Shirt, wenn ich das Haus verlasse. Optisch ist von Herbststimmung allerdings noch nicht viel zu sehen. Keine Bäume, deren Blätter braun werden, herabfallen und sich auf den Gehwegen sammeln, keine für Deutschland typische Herbstsonne oder Sommerendmelancholie, und trotzdem, irgendwie spürt man, dass der Sommer unwiederbringlich vorbei ist. Man wacht einfach eines Morgens auf, verlässt das Haus und *weiß* es irgendwie. Ein neuer Abschnitt. Mal sehen, was er so bringt.

In Gedenken an den wirklich alles in allem genialen Sommer 2005 in Tôkyô hier mein diesjähriger Soundtrack dazu, Platten und Bands, die mich während der letzten Monate emotional unterstützt, begleitet und hardcore gerockt haben, in alphabetischer Reihenfolge:

10 FEET – Realife
THE ALBUM LEAF – Seal Beach
BAYSIDE – S/T

BOXHAMSTERS – Demut & Elite
COMEBACK KID – Wake The Dead
THE CURE – S/T
ELLEGARDEN – Riot On The Grill
FALL OUT BOY – From Under The Cork Tree
HOLSTEIN – Bandstarter
I CAN MAKE A MESS LIKE NOBODYS BUSINESS – S/T
KEN YOKOYAMA – The Cost Of My Freedom
THE LAWRENCE ARMS – Cocktails And Dreams
MAE – The Everglow
MOTION CITY SOUNDTRACK – Commit This To Memory
POSTAL SERVICE – Give Up
THE STARTING LINE – Based On A True Story
TRANSPLANTS – Haunted Cities
UNBROKEN – It's Getting Tougher To Say The Right Things
USELESS ID – Redemption
WEEZER – Blue & Pinkerton

2005 OKTOBER 2

Am Abend hat Izumi Geburtstag. Das heißt eigentlich schon den ganzen Tag, aber abends feiert sie mit ein paar anderen Leuten von unserer Uni, und auch ich bin mit Eugene eingeladen. Der Auftakt zu einem Hardcore-Partywochenende. Wir treffen uns in Shibuya, Eugene und ich, gehen erst mal zum Karaokesingen, im Moment üben wir, verschiedene WEEZER-Songs mit versetzen Melodien zu singen, dann Italienisch essen, als es mir plötzlich wie Schuppen von den Augen fällt, dass ich gestern Nacht im alkoholgeschwängerten Überschwang per SMS versprochen hatte, Izumi ein tolles Geschenk zu machen! Damn! Was also tun?

Als Erstes gehen wir ins »Don Quijote«, so ne Art »Hier gibt es alles für billig und noch 1000 Dinge mehr«-Laden, und Eugene, der in letzter Zeit immer mehr so aussieht, als würde die Skatemarke Volcom ihn sponsern, schlägt in der Sextoys-Abteilung vor, essbare Unterwäsche oder ne Schulmädchenuniform zu kaufen, aber da er die gute Izumi nicht kennt, ich hingegen schon, hat er ja keine Ahnung von dem Drama, das so etwas eventuell heraufbeschwören könnte. Worauf mir einfällt, dass Izumi ganz verrückt nach Käsekuchen ist, eigentlich ihr einziges Laster, so glaube ich zumindest, doch dazu später mehr. Wir kaufen also einen Käsekuchen und machen uns auf den Weg, steigen in Shibuya in die *yamanote-sen* Die Tokioter Innenstadt umkreisende S-Bahn nach Shinjuku und steigen da um in die *chûô-sen* Richtung unserem Ziel Kôenji.

Doch irgendwie verpeilen wir irgendetwas, und als der Zug eine Station vor Kôenji in Nakano hält und so gut wie alle Leute aussteigen, natürlich wundern wir uns, versichere ich Eugene, dass ich schon 1000 Mal hierhin gefahren bin und es bestimmt gleich weitergeht. Was es dann auch tatsächlich tut, allerdings in die falsche Richtung. Wieder in Shinjuku angekommen, ich muss auf der Fahrt reichlich Häme über mich ergehen lassen, nehmen wir wieder die Bahn, von der wir annehmen, sie bringe uns gen Izumis Party. Wieder steigen alle Leute in Nakano aus. Wir diesmal auch. Eigentlich könnte man von hier aus laufen, doch die angetrunkenen faulen Penner, die wir sind, entscheiden wir uns dafür, diesmal in die richtige Bahn zu steigen.

Aus den Lautsprechern dröhnt eine kaum verständliche Ansage, aber Eugene, schon 2 Jahre in Japan, versteht dann doch so viel, dass wir zu Gleis 6 müssen. Wo auch schon der Zug abfahrbereit steht und bestimmt nicht mehr lange auf uns wartet. Also eilen wir in den ersten Wagon, als sich auch schon die Türen hinter uns schließen. Wir fahren los, und ich schreibe, in der weisen Voraussicht, dass Izumi bestimmt einige Minuten brauchen wird, bis sie, um uns abzuholen, am Bahnhof angekommen ist, schon mal eine SMS mit dem Text, dass wir jetzt da wären und auf sie warten.

Der nächste Bahnhof ist dann auch wie erwartet Kôenji. Bloß hält die Bahn da nicht. Sie fährt einfach weiter, und während wir noch ungläubig dem an uns vorbeirauschenden Kôenji hinterher schauen, bin ich es diesmal, der den die Ansage falsch verstanden habenden Eugene mit einer Welle von Spott überschüttet. Obwohl ich eigentlich so hart pissen muss, dass es sich anfühlt, als ob mir jeden Moment die Blase explodieren und alle Fahrgäste in der natürlich standesgemäß überfüllten Drecksbahn in einem Tsunami aus Urin unter sich begraben würde. Doch als auch die nächsten Bahnhöfe in Lichtgeschwindigkeit an uns vorbeiziehen, ohne dass der Zug auch nur Anstalten macht, langsamer zu werden, schwant uns so langsam, dass wir uns in einem dieser Expressdinger befinden, die wirklich nur an richtig fetten Megastationen halten, und uns vergeht das Lachen gründlich.

Meine Blase sondert inzwischen abnorme Schmerzen an den Rest meines Körpers ab. Fast 20 Minuten später hält das gottverdammte Ding endlich irgendwo in der Provinz, wir sind längst nicht mehr in dem, was zumindest ich als Tôkyô bezeichnen würde, und stürmen halb lachend und halb weinend aus dem Wagon, direkt in Richtung Toilette. Die, wie in einem wirklich schlechten Film, gerade instand gesetzt wird und deswegen abgeschlossen ist. Kaff halt. Von wegen 12 Millionen Einwohner, wo sollen die denn bitte hingehen, wenn die mal pissen müssen? Bleibt uns also nichts anderes übrig, als zurückzufahren und erst in Kôenji zu gehen, sollten wir da überhaupt jemals ankommen. Der Zug zurück ist selbstverständlich *kein* Express und dauert deswegen natürlich mindestens doppelt so lange. Unfassbar. Natürlich habe ich Izumi längst per SMS mitgeteilt, dass es vielleicht doch noch etwas dauern kann …

Wie durch ein Wunder hält die Bahn diesmal tatsächlich an unserem Zielbahnhof, lässt uns aussteigen und in olympiaverdächtigem Tempo die sanitären Anlagen aufsuchen. Als ich endlich dastehe und pissen kann, fühlt es sich zuerst so an, als würde ein Medizinball durch meine Harnröhre schießen, und ich schwöre, dass ich mit den Mengen an Urin, die ich in den darauf folgenden bestimmt 2 Minuten am Stück ausscheide, mindestens 2 davon komplett hätte füllen können.

Nach dieser kleinen Episode schreibe ich wieder eine Mail an Izumi, dass wir jetzt wirklich angekommen sind und sie uns bitte vom Bahnhof abholen kommen soll. Dann bitte ich Eugene, mir die Kerzen zu geben, sodass wir diese auf den Kuchen stecken, 23 an der Zahl, und Izumi mit der fertigen Kreation zu Tränen rühren können. Worauf Eugene antwortet, ob *ich* denn nicht die Kerzen eingesteckt hätte. Hab ich nicht. Er auch nicht.

Also brainstormen wir kurz und rennen dann in einem Tempo, das selbst die letzten Alkoholreserven aus unseren Körpern verdrängen sollte, in Richtung des nächsten *konbini*, um schnell noch welche zu kaufen, bevor Izumi am Bahnhof ankommt. Wie durch ein weiteres Wunder gibt es da sogar welche, auch nicht alltäglich für einen Convenience Store im hochtechnisierten Japan, ich hätte eher erwartet, dass es da nur so Lichterketten für die Steckdose gibt oder so, also kaufen wir sie und beginnen auf dem Rückweg zum Treffpunkt damit, den Kuchen zu dekorieren. Sieht richtig schön aus, auch wenn man vor lauter Kerzen das Ding selbst eigentlich kaum mehr erkennen kann. Aber nobody is ja bekanntlich perfect, also auch unser Kuchen nicht. Wieder am Bahnhof angekommen zünden wir schnell die Kerzen an und warten. Und warten. Und warten. Aber niemand kommt.

Die Leute gucken auf jeden Fall schon alle ganz komisch, denn 2 Ausländer mit einem brennenden Subjekt in ihrer Hand, das ist doch alles in allem sehr suspekt. Ein besoffener Businessman hält an und sagt uns, wir sollen die Kerzen ausmachen, worauf wir, bereits von neuem *konbini*-Bier in den Ausgangszustand zurückversetzt, ihm nahelegen, sich zu verpissen. Was er auch anstandslos tut. Allerdings ändert das nichts daran, dass Izumi sich Zeit lässt.

Die Kerzen, so kurze Partydinger, sind nach wenigen Minuten auch schon fast ganz runtergebrannt, inklusive des Nebeneffekts, dass das ganze Wachs über den Kuchen läuft und dadurch alles irgendwie gar nicht mehr so lecker aussieht, mal ganz davon abgesehen, dass es auch so langsam heiß wird und wir das Ding gar nicht mehr in den Händen halten können.

Unauffällig neben uns auf dem Boden abgestellt sieht es auch nicht gerade unverdächtiger aus, und inzwischen sind auch Bahnbullen da, die uns zweifelnde Blicke zuwerfen. Wir können uns ob der Skurrilität der Situation kaum mehr halten und brechen wartend immer öfter ohne erkennbaren Grund in schallendes Gelächter aus. Unser neuster Song heißt übrigens auch dementsprechend »*rôsoku* cakebomb«, *rôsoku* ist das japanische Wort für Kerze.

Als dann letztendlich der Kuchen selbst anfängt zu brennen und den ganzen Bahnhof in den Duft einer frühmorgendlichen Bäckerei einhüllt, betrachten wir das ganze Experiment als gescheitert, schade eigentlich, war so ne gute Idee, und wollen gerade irgendetwas dagegen unternehmen, was allerdings, wissen wir selbst noch nicht genau, als endlich Izumi mit 2 ihrer Freundinnen um die Ecke kommt und erst mal ungläubig in unsere Richtung guckt.

Schnell heben wir den brennenden, schwarzen, verkohlten, stinkenden Ex-Kuchen vom Boden auf, so gut das eben geht, und halten ihn ihr unter die Nase, auf dass sie die Kerzen ausblase. Aus denen ist inzwischen allerdings längst eine einzige riesige Masse aus mit Kuchenteig verschmolzenem Wachs geworden, egal, sie erkennt die inhärente Gutartigkeit unseres Projekts, und tut es, mit der tatkräftigen Unterstützung ihrer Freundinnen, dann so gut es eben geht. Auf jeden Fall sind die Mädchen jetzt alle gerührt, unser Ziel ist erreicht, und wir können endlich zur Party gehen.

Die, wie wir erfahren, längst aufgelöst ist. Die Jungs sind in irgendeinen Club in Shinjuku gegangen und die anderen Chicks nach Hause. Wow. Was kann man zu fünft also am besten machen? Bowling! Wir fahren also nach Nakano, uns noch bestens aus diversen Umsteigeorgien etwas früher am Abend bekannt, und machen ein paar Spiele. Ich werde jedes Mal Zweiter.

Beim vorletzten Spiel legen wir fest, dass der Verlierer ein Stück des Kuchens essen muss, den die Mädels aus irgendeinem Grund noch immer mit sich herumschleppen. Es ist Izumi. Herrlich. Verbrannter Käsekuchenwachs. Der Verlierer des letzten Spiels hat dann die Ehre, alle anderen Anwesenden in ein *izakaya* zum Essen und Trinken einzuladen. Eugene und ich, beide abgebrannt wie lange nicht mehr, zusammen haben wir noch ungefähr 600 Yen (4 Euro) in den Taschen, gucken uns zweifelnd an, entscheiden uns dann aber doch, alles auf eine Karte zu setzen und unser Glück zu versuchen.

Verlieren tut Izumi. Was für ein Geburtstag. Wachskuchen und die Rechnung. Wir gehen in ein nahe gelegenes *izakaya*, unterhalten uns, trinken weiter Bier und essen, was die Küche hergibt. Als es Zeit zu gehen ist, fällt uns auf, dass die letzte Bahn längst weg ist. Kein Problem für Izumi und Co., wohnen ja alle in gehbarer Distanz in Kôenji, aber Eugene und ich müssen, während sich bereits die ersten Anzeichen für einen denkwürdigen Kater andeuten, bis zur ersten Bahn noch gute 3 Stunden in dem Laden abhängen.

Nach ungefähr der Hälfte der Zeit schlafen wir auf unseren Bänken ein und werden pünktlich zur ersten Bahn von den Kellnern geweckt. Wir sind allerdings nicht die Einzigen. Scheinbar ist auch so was normal in Japan. Was für ein gastfreundliches Land. Stellt euch so was mal in Deutschland vor. Als wir das *izakaya* verlassen, scheint draußen fast schon wieder die Sonne. Wie ich so was hasse. In der ersten Bahn, die noch relativ leer ist, besteht die Hälfte der Fahrgäste aus Leuten, die früh zur Arbeit müssen, und zur Hälfte aus solchen wie uns. Wir sehen miserabel aus und fühlen uns auch so. In Shinjuku trennen sich unsere Wege, und ich muss noch 2 Mal umsteigen, bis ich endlich die 20 Minuten zu meiner Wohnung laufen darf. Natürlich kann ich zu Hause angekommen nicht einschlafen. War aber auch alles in allem einfach viel zu cool, und es braucht noch ne gute halbe Stunde, bis sich alles irgendwie in meinem Unterbewusstsein gesetzt hat. In der Nacht träume ich von Sex mit 2 Mädchen, beide minderjährig.

Die Uni geht wieder los! Endlich! 2 Monate Semesterferien waren mir schon in Deutschland immer entschieden zu lang, und gerade in Japan, wo mein soziales Netz dem deutschen, den Umständen entsprechend, unterlegen ist, können einem solche 2 Monate manchmal verdammt lang vorkommen. Aber jetzt ist ja alles wieder gut, ich habe wieder genug verhasste Gründe, um morgens aus dem Bett zu kommen, mir die Nächte mit sinnlosen Hausaufgaben um die Ohren zu schlagen oder einfach auf dem guten alten Campus abzuhängen, mit Freunden zu labern und nichts zu tun. Herrlich.

Der erste Tag ist auch dementsprechend spannend, man sieht 1000 vertraute Gesichter wieder, ob man die Leute dahinter jetzt kennt oder auch nicht, und hat mindestens eine Million »Was? Du bist auch noch hier?!«-Erlebnisse. Großartig. Ich schlendere bedächtig durch die Gänge und Korridore meiner Universität, atme tief ein und lasse den Geruch der Erinnerung durch meine Lungen strömen. Wie hat mir das gefehlt.

Der erste Unterricht ist natürlich Japanisch, ich besuche jetzt den »Advanced«-Kurs, was schon allein durch das Wort eine gewisse Erhabenheit mit sich bringt, aber mein Gott, das hab ich mir in Jahren rastlosen Studierens auch einfach verdient. Ich bin jetzt offiziell »fortgeschritten«. Was sich innerhalb meines Kurses erst mal darin manifestiert, dass nur noch 3 Japanisch als Fremdsprache lernende Westler in der Klasse sind, der gesamte Rest setzt sich aus Halbjapanern oder solchen, die viele Jahre im Ausland gelebt haben, zusammen, vollkommen verrückt, die sind alle fließend und lassen mich wie einen verfickten Erstsemester dastehen. Aber was soll's, wodurch soll man sonst wachsen? The boys are back in town!

Später fahre ich zur deutschen Botschaft, um einem Freund zu helfen, der da im Zuge des »Deutschlandjahres« ein Filmfestival auf die Beine zu stellen versucht. Das sogenannte D-Haus ist gar nicht so schlecht gelegen, mitten in der City eigentlich, und es wird alles Mögliche geboten, von deutschen Filmen über einen Fußballplatz bis hin zu deutschem Bier an der Bar. Wäre ich nicht nach Japan gekommen, weil ich Deutschland so elendig langweilig finde, ich hätte mich fast gefreut.

Wie ich dann allerdings so dastehe und gerade ein Filmplakat an der Wand aufhängen will, passiert es! Eine der beiden wirklich wunderschönen Rezeptionistinnen, klar müssen die gut aussehen, sind ja sozusagen die ersten Repräsentantinnen des ganzen Dingens, kommt einfach auf mich zu und spricht mich an! Aus heiterem Himmel! Ohne alles! So was ist, gerade von Frauenseite aus, hier einfach noch so rar gesät, dass mir die Antwort fast im Hals stecken bleibt. Geht trotzdem grad noch mal gut.

Sie erzählt, ihr Name sei Yûko, sie hätte ein Jahr in Frankreich studiert und sei jetzt mit der Uni fertig und arbeitslos, also hielte sie sich über Wasser, indem sie jobbe und dies und jenes mache. Ich erzähle ihr meine Geschichte in der Kurzversion, als auch schon ihr Chef kommt und ihr unmissverständlich klarmacht, dass so was hier nicht läuft. Wir gucken uns lange in die Augen, und sie verabschiedet sich, um an ihren Arbeitsplatz zurückzukehren. Damn. Yûko.

Als sich meine Arbeitszeit gegen Ende neigt, fasse ich allen Mut zusammen, kritzle meine Telefonnummer und E-Mail-Adresse auf einen Zettel und übergebe ihn ihr beim Rausgehen. Yes! Ich kann's also doch noch! Sie reagiert zumindest nicht negativ, etwas überrascht zwar, aber was soll man auch erwarten, wenn ein im Trikot der deutschen Nationalmannschaft gekleideter Asi, mit dem man gerade mal 10 Minuten geredet hat, plötzlich auf einen zukommt, einem einen Zettel überreicht und sagt, dass er einen gerne näher kennenlernen würde? Eben.

Als ich am nächsten Morgen aufwache, habe ich eine Mail von ihr auf meinem Handy. Ich liebe dieses Land.

Doch das ist nicht das einzige Gute an diesem Tag, nein, noch viel besser ist, dass mein all-time bester Freund aus Deutschland mich besuchen kommt: Jochen!

Jochen und ich gehen way back, inzwischen gute 10 Jahre, und in der Zeit ist so viel passiert, sind so viele Leute, Ideale gekommen und gegangen, sind Regierungen gestürzt, Länder bombardiert und Meisterschaften gewonnen und verloren wurden, doch wenn eins in dieser ganzen bewegten Zeit immer konstant war, dann ist es der Fakt, dass, auch wenn sich die Art unserer Freundschaft ebenfalls mehrfach geändert hat, wir uns immer und zu jeder Zeit vollkommen aufeinander verlassen konnten. In Episoden wie der meinigen hier kann man so etwas gar nicht hoch genug einschätzen.

Auf jeden Fall freue ich mich schon seit Wochen tierisch darauf, dass Jochen kommt, habe ihm ein Zimmer in einem »Weekly Mansion«, ist so was wie ein etwas selbstständigeres Hotel, in der Nähe meiner Wohnung gebucht, und kann es, eigentlich genau wie auch bei Oli, zuerst gar nicht glauben, als er dann tatsächlich am Bahnhof in Shibuya vor mir steht. Das ist einfach so irreal, das kann man sich so gar nicht vorstellen, ist halt doch ne andere Welt hier, und plötzlich steht da ein so großer und wichtiger Teil der alten Welt vor mir, und ich kann es gar nicht abwarten, all die Dinge zusammen durchzuziehen, die ich sonst alleine gemacht hätte.

Nachdem wir im Hotel angekommen sind, muss ich direkt in die Uni, danach arbeiten, und so treffe ich Jochen und Eugene abends in Shibuya wieder, um das Empfangsritual, bestehend aus Bier und Karaoke, zu zelebrieren. Wir rocken das Haus, und Jochens erste aktive Handlung in der neuen Welt ist, seine Digitalkamera in der Karaoke-Box liegen zu lassen. Weg. Aber mein Gott, in so einem Setting ist selbst so was leicht zu verschmerzen. Wir fahren mit der letzten Bahn nach Hause und können mit dem Gedanken an die rockenden, uns bevorstehenden nächsten 9 Tage vor Aufregung kaum schlafen.

2005
OKTOBER
6

Während Jochen in den nächsten Tagen, teilweise recht drastisch auf sich allein gestellt, ein Touriprogramm, das seinesgleichen sucht, auf die Beine stellt, bin ich erst mal voll in Arbeit und Uni eingebunden. Und wie. Am Abend habe ich das erste »Communication Ambassador«-Meeting bei Nikkei, für die ich ab jetzt als Übersetzer arbeite. Hammerjob, mit Stundenlöhnen um die 40 Euro! Aber diese einmal im Monat stattfindenden Meetings sind eben auch ein Teil davon. Es geht dabei darum, dass in Japan lebende Ausländer Auskunft über die Situation in ihren Heimatländern geben sollen, was Nikkei wohl irgendwie dazu benutzen will, irgendwelchen Leuten irgendwelche Dinge zu verkaufen oder so. War bei der Einführungsveranstaltung zwar anwesend, aber irgendwie eher nur körperlich.

Im Nikkei-Building angekommen bin ich erst mal von der professionellen Organisation des Ganzen geplättet. 30 Leute aus aller Herren Länder sitzen da um einen riesigen Tisch herum, komplett nach Sitzordnung, mit Namensschildern, Anzügen und ernsten Gesichtsausdrücken. Als ich den Raum betrete, wird erst mal getuschelt. Sollen sie. Als dann die eigentliche Veranstaltung beginnt, muss ich schmerzhaft feststellen, dass meine Japanischkenntnisse doch noch nicht so »advanced« sind, wie ich mir das vielleicht erhofft hatte. Im Vergleich zu den anderen, teilweise schon 9 Jahre in Japan lebenden Anwesenden (wie die über irgendwelche Situationen in ihren Heimatländern berichten sollen, ist natürlich die andere Frage), spreche ich krüppelhaft, schlecht und fehlerhaft.

Furchtbar. Trotzdem werde ich als einziger Vertreter von Zentraleuropa immer wieder irgendwelche Dinge gefragt, in erster Linie über Wirtschaft (!!!), die ich nicht mal auf Deutsch hätte beantworten können. 2 Stunden öffentliche Vorführung. Demütigend. Ich altere um 15 Jahre und kann mich nicht mal mehr mit Jochen treffen, der sich selbstverständlich auch ohne mich prächtig amüsiert hat, da ich nämlich ins Bett muss, um am nächsten Tag, wieder Arbeit, Uni, Arbeit, nicht total auf dem Zahnfleisch zu gehen. Was ich ohnehin schon weitestgehend tue. Steckt einen Slacker in ein richtiges Beschäftigungsverhältnis und ihr werdet Sturm ernten. Bitches.

2005 OKTOBER 7

Nachdem ich meinen Tag mit diversen Auditions verbracht habe, treffe ich Jochen abends in Shibuya, und wir gehen in mein neues Lieblings-*izakaya*, in dem man für 7 Euro 2 Stunden frei saufen kann. Wir legen ein unfassbares Tempo vor, ich komme kaum hinterher, schaffe es trotzdem irgendwie immer, gerade noch so Anschluss zu halten, und bin nach der ersten Stunde schon gut dabei. Das ganze *izakaya* steht sowieso immer Kopf, Hunderte von schreienden Leuten auf vielleicht 150 Quadratmetern verteilt, das Klo ein einziger Sumpf aus Kotze und bewusstlosen Teenagern, Bier, das in einem Tempo angerollt kommt, das Kölner Brauhausbesitzer vor Scham erblassen lassen müsste, und vor allem eine grundsätzlich positive Atmosphäre, man kommt schnell mit den um einen herumsitzenden Leuten in Kontakt, und am Ende ist alles irgendwie eine große Party. Trotz immenser Mengen Alkohol schwankt die Stimmung nie ins Aggressive, und wegen all dieser Faktoren liebe ich diesen Laden.

Als die 2 Stunden vorbei sind, schwanken wir in Richtung Bahnhof, trinken noch ein letztes Bier am *konbini* und fahren dann mit der letzten Bahn nach Hause. Wahrscheinlich haben wir auf dem Weg noch irgendwo eine Karaoke-Session eingelegt, aber ich kann mich beim besten Willen nicht erinnern.

2005 OKTOBER 8

Am nächsten Tag gehen wir zusammen zu einer meiner Auditions, irgendwo am Ende von Tôkyô, und während Jochen im Vorzimmer wartet, werde ich in den Hauptraum geführt, in dem diesmal keine Jury sitzt, sondern ein Typ mit einer Digitalkamera. Ich soll mich vor die Wand stellen, während er Aufnahmen von mir macht, die dann später seine Arbeitgeber zum Auswerten bekommen.

Er richtet die Kamera auf mich und sagt: »Now look intelligent!« Äh. O.K. Mal was anderes. Wie sieht jemand Intelligentes aus? Mir fällt niemand ein. Wer ist intelligent? Einstein? Hm. Und während ich noch am Überlegen bin, kommt auch schon der nächste Befehl: »Now look Businessman!« »Now look Businessman?« »Yes!« O.K. Ähm. Ich versuche einen Gesichtsausdruck aufzulegen, der Beschäftigung und Ernsthaftigkeit ausdrücken soll, muss aber beim Gedanken daran, wie ich wohl grad aussehe, stark das Lachen unterdrücken, was mein Gesicht zu einer unvorstellbaren Fratze verzerrt haben muss, und beim weiteren Gedanken daran, dass bei allen Corporate-Business-Chefetagenmeetings alle Typen mit einer Fresse, wie ich sie gerade ziehe, dasitzen, kann ich mich nicht mehr halten. Wie ein kleines, dummes Kind. Den Job kriegt jemand anderes.

Danach fahren wir in Jochens Hotel, hängen rum, und als ich mit dem Fahrrad nach Hause fahre, ist es mal wieder so weit. Die Bullen halten mich an, wo ich das Rad denn her hätte, die übliche Prozedur. Und während Cop 1 per Funk meine Unterlagen überprüft, will Cop 2 wissen, wo ich herkomme. Als ich antworte, leuchten seine Augen auf: »Deutschland? Dann sind wir ja Kriegskollegen!«

Ich nicke lächelnd und sage auf Deutsch zu ihm, dass ich hoffe, dass er noch heute Nacht von einem Besoffenen über den Haufen geschossen wird. Er bedankt sich in freundlichstem Japanisch und sagt seinem Kollegen, dass dieser meine Unterlagen nicht mehr zu checken bräuchte, ich sei in Ordnung. Japan heilig Kaiserreich.

2005
OKTOBER
10

MODERN LIFE IS WARs »d.e.a.d.r.a.m.o.n.e.s.« wird zum Soundtrack meines Lebens.

2005
OKTOBER
11

Mein erstes Date mit Yûko, der netten Rezeptionistin von letzter Woche. Jochen ist einen Tag in Kyôto, was ich dazu nutze, mich für den ganzen Abend mit Yûko zu verabreden, mit dem Ergebnis, dass ich schon in der Uni so nervös bin, dass mir die ganze Zeit schlecht ist, ich denke, dass ich krank werde, Fieber habe und schließlich sogar auf einer Bank vor den Klassenräumen einschlafe. Für geschlagene 2 Stunden. Als ich aufwache, fühle ich mich etwas besser, obwohl mir das Gelächter, das mir aus einem Klassenraum entgegenschlägt, als ich von der Bank rolle, schon irgendwie peinlich ist.

Also begebe ich mich schnellstmöglich zum Treffpunkt in Shinjuku, noch halb verschlafen, und wie ich so dastehe und warte, überkommen mich die üblichen Zweifel. Kann ich das wirklich durchziehen, will ich überhaupt, sah die wirklich so gut aus, das Übliche halt. Aber ja, natürlich sieht sie gut aus. Auch wenn mir ihr strenges Arbeitsoutfit um einiges besser gefallen hat als ihre lockere Freizeitkleidung, alles in allem ist alles gut. Und vor allem haut mich ihre Art zu reden von Anfang an um. Sie mischt krassen Slang auf höchst kreative Art und Weise mit einem derbst höflichen Stil, was ich so noch nie gehört habe und mich deshalb die ganze Zeit kaputtlachen muss.

Überhaupt läuft die ganze Konversation ziemlich gut, und während wir so durch Shinjuku spazieren, lege ich so langsam meine restliche Nervosität ab. Wir laufen durch einen Park, von dem ich nicht mal wusste, dass er existiert, gucken uns Tempel an, die zwischen den Hochhausschluchten umso schöner aussehen, gehen essen und setzen uns schließlich irgendwo draußen hin, um uns weiter zu unterhalten. Dabei wird ihr kalt, und ich hänge ihr meine Jacke um, worauf sie meine jetzt selber frierenden Arme streichelt und wärmt, was sich zugegebenermaßen so gut anfühlt, dass ich drauf und dran bin, sie zu küssen, mich aber gerade noch so zurückhalte, hätte wahrscheinlich alles ruiniert, denke ich mir. Aber wer weiß? Auf jeden Fall hatten wir unsere Momente. Und als ich mit der letzten Bahn nach Hause fahre, bin ich zwar der Meinung, dass dies noch ausbaufähig, aber trotzdem schon super war. Ich schicke ihr die übliche »Heute Abend war toll und ich würde dich gern wiedersehen«-SMS und gehe früh schlafen.

2005 OKTOBER 12

Nachdem ich für Nikkei diverse Umfrageergebnisse übersetzt habe, fahre ich zur Bandprobe nach Shimokita. Jochen kommt auch mit, und wir kaufen schon mal ein paar Bier am *konbini*, bevor wir uns mit Eugene im Proberaum treffen und auf unseren Drummer warten. Der allerdings nicht kommt, was so absolut das Letzte ist, was man sich in einer Band erlauben kann – ohne abzusagen einfach nicht auftauchen.

Da wir das Studio aber schon gebucht haben und jetzt natürlich auch dafür zahlen müssen, machen wir einfach das Beste aus der

Situation. Wir proben mit Jochen an den Drums, und obwohl der unsere Songs überhaupt nicht kennt, springt der Funke von der ersten Sekunde an über, und wir rocken so hart, wie wir das, seitdem Clay, unser letzter Drummer, nach Amerika verschwunden ist, nicht mehr getan haben. Und wie gut das tut, uns allen, Jochen eingeschlossen! Wir verstehen uns musikalisch eh blind, und als die Probe vorbei ist und mindestens 10 paar Sticks das Zeitliche gesegnet haben, verlassen wir mit einem in die Fresse gemeißelten Grinsen das Studio, wohl wissend, dass uns so eine Probe mit unserem eigentlichen Drummer nie im Leben gelungen wäre, und kaufen Bier, mit dem wir uns in Shimokita auf die Straße vor unserem Studio setzen.

Später entscheiden Jochen und ich noch, dass es einfach eine Schande ist, dass wir keine Musik mehr zusammen machen, und planen, dies nach meiner Rückkehr zu ändern. Wie gut, endlich hab ich was, auf das ich mich in Deutschland freuen kann. Denn mein Gott, die Hälfte der Zeit hier ist vorbei, und ich beginne langsam, mich mit dem Gedanken an Abschied zu tragen. Ich weiß, es ist noch zu früh für so was, aber mir ist trotzdem schon klar, dass es schwere Wochen, Monate werden, mich wieder an den Alltag in Deutschland zu gewöhnen. Ich glaube, ich würde lieber hier bleiben. An den guten Tagen ist das Leben hier einfach unschlagbar.

2005 OKTOBER 13

Und wieder Audition. Eigentlich hab ich auf den ganzen Scheiß gar keinen Bock mehr, ist sowieso nur Zeit- und Geldverschwendung, man fährt mit der Bahn irgendwo hin, sitzt in einem Raum mit lauter Idioten, nur um dann kurz von A nach B zu laufen und eh nicht angerufen zu werden, weil den Job irgendwelche magersüchtigen New Wave Freaks aus NY kriegen. Aber was soll's, man muss es halt weiter versuchen, also steige ich, die Karte in der Hand, in Shibuya aus und mache mich auf die Suche nach der Location. Da sich das aufgrund der wirklich schon fast lächerlich schlechten Karte, die aussieht, als hätte die ein 5-Jähriger auf Crack gemalt, wahrscheinlich der Sohn einer meiner Chefs, schwieriger als geplant herausstellt, muss ich immer wieder in der Firma anrufen und mir den Weg beschreiben lassen, was mich nicht nur des letzten Nervs, sondern auch Hunderter von Yen Telefongeldes beraubt. Trotzdem ist der Scheißladen nirgends zu finden, und ich suche und suche wie ein Wahnsinniger, jetzt hab ich schon so viel Zeit und Geld in den Scheiß gesteckt, da ist nix mit aufgeben, bis ich nach einer guten Stunde vollkommen mit den Nerven am Ende bin. Anrufen kann ich auch nicht mehr, Akku ist leer, also mache ich mich auf den Rückweg. Doch was sehe ich da? Die Location! Per Zufall. Also renn ich, 70 Minuten zu spät, die Treppen hoch und komme gerade noch an, bevor die den Laden dichtmachen. Ohne Pause soll ich direkt anfangen, und ohne Scheiß, jetzt ist es mir auch egal, ich bin klitschnass geschwitzt, meine Haare hängen mir wie wild durcheinander auf der Stirn, und ich krieg kaum Luft zum Atmen, also kann ich auch noch von A nach B laufen. Gesagt, getan, Dankeschön, Tschüss.

Jochen wartet bereits am *hachikô*, wir essen schnell *udon* bei *hanamaru* und machen uns dann auf nach Odaiba, einen der seltsamsten Plätze überhaupt in Tôkyô.

Odaiba ist ein künstlich aufgeschüttetes Stück Land, zur Seeseite gelegen, und man fährt mit einer seltsamen, führerlosen Bahn da hin, erst durch fast unbewohnt scheinende Hochhäuserschluchten, dann über die riesige, beeindruckende Rainbow Bridge, und gerade nachts bietet sich einem da ein Ausblick, den man wahrscheinlich wirklich nie mehr in seinem Leben vergessen wird. Hat jemand *Blade Runner* gesehen? Ist nichts dagegen. Denn das hier ist die Realität. Und was für eine. Beim Blick aus dem Fenster der Bahn hat man nicht mehr das Gefühl, in einer Stadt zu sein, in der Menschen leben, alles sieht so aus, als ob sich nur noch Droiden nach ihrer Schicht in irgendwelchen futuristischen Jobs zum Aufladen hierhin zurückziehen, und in der Tat glaube ich wirklich nicht, dass in dieser Gegend viele Menschen wohnen, all die riesenhaften Hochhäuser sind Bürogebäude und nach 9 Uhr fast gespenstisch verlassen, nur manche Fenster sind noch erleuchtet, hinter denen Karrieristen Überstunden machen.

Dann der Blick auf die Rainbow Bridge, oh mein Gott, man kann nicht glauben, dass die Bahn gerade wirklich darauf zuhält, man sich selber in einer Minute auf ihr befinden wird, doch genau das ist der Fall, unter einem nur Wasser, so weit das Auge reicht, und am Horizont, wohin man auch guckt, nicht enden wollende Skylines, Neonlichter und gigantische Schriftzüge, die sich im Wasser spiegeln. Wie klein und unbedeutend kann man sich als Mensch in Anbetracht solch einer Kulisse fühlen? Dass dies alles selbst von Menschenhand errichtet wurde, scheint vollkommen unmöglich und irreal. Ich kann mich nicht erinnern, jemals von Architektur oder generell materiellen Dingen so beeindruckt gewesen zu sein.

Wir steigen aus der Bahn, kaufen uns ein Sixpack und lassen uns, nachdem wir eine Weile am Ufer entlanggelaufen sind, auf einer der Bänke nieder, von denen man einen unfassbaren Blick auf die Rainbow Bridge und Skyline hat. Es ist Jochens letzter Abend, und langsam macht sich eine immer spürbarer werdende Melancholie breit, das Wissen, dass es so cool wie letzte Woche wohl eine Weile nicht mehr werden wird. Dazu kommt, dass Odaiba Tôkyôs Datingspot Nummer 1 ist und wir das einzige gleichgeschlechtliche Paar weit und breit sind. Aber das macht heute Abend nichts. Wir trinken Bier, reden und sehen uns das unglaubliche Schauspiel vor unseren Augen an ..., als das Telefon klingelt. Es ist meine Agency! Ich hab den Job! Unfassbar! Von dem Moment an entscheide ich mich, nur noch prollig, Tattoos zeigend und mit »Fuck You«-Attitüde zu den Castings zu gehen.

2005 OKTOBER 14

Am Morgen bringe ich Jochen zum Shuttlebus, von dem ich ihn erst vor einigen Tagen abgeholt hatte. Es fühlt sich scheiße und super gleichzeitig an, denn ich weiß, dass so eine Freundschaft zu haben unbezahlbar ist, aber was bringt das alles, wenn man sich so lange nicht sehen kann. Als ich dem abfahrenden Bus hinterhersehe, ist mir schon klar, dass unangenehme Wochen vor mir liegen. Zum Glück hab ich direkt zu viel Stress, um viel davon mitzukriegen. Trotzdem, vor allem nachts allein zu Hause spüre ich es wieder. Dass man wirklich einsam ist, merkt man erst, wenn man es zwischenzeitlich mal nicht war. Und das tut weh und bringt Zweifel. An dem, was man macht, und an dem, was man will.

Ich verbringe die nächsten Tage in einer Art emotionalem Vakuum, renne von einer Audition zur nächsten, mit dem Ergebnis, dass ich ALLE bestehe, was natürlich noch mehr Arbeit und eine gestiegene Stellung in der Agency mit sich bringt. Plötzlich werde ich bevorzugt, komme als Erster oder Zweiter dran, obwohl ich als 50. gekommen bin, werde von meinen Chefs durchgewinkt und mit Namen begrüßt. Das beste Pferd im Stall. Ich kann es selbst kaum glauben.

Der Schnitt ist bei 10 Castings 1 Erfolg. Von meinen letzten 4 Castings hab ich 3 bekommen. Aber auch wenn ich zugeben muss, wie gut sich das anfühlt, wenn ich abends nach Hause komme, ist da niemand, dem ich das alles erzählen kann und der versteht und sich mit mir freut. Ich gewinne und verliere allein.

Bis mich ein Date aus der Lethargie reißt. Yûko will mich wiedersehen. Ich denke mir O.K., willkommene Abwechslung, und treffe sie in Nakameguro, einem coolen Stadtteil für junge Leute. Als ich so am Bahnhof stehe und warte, kann ich zuerst gar nicht glauben, was ich da sehe, als sie auf mich zukommt. Sie hat vollkommen andere Klamotten an als noch beim letzten Mal, Rock, Stiefel, Mantel, dezentes Make-up und rote Lippen. Sie sieht aus wie meine Exfreundin. Ich erschrecke mich förmlich und weiß zuerst nicht mal, ob ich sie jetzt direkt umarmen oder einfach wortlos nach Hause gehen soll. Das alles in Bruchteilen von Sekunden. Denn sie ist ja jemand anderes, und das hämmere ich mir in den Kopf, als wir durch die Straßen laufen, auf der Suche nach einem ruhigen Café.

Nach und nach überwinde ich den Schock, und sie gefällt mir besser und besser. Ich weiß, dass es nichts Tiefergehendes ist, was ich da empfinde, wenn ich mit ihr rede. Aber ich will sie trotzdem berühren, küssen, Sex mit ihr haben. Sie sagt mir, dass sie weibliche Körper sexy findet. Ich frage sie, ob sie es schon mal ausprobiert hat, sie verneint. Sie will, dass ich die weiche Haut ihrer Hände fühle, sie würden sich anfühlen wie Katzenpfoten, meint sie. Sie hat recht. Wir laufen noch eine Weile durch die Gegend, und als ich merke, dass sie müde wird, frage ich sie, ob sie nach Hause gehen möchte. Auf dem Weg zum Bahnhof nehme ich noch mal allen Mut zusammen und umschließe ihre Finger mit meiner Hand. Keine Reaktion. Ich frage sie, ob es O.K. ist, wenn ich ihre Hand halte, aber sie antwortet eher ausweichend und indirekt. Ich lasse sie wieder los und bin mir selbst nicht im Klaren, was da gerade eigentlich passiert ist. Sie hat ihre Hand nicht weggezogen oder so, aber meine Geste auch nicht erwidert. Japanische Frauen. Ich kann machen, was ich will, es klappt einfach nicht.

2005 OKTOBER 24

Und dann passiert es. Einfach so und wenn man es am wenigsten erwartet. Und am heftigsten. Spulen wir ein paar Tage zurück. Ich sitze vom Arbeiten erschlagen in meinem Zimmer, es ist Nacht, und ich kann trotz überwältigender Müdigkeit nicht schlafen, morgen wieder arbeiten, Uni und was weiß ich noch alles, Hausaufgaben mach ich gar nicht mehr, was so langsam peinliche Ausmaße annimmt, vor allem in meinem verfickten Fortgeschrittenenkurs.

Da blinkt mein Handy und ich habe eine SMS. Von Rumi. Rumi ist die Freundin einer Freundin, und ich hab sie erst ein Mal vergleichsweise kurz gesehen, aber das hatte damals gereicht, um mich (und alle anderen männlichen Anwesenden) in kleine, jubelnde Jungs zu verwandeln, die, um Rumis Aufmerksamkeit kämpfend, keine Tricks scheuten, sich gegenseitig in die Pfanne zu hauen. Rumi ist wunderschön, die hat eine für japanische Frauen extrem weibliche Figur, ein unfassbar und unverwechselbar eigenes Gesicht, es gibt niemanden, der ihr ähnelt, und ich bin mir sicher, dass es auch Typen gäbe, die sie gar nicht so toll finden würden, aber mein Gott, für mich war sie von Anfang an die Königin. Also hab ich mir damals ihre E-Mail-Adresse besorgt und ihr eine Mail geschrieben, worauf sie mir allerdings antwortete, dass sie den ganzen Monat keine Zeit haben würde, was ich als klarstes »Nein« gewertet und mitsamt der ganzen Person Rumi in irgendeinen verstaubten Winkel meines Unterbewusstseins geschoben habe. Wäre auch einfach zu schön gewesen.

Aber jetzt, einen guten Monat später, schreibt sie mir plötzlich, aus heiterem Himmel, und ich kann zuerst gar nicht glauben, was ich da sehe, als ich das Handy öffne: Da steht ihr Name geschrieben. Sie hatte wohl wirklich einen Monat keine Zeit, war auf Bali und Ähnliches, und jetzt, wo sie wieder da ist, schreibt sie mir, sie hätte meine Fotos in der HIGH FASHION gesehen und fände sie supercool. Also schreiben wir uns lange Mails hin und her, immer weiter, stundenlang. Und sie ist mir direkt, selbst über diesen vergleichsweise unpersönlichen Weg, so unglaublich sympathisch, dass ich alle anderen Frauen, die sich eventuell noch irgendwie in meiner Peripherie befunden haben sollten, ansatzlos vergesse.

Rumi ist die Macht. Sie ist lustig, intelligent und aufmerksam, süß und einfach auf ganzer Linie unschlagbar. Von sexy ganz zu schweigen. Also machen wir ein Date aus, und aus irgendeinem Grund bin ich nicht mal so nervös wie sonst, also zumindest nicht so unangenehm. Ich treffe zuerst in Shibuya ein, mache es mir am *hachikô* bequem und warte, um die 20 Minuten, bin superfrüh, denn ich konnte es nicht mehr abwarten. Und dann kommt sie. Und die ganze Welt um sie herum bleibt kurz stehen. Es ist unbeschreiblich, wie sie lächelnd durch die Massen schreitet, auf mich zu, ihre Haare wehen im Wind, und ich stehe einfach nur da und lasse die Tonnen Endorphine, die in dem Moment auf mich einkrachen, durch meinen Körper strömen und jede Faser davon mit absolutem Glück erfüllen. Wir begrüßen uns, und sie fragt mich, was ich machen will. Ich sage ihr, dass ich das eigentlich gar nicht so genau wüsste, also gehen wir einfach los, geradeaus.

Sie fragt mich zuerst verschiedenste Dinge, wo ich genau herkomme, was meine Motivation war, nach Japan zu kommen, mein Wertesystem, alles Mögliche, und ich antworte, rede wie ein Wasserfall, in einem Japanisch, von dem ich bis jetzt noch nicht einmal wusste, dass ich dessen mächtig bin, es ist echt seltsam, ich stehe irgendwo neben mir und sehe mir selbst beim Reden zu, wie ich da grammatische Konstruktionen zusammenbastele, die mir zum ersten Mal das Gefühl geben, nicht nur den Inhalt richtig rüberzubringen, sondern auch Nuancen treffend setzen zu können, und staune, erst über mich selbst, dann über Rumi, wie sie mir zuhört, interessiert ist und so unverschämt gut aussieht, dass ich gar nicht weiß, wohin mit mir, was ich ihr zuerst erzählen soll. Ich will, dass sie mein ganzes Leben kennt, weiß, wer ich bin, wie ich funktioniere und was mich bewegt. Und ich will dasselbe von ihr wissen.

Also entscheiden wir uns, nachdem wir uns darauf geeinigt haben, dass Frauen, die nicht essen und aussehen wie Heroinsüchtige, scheiße sind, essen zu gehen, und zwar richtig. Also auf zu meinem Lieblingsitaliener in Shibuya (Rumi selbst jobbt übrigens in einem *râmen*-Restaurant), wir bestellen Bruschetta, Salat, Spaghetti, Auflauf, das ganze Programm, und fressen uns voll, als ob es kein Morgen gäbe. Dabei sieht Rumi noch so unfassbar sexy und weiblich aus, dass ich die ganze Zeit vor lauter Aufregung überhaupt nicht weiß, wohin mit mir, und ich mich davon abgesehen frage, wie jemand, der so viel und gerne isst wie sie, eine so dermaßen perfekte Figur halten kann. Auf jeden Fall nicht der Modeltrick. Als ich fertig bin, isst sie noch irgendwelche Nudeln, was mir Gelegenheit gibt, sie einmal von oben bis unten zu mustern. Sie trägt ihre Haare offen, ohne irgendwelche Färbemittel übrigens, eine Seltenheit im heutigen Tôkyô, die hellen alle ihre Haare auf, um westlicher auszusehen, ein weit ausgeschnittenes Top, dazu Tarnhosen, die knapp über die Knie gehen, auf jeden Fall Designerware, und lila High Heels, was alles zusammen eine Kombination ergibt, für die ich jederzeit töten würde.

Ich zahle das ganze Essen, und es fühlt sich gut an. Sie lässt es geschehen. Dann gehen wir singen, in meine Lieblingskaraoke-Box, und als wir 90 Minuten später vollkommen außer Atem wieder in Shibuya auf der Straße sitzen und Bier trinken, bin ich eigentlich nur noch eins: ein glücklicher Mann.

Ich bringe sie zur Bahn und fahre nach Hause und auf einmal realisiere ich, dass heute anders war als sonst. Auch wenn meine anderen Dates hier oft supercool und lustig waren, das hier ist etwas ganz anderes. Das ist nicht gut, weil sie hot oder Japanerin oder was auch immer ist, sondern weil sie Rumi ist. Und niemand anders. Und ich glaube, dass ich nicht lüge, wenn ich sage: »Liebes Tagebuch, ich bin verliebt!«

2005
OKTOBER
26

Ich fahre zu Eugene, um neue Songs zu schreiben. Eugene wohnt in Saitama. Die Japaner nennen es »Dasaitama«, eine Verschmelzung mit dem Wort »*dasai*« (uncool). Wie recht sie haben. Wenn die Welt einen Arsch hat, dann ist er definitiv da. 100 Stunden mit der Bahn, 10 Mal umsteigen, frustrierte Gesichter unbedeutender Businessmänner, wohin das Auge reicht – die Bürokratenvorhölle. Aber mein Gott, rocken die neuen Lieder. Noch ein Monat bis zur Show.

Zuhause maile ich mit Rumi um die Wette. Ob sie so ähnlich

fühlt wie ich, weiß ich beim besten Willen trotzdem nicht. Ich will sie so bald wie möglich wiedersehen, muss aber ständig arbeiten, und auch sie hat mit Uni und Job alle Hände voll zu tun.

2005
OKTOBER
28

Es ist wieder Referatszeit an der Uni. Jeder muss in 5 Minuten freier Rede auf Japanisch von irgendeinem Thema, das ihn interessiert, berichten. Die übliche Langeweile, hier Manga, da Musik, wie immer halt. Denke ich zumindest.

Aber eins der schönen Dinge am Japanologiestudium ist, dass man immer wieder überrascht wird, und gerade wenn man denkt, dass es peinlicher, dümmer und nerdiger gar nicht mehr geht, kommt eine fette, hässliche amerikanische *otaku*-Queen daher und hält eine Referat über ihre japanische Puppensammlung (!), keine normalen Puppen, versteht sich, sondern der typische kranke Scheiß, den man wirklich nur als auf Popkultur spezialisierter Japanologe kennen lernt, sodass selbst uns abgebrühten Typen im Fortgeschrittenenkurs die Kinnlade runterklappt wie selten zuvor.

Ich hab ja schon von *otaku* erzählt, also diesen Typen, die ihr Hobby zum absoluten Lebensinhalt machen und darüber hinaus mit der realen Welt recht wenig anfangen können. Normalerweise treffen sich diese Typen im Stadtteil Akihabara, der von auf diesen Kram spezialisierten Geschäften nur so wimmelt und den verwirrten Jugendlichen das Geld in Massen aus den Taschen saugt. Auf jeden Fall scheint es dort nicht nur die üblichen Verdächtigen, also Manga-, Anime-, Cosplay-, Visual *kei*-, Videospiel- oder Technik-*otaku* zu geben, nein, es gibt auch Puppen-*otaku*, mein Gott, und damit mein ich jetzt nicht diese Modellbautypen, klar, die kenn ich, die gehen in diese komischen Manga-Shops und kaufen sich da irgendwelche Modellbausätze von Raumschiffen aus ihren Lieblingsanimes, oder gleich deren halb nackten Hauptdarstellerinnen, bauen diese in mühevoller Kleinstarbeit zu Hause zusammen und was sie dann damit machen, weiß ich zum Glück auch nicht, nein, es gibt auch Typen wie diese fiese Ami-Tussi in meinem Kurs, die sich extremst lebensecht aussehende Puppen von einer darauf spezialisierten Firma, deren Namen ich leider vergessen habe, kaufen, pro Stück um die 600 Dollar (!!!), diese dann jeden Tag aufs Neue ankleiden, waschen und was weiß ich noch alles mit ihnen machen, kurz, sie wie richtige Menschen behandeln. Und wenn sich diese Sammler in ihren Online-Communities oder auf ihren Conventions treffen, benutzen sie auch nicht das japanische Zähleinheitswort Auf Japanisch werden Dinge, je nach deren Beschaffenheit (z. B. flache Dinge, längliche Dinge, Maschinen etc.) mit unterschiedlichen Worten gezählt für Dinge, wenn sie über diese Puppen reden, sondern das für Menschen. Auf Japanisch gibt es ein Wort für so was: »*kimoi*« Setzt sich aus den Worten für Gefühl (kimochi) und schlecht (warui) zusammen und ist schwer direkt zu übersetzen, schwankt aber irgendwo zwischen den Polen »peinlich«, »ekelhaft« und »Fremdscham« . Ich wünschte, es würde eine passende deutsche Entsprechung geben. Entsetzlich. Schauderhaft. Erbarmungswürdig. Und das Schlimmste ist, dass auf einen vergleichsweise okayen Japanologiestudenten ungefähr 10.000 von diesen Typen kommen.

Später: Eugene und ich folgen der anonymen Einladung, die ich durch MIXI, die japanische MY SPACE-Variante, von einer schönen Unbekannten erhalten habe, und gehen auf eine Party irgendwo in Shibuya, die angeblich von einem der Studenten-Clubs unserer Uni veranstaltet wird. Dort angekommen erfahren wir dann, dass das Ganze mit der Uni recht wenig zu tun hat, sondern eher so eine Art Singleparty mit All-you-can-drink ist. Aber mein Gott, muss man ja alles mal probiert haben, und verzweifelt genug bin ich in jedem Fall, also zahlen wir die umgerechnet 30 Euro für 2 Stunden und betreten den Raum, der auch schon mit einigen Singles gefüllt ist. Ungefähr 80 % Männer. War ja klar. Als Erstes hält der Veranstalter, ein nerviger, aufdringlicher Styler, eine kurze Ansprache und erklärt Buffet und Getränkebar für eröffnet, was wir uns bei dem Eintrittspreis nicht 2 Mal sagen lassen und loslegen, als ob es kein Morgen gäbe. Kalte Pommes und Billigbier für 30 Euro. Mann. Aber was soll's, nach und nach trudeln auch Frauen ein, was uns erst mal allerdings gar nicht weiter interessieren muss, denn die beiden im Foyer arbeitenden Rezeptionistinnen haben offensichtlich Gefallen an uns gefunden, und obwohl ihr Job eigentlich darin besteht, alle Anwesenden durch idiotische Trinkspiele und dergleichen zu unterhalten, hängen sie nur bei uns am Tisch ab und chillen mit den funky Ausländern.

Eigentlich sehen die beiden gar nicht so gut aus, aber der Fakt, dass das Bier in Strömen fließt und dass die ihre Telefonnummern raushauen wie bei nem Winterschlussverkauf, überzeugt uns von ihrer Leichtigkeit, und auch ich werde einer von ungelogen 5, 6 Typen sein, die mit deren Telefonnummern nach Hause gehen.

Rumi ist übrigens zu ihren Eltern aufs Land gefahren, weil ihr Opa dort operiert wird. Ich hab sie bald eine Woche nicht gesehen und drehe langsam durch.

2005
OKTOBER
30

Ich bin in meinem Zimmer, es ist Nacht. Das Licht ist ausgeschaltet, und im Hintergrund läuft leise eine SMITHS-Platte, Morrissey singt etwas von »Behind the hatred there lies a plundering desire for love«, und neben mir, da liegt *sie*, schlafend, nackt, ihr wunderbares schwarzes Haar riecht nach Apfel und erinnert mich daran, warum ich jeden Morgen aufstehe, mich in eine vollgestopfte Bahn stelle, zur Arbeit oder Uni fahre und ein Leben lebe, bei dem kaum Zeit für mich bleibt. Es ist, weil ich abends zurück nach Hause komme. Zu *ihr*.

Ich nehme eine Strähne ihres Haares in die Hand, lasse meine Fingerspitzen an ihrem Hals, ihrem wunderschönen Rücken hinabgleiten und ertaste dabei jeden Winkel ihres Körpers. Ich versuche so vorsichtig wie möglich zu sein, aber sie wacht trotzdem auf, und im Halbschlaf bittet sie mich, nicht zu gehen. Ich lächele und flüstere ihr ins Ohr, dass ich nie mehr irgendwo anders hingehen werde, und in dem Moment meine ich es auch so.

Ich küsse sie auf die Wange und sage ihr, dass sie weiterschlafen soll. Sie nimmt meinen Arm und zieht ihn zu sich, bis die Rückseite meiner Hand ihre weichen, warmen Brüste berührt. Ich küsse ihre Schulter. Sie atmet ruhig und schläft wieder ein, ich beobachte sie dabei. Das Mondlicht, das durch meine schmutzigen Milchglasfenster kommt, hüllt uns ein und zeichnet skurrile Silhouetten auf ihren mit all seinen Unzulänglichkeiten perfekten Körper, die kleine Narbe über ihrer rechten Augenbraue, die Lippen, von denen ich nicht genug bekommen kann. Und während ich so daliege und sie einfach nur ansehe, wünschte ich, dass ich die Zeit anhalten könnte, dass der Morgen niemals kommen würde. Sie träumt und flüstert Worte in einer Sprache, die ich auch nach 4 Jahren noch immer nicht ganz verstehe. Aber das ist ihr egal, denn sie weiß, ich verstehe sie da, wo Worte nicht hinkommen.

Sie sieht glücklich aus. Und ich bin es auch. Während wir so daliegen und ich ihren Schlaf bewache, weiß ich, dass das hier für immer weitergehen sollte. Und nichts und niemand auf der Welt wird mich davon abhalten. Auch nicht der klingelnde Wecker, der mich zurück in die Realität reißt.

2005
OKTOBER
31

Noch immer nichts von Rumi. Ich versteh das einfach nicht. Es war doch so super, und ich bilde mir ein, nicht nur für mich. Ich meine, ich hab E-Mails, die das belegen. Kann man so faken? Und wenn ja, warum? Oder ist das schon wieder eins dieser kulturellen Dinge, die ich nicht verstehe? Dass Frauen sich von sich aus nicht melden?

Ich meine, ich schreib ihr Mails, sie schreibt zurück, immer weiter hin und her, ich frag sie, wann sie Zeit hat, Freitag, Samstag, Sonntag? Sie ist immer beschäftigt, das japanische Hasswort schlechthin, »*isogashii*«, immer sind hier alle so gottverdammt *isogashii*, busy, beschäftigt, keine Zeit, dann fährt sie zu ihrem Opa, ich denke mir, lass ich sie mal in Ruhe, sie wird da ganz andere Sorgen haben, als sich um mich zu kümmern, aber was soll der Scheiß, jetzt ist sie schon seit Tagen wieder in Tôkyô, warum ruft sie nicht an, erzählt, wie's war, was auch immer? Soll ich mich schon wieder melden? Immer als Erstes? Ich weiß nicht. Es kotzt mich einfach an. Alles, alles, alles.

2005 NOVEMBER 1

Der Wahnsinn geht in die nächste Runde. Meine erste Catwalk-Show. Vor ein paar Tagen war das Fitting, bei dem sich eigentlich alle Designer, Stylisten und dergleichen dieser Klamottenmarke als ziemlich sympathisch erwiesen hatten, also freu ich irgendwie geradezu darauf. Klar ist das in erster Linie erst mal komisch, ich und Mode, aber macht es wirklich einen so großen Unterschied, ob jetzt jemand Burger wendet oder modeln geht? Außer vielleicht beim Stundenlohn? Eigentlich nicht, oder?

Und ja, ich finde Mode an sich scheiße, zumindest die Mode, die von irgendwelchen komischen, koksenden Designern am Reißbrett erfunden wird, damit unterbemittelte, überbezahlte Arschlöcher ihren abgefuckten Minderwertigkeitskomplex durch überteuerte Fetzen, die eh alle aussehen, als hätte man auf der Straße nen Penner überfallen und ihm die Klamotten abgerippt, überspielen können. Streetwear oder Subkultur ist wieder ne andere Sache, klar. Aber diese poshe Upperclass-Scheiße, damit hab ich natürlich nichts zu tun im realen Leben. Außer auf der Arbeit eben.

Und dahin verschlägt es mich an diesem denkwürdigen Tag um 5 Uhr nachmittags. Im Zuge der diesjährigen Japan Fashion Week hat sich die Stadt Tôkyô nicht lumpen lassen und neben dem Meiji Memorial Museum eine riesenhafte Anlage aufgebaut, inklusive Zelten in Größe eines überdurchschnittlichen Mehrfamilienhauses, mehreren Containern luxuriösen Ausmaßes, die als Backstage und Umkleideräume dienen, und eigens zu diesem Zweck auf die Beine gestellter Ausstellung, die japanischen Modemachern die Gelegenheit bietet, sich der Welt zu präsentieren. Würde mich wundern, wenn deren Ruf nicht eh schon erstklassig ist.

Am Eingang kriegen wir Models, 10 Männer und 10 Frauen, 90 % Westler, unsere Backstagepässe ausgeteilt, mit denen wir überall hinkönnen, Catering und Minibar inklusive. In unserem Backstageraum lernen wir uns erst mal gegenseitig kennen, was teilweise gar nicht mehr nötig ist, da sich die Hälfte der Leute eh schon 1000 Mal bei ähnlichen Gelegenheiten über den Weg gelaufen ist, oder, wie in meinem Fall, 2 davon durch Zufall mal in einem *izakaya* in Shibuya kennengelernt hat. Die Atmosphäre ist also ziemlich gut, und während wir auf Generalprobe und Auftritt warten, werden wir geschminkt, gestylt und bühnentauglich gemacht. Auch die Crew ist cool, und so etwas wie Nervosität will sich zuerst gar nicht einstellen. Was sich dann allerdings ändert, als es Zeit für die Generalprobe wird.

Wir werden in einen Raum hinter dem Catwalk im großen Zelt geführt, das von innen irgendwie gar nicht wie ein Zelt aussieht, sondern eher wie die Lobby eines Luxushotels, und kriegen pro Person 2, ja wie nennt man die eigentlich, Umkleidehilfen zur Verfügung gestellt, in meinem Fall 2 japanische Schwule, die mir beim Aus- und Anziehen helfen sollen. Als Erstes müssen wir alle unsere Unterhosen gegen so kleine, fiese Slips eintauschen, was nicht zuletzt deshalb peinlich ist, weil die Frauen mit uns im selben Raum sind und sich ein Lachen verständlicherweise nicht verkneifen können. Wartet nur Schwestern, eure Zeit kommt auch noch. Denn mit BH oder so ist da nichts. Ich sehe in einer Stunde 18 nackte Brüste, sollte ich mich nicht verzählt haben. Aber da es sich dabei ja großteils um halb totgehungerte, blonde Ostblockfrauen handelt, machen die nicht wirklich viel her. Wenn ich ein bisschen mehr essen würde, hätte ich die meisten von denen in puncto Brustumfang in einigen Monaten eingeholt.

Egal, wir werden also jeder in unsere Outfits gepresst, auf deren Beschreibung ich hier mal weitestgehend verzichte, halt irgendwo zwischen Designeranzügen, crazy Yuppie und American Psycho, und dann hinter den Vorhang zum Showraum gebracht, wo schon eine Skizze der Walking Order an der Wand hängt, die man sich genauestens einprägen muss. Da es sich dabei um ne regelrechte Choreographie handelt, wäre jeder Fehler höchst peinlich. So langsam spüre ich doch ein komisches Ziehen in der Magengegend.

Zum Glück bin ich nicht Erster, kann mich also beim Laufen an meinem Vordermann orientieren, denke ich zumindest, aber die Abstände zwischen den einzelnen Leuten sind zu groß dafür. Da draußen ist man auf sich gestellt. Wir werden in Reihenfolge gebracht, und dann geht es los, Techno in gigantischer Lautstärke (»Why Do Birds Suddenly Appear« in irgendeinem Remix, zugegebenermaßen hätte ich's mir schlimmer vorstellen können) bläst aus den Boxen, und der Show- oder Bühnenkoordinator, oder wie man dessen Berufsbezeichnung auch immer nennen mag, gibt uns, einem nach dem anderen, den Befehl loszugehen.

»GO!«

Ich bin dran. Ich schreite durch den Vorhang in den Showraum, der jetzt, zur Generalprobe, natürlich noch weitestgehend leer ist, und versuche, mich krampfhaft natürlich zu bewegen, dabei den zu laufenden Weg nicht zu vergessen, und auch das einem immer nahegelegte »Stare far off into space« zu berücksichtigen.

Obwohl nur um die 50 Leute in dem riesigen Zelt sind, weiß ich zuerst gar nicht, wie mir geschieht, wo ich hingucken soll und was ich hier eigentlich verloren habe. Der gesamte Walk dauert nur um die 40 Sekunden, trotzdem, das kann einem verdammt lang vorkommen, wenn man eigentlich unsicher ist, dann schnell zurück in die Backstage, umziehen, den nächsten Dress, und wieder in einer anderen Reihenfolge raus. Es gibt Leute, die müssen nur ein Mal raus, andere bis zu 4 Mal. Bei mir sind es, das Finale mitgerechnet, 3 Mal. Nicht schlecht für den Anfang, denke ich mir.

Vor und während der Umkleideaktion rede ich die meiste Zeit mit einem anderen deutschen Model, den die extra für die Show eingeflogen haben, was mir auf jeden Fall hilft, da der sehr erfahren ist und mir gute Tipps gibt, zum Beispiel, sich beim Rausgehen eine einzige Kamera auszusuchen und die ganze Zeit nur da reinzugucken. Denn während wir da in aller Hektik, überall stehen Designer, Co-Produzenten und ähnliche Leute, umgezogen werden, manche haben dafür nur um die eine Minute Zeit, kommt der Chef meiner Agency Backstage und hält mir meine ganzen Fehler vor: nicht auf den Boden gucken (wie ich später erfahre, wohl die Todsünde im Biz), die Schultern ruhig halten, den Kopf gerade, so was halt. Hilft mir in dem Moment nicht gerade weiter. Ich probiere, es zwar beim 2. Durchgang besser zu machen, verkrampfe aber innerlich noch mehr, immerhin weiß ich ja eigentlich nicht mal im Ansatz, wie so was wirklich geht. Hat mir ja nie jemand beigebracht. Die sagen einem immer, dass man das genau so wie bei der Audition machen soll, also so wie ganz normal auf der Straße, aber mein Gott, das ist leichter gesagt als getan.

Als wir nach der Probe wieder in unserem Wartezimmer eintreffen, steht da auch schon mein anderer Chef rum, nimmt mich zur Seite und sagt mir noch mal genau dasselbe. Spätestens jetzt hab ich überhaupt keinen Bock mehr, da raus zu gehen. Aber die anderen Models sind wider Erwarten sehr cool und sagen mir, dass das am Anfang ganz normal sei und jedem so gehe, ich solle mir da mal keine Gedanken machen.

Ein Bier wäre jetzt gut. Gibt's aber erst nach der Show, also müssen es Zigaretten tun. Irgendwann kommt der Designer aufgeregt reingelaufen und erzählt, dass der Laden vollkommen ausverkauft ist, und zerstört damit meinen letzten Keim Hoffnung, dass die Show durch irgendein Wunder abgesagt wird, weil keiner kommt oder so. Zu allem Überfluss erfahre ich noch, dass keine normalen Gäste geladen sind, sondern ausschließlich Fachpresse, Zeitungen und Fernsehteams. Gott.

30 Minuten später ist es so weit. Showtime.

Wir werden wieder in den Raum hinterm Catwalk geführt, umgezogen und für den Auftritt bereit gemacht. Mein Herz schlägt wie wahnsinnig, und ich will nach Hause. Aber irgendwie nicht nur. Irgendwie hat das Ganze auch was Geiles. Da ist ein ganzes Zelt, in Größe der Live Music Hall, voller Leute, die nur aus dem Grund gekommen sind, um zu sehen, was wir so machen beziehungsweise tragen. Und immerhin haben die mich nicht ausgesucht, weil sie mich so scheiße finden. Ich bin einer von 10 Typen. 2 davon extra aus Europa und Amerika eingeflogen. Da sehen wohl irgendwelche Leute irgendwas in mir, was den meisten anderen verborgen bleibt, immerhin Leute, die was davon verstehen, und die will ich nicht enttäuschen. Also raus da und machen. Als es »noch eine Minute« heißt, sieht man auch auf den Gesichtern der erfahrenen Leute so was wie Nervosität. Klar, hat immer was Krasses, sich so zur Schau zu stellen.

Dann geht die Musik los, und die ersten Models schreiten durch den Vorhang. Mir schnürt es die Kehle zu, als sich die Reihenfolge meiner Nummer nähert. Aber jetzt gibt es kein Zurück mehr. Solang ich nicht auf die Bühne kotze, ist alles O.K. Los. Raus.

Ich durchschreite den Vorhang und blicke auf das sich mir bietende Schauspiel. Der Raum ist in der Tat bis zum Brechen gefüllt mit Leuten, überall sieht man anstatt Gesichtern Kameras, wirklich *jeder* hat eine, klar, ist ja alles Presse, am Kopfende des Raums stehen mindestens 6 Fernsehteams, alle Kameras auf mich gerichtet. Als ich den Raum betrete, beginnt ein Blitzlichtgewitter biblischen Ausmaßes. Der Raum ist zwar relativ abgedunkelt, aber durch die auf den Laufsteg gerichteten Scheinwerfer und das Leuchten der Blitzlichter ist es an manchen Stellen taghell.

Eine Monatsladung Adrenalin schießt in Bruchteilen von Sekunden in meinen Kopf und raubt mir für einen Moment fast die Sinne.

Wie ein Schlag ins Gesicht von innen, bloß, dass es nicht weh tut. Halb betäubt, halb high schreite ich geradeaus auf die Kameras zu, den Blick immer auf die eine in der Mitte gerichtet, das Gesicht mit dem gleichgültigsten Ausdruck wie nur irgendwie möglich versehen, den Laufweg immer fest im Mittelpunkt meines Bewusstseins. Wie weit das auf einmal alles wirkt. Und wie unnatürlich es ist, beim Umdrehen oder Steigen von Treppenstufen nicht auf den Boden gucken zu dürfen. Ich meine, man sieht doch die Scheißstufen nicht! Und da diese mitten ins Publikum führen, bin ich am höchsten Punkt der Treppe von den mir voll ins Gesicht blitzenden Kameras nur noch wenige Zentimeter entfernt.

Auf einmal wird man sich und seines Körpers auf eine ganz neue Art und Weise bewusst. Die einfachsten natürlichen Dinge werden auf einmal zur Herausforderung. So wie Gehen. Und Atmen. Und beim Gehen atmen. Wie geht man eigentlich? Ich meine, man macht es jeden Tag, die ganze Zeit. Aber trotzdem. Auf einmal achtet man auf so was, läuft nicht mehr von alleine, muss es bewusst *tun*. Den einen Fuß vor den anderen, dann dasselbe auf der anderen Seite. Wiederholen. Und Atmen nicht vergessen. Luft rein, Luft raus. Wann atme ich eigentlich? Jetzt? Oder später? Und woher weiß ich, wann ich atmen muss? Wenn ich keine Luft mehr kriege? Oder schon vorher? Eher vorher, oder? Bloß nicht hyperventilieren. Linkes Bein nach vorne, Luft rein, jetzt rechtes Bein, Luft raus, dabei den Blick streng nach vorne, wieder das Ganze von vorne, dann umdrehen, Treppe hoch, runter, weiter, in Richtung Vorhang, eine letzte Drehung, RAUS! Geschafft.

Ich eile zu meinen Umkleideboys, bekomme das nächste Outfit angepasst, schon ruft der Bühnentyp aufgeregt meinen Namen, die Typen vor mir waren wohl schneller als bei der Probe, klar, Bands spielen live ja auch schneller, ist der Kick, und ich muss zum 2. Mal raus. Wieder dasselbe Ding, nur diesmal mit anderem Outfit und einfacherem Laufweg. Läuft besser. Das Blitzlichtgewitter auf meiner Haut und in meinen Augen. Die Haare tight zurück, den Blick gelangweilt in die Leere gerichtet. So muss es gehen. Und spätestens, als ich dann die Ehre habe, die ganze Meute auf dem Weg zum großen Finale nach draußen anzuführen, verstehe ich, was der eine Boss von mir gemeint hat, als er sagte: »Just go out and have fun!«

Wir strömen ein letztes Mal auf den Laufsteg, diesmal begleitet von tosendem Applaus, der zwar nicht uns, sondern dem Designer gilt, aber das ist in dem Moment egal. Wir haben es geschafft, und das ist die Belohnung. Was für ein Gefühl. Auch Backstage klatscht und jubelt alles, der Designer springt durch die Gegend und umarmt uns alle.

Nachdem wir etwas in der ausgelassenen Stimmung gebadet haben, ziehen wir uns wieder unsere eigenen Klamotten an und gehen zum letzten Mal in unseren Raum, um die Cateringbar zu plündern. Die ist allerdings während der Show abgebaut wurden. Gut organisiert, das Ganze. Respekt.

Nach und nach verabschieden sich die meisten Leute, und auch ich, dessen Hände noch immer zittern wie verrückt, mache mich auf den Weg nach Hause. War ein langer Tag. Der auf jeden Fall zur Erinnerung werden wird. In der Bahn kann ich mir das Grinsen nicht mehr vom Gesicht wischen. Wie in Stein gemeißelt. Ich bin um Meter gewachsen. Unverwundbar. Was für ein Leben das hier ist.

Am *konbini* kaufe ich noch Bier und Zigaretten, lege mich auf mein Bett, mache das Licht aus und lasse den Tag vor meinem inneren Auge Revue passieren. Das kann mir keiner mehr nehmen.

2005 NOVEMBER 2

Mich erreicht die stolze Kunde, dass Tobias Scheiße von HAMMERHEAD ein DEAR YOU-Zine gekauft hat.

Später: Fitting für die Modelshow von morgen. Die Marke heißt Iliad und ist irgendwie komisch. So ein bisschen britisch, alles zu eng, komische Halstücher zu komischen T-Shirts, dazu klobige Lederschuhe, was weiß ich. Was versteh ich schon von dem Scheiß?

Als ich zum Fitting eintreffe, werde ich erst mal ne gute Minute ignoriert, in dem mit Kleiderständern, Sofas und Tischen, auf denen Chips und vergammeltes Essen in Unmengen rumstehen, vollgestopften Zimmer befinden sich der Chef, ein fettes Walross von einem Menschen, der, grunzende Laute von sich gebend, mehr an Jabba The Hut erinnert als an einen erfolgreichen Designer, seine 2 schwuchteligen Assistenten und ein paar Frauen, die mir beim Umziehen helfen. Keiner redet mit mir, nur Jabba grunzt manchmal Anweisungen in gebrochenem Englisch, beziehungsweise man kann das eigentlich noch nicht mal als »gebrochen« bezeichnen, sind eher so einzeln aneinandergereihte Worte wie: »Shirt. Now. Off.« Ich mache, was er will, worauf er mich mustert, zum Tisch geht, sich mehrere Handvoll Chips in sein fettes Maul stopft und zufrieden grunzt. Dabei muss er sich nach vorne beugen, sodass sein Bauch aus dem Shirt fällt und man seinen fetten, haarigen Riesenarsch sieht. Oh mein Gott.

Zum Abschluss werden die obligatorischen Fotos gemacht, und dass ich fertig bin, muss ich auch erraten. Die Mühe, es mir zu sagen, macht sich keiner. Scheißverein.

2005 NOVEMBER 3

Dafür läuft die Show O.K. Beim 2. Mal ist alles schon etwas routinierter, und auch meine Chefs sagen mir am Ende, dass es diesmal besser war. Vielleicht liegt es auch daran, dass die Show diesmal morgens ist, ich stehe um 5.30 Uhr (!!!) auf, dusche nicht, steige irgendwie in die Bahn und komme irgendwie an. An mehr kann ich mich nicht wirklich erinnern. Dürfte das erste Mal seit mehreren Jahren gewesen sein, dass ich um diese Zeit aufgestanden bin.

Die Location ist die gleiche wie letztes Mal, sogar ein paar von den Models sind wieder mit am Start. Ich schütte Kaffee in mich rein, als ginge es darum, mir einen ganzen Jahresvorrat anzutrinken, aber ich habe nur 2 Stunden geschlafen und bin dementsprechend am Arsch. Auch das Adrenalin bleibt aus. Mein Körper weigert sich einfach, welches zu produzieren. Ist vielleicht auch noch zu früh, die Show startet schließlich nicht vor halb 11.

Backstage lerne ich einen Hammertypen kennen. Geraud. Er ist Franzose und einer von diesen Hip-Hop-Typen mit Hirn (und Faible für Japanfilme, Popkultur etc., also dasselbe Programm wie meines) und hat eine geile Dokumentation für ARTE gedreht, die haben doch diese Hip-Hop-Sendung, »Tracks« oder so ähnlich, da gab's mal so ne Folge über japanischen Rap, kann ich mich noch dran erinnern. Die hat der gedreht! Saucool.

Wir haben uns von Anfang an derbst viel zu sagen und werden sofort Homies. Die ganze Zeit bis zur Show, inklusive Geschminktwerden und Generalprobe, verbringen wir damit, uns über Musik, Filme und Ähnliches auszutauschen, was sogar in der Erkenntnis gipfelt, dass wir nicht nur zu 99 % denselben Geschmack haben, nein, sondern auch vor 2 Jahren beim »Japanorama«-Filmfestival in Köln (über das er fürs französische Radio berichtete) bei »Tôkyô Godfathers« nebeneinander gesessen haben! Hammer.

Die Probe läuft auch dementsprechend gut und an uns vorbei, keine Fehler, und obwohl die Klamotten bis zur Lächerlichkeit peinlich sind, gibt es keine Probleme. Nur Jabba macht Stress, indem er im letzten Moment hier und da radikale Änderungen vornimmt, rumschreit und alle nervös macht. Scheiß drauf. Die Choreographie ist diesmal auch super easy, einfach nur geradeaus, am Ende des Stegs 2 Sekunden posen und zurück. Das kann sogar ich. Also hält sich auch die Aufregung dieses Mal in Grenzen. O.K., klar, als es so weit ist und ich den Laufsteg betrete und die wieder bis auf den letzten Platz ausverkaufte Halle vor mir sehe, schießt wieder literweise Blut in meinen Kopf, aber diesmal muss ich mir über die Laufwege keine Gedanken machen, was auf jeden Fall schon mal ziemlich hilft, also einfach gehen, stehen bleiben, den Blick für 2 Sekunden über die versammelten Kameras wandern lassen, umdrehen und zurück. Umziehen, das Ganze noch mal und zum großen Finale raus. Ende.

Handschlag von Jabba, zurück in die Backstage, die eigenen Klamotten an und raus. Diesmal findet aufgrund der frühen Uhrzeit noch eine andere Show statt, also plündern wir die Cateringbar und machen uns auf den Weg nach Hause. Das ganze Event ist übrigens von Starbucks gesponsort, was darauf hinausläuft, dass, sobald jemand von uns einen von deren Kaffees in der Hand hält, von irgendwo ein Fotograf angerauscht kommt und das Ganze begierig für die Nachwelt festhält. Da die meisten von uns Starbucks wegen ihrer beschissenen Umwelt- und Arbeitspolitik aber vollkommen scheiße finden, hat es der Arme schwer, seinen Job zu machen. Auf schätzungsweise 99 % der Fotos befinden sich gestreckte Mittelfinger. Aber lecker ist es ja trotzdem, also klauen Geraud und ich einfach die ganze restliche Kiste auf unserem Weg nach Hause. 4 Liter kalter Cappuccino. Wow.

In Yotsuya trennen sich unsere Wege, eventuell sehen wir uns heute Abend noch auf der Aftershowparty, aber da wir beide gegen 5 aufgestanden sind, wissen wir natürlich, wie unrealistisch das ist. Also tauschen wir Nummern, verabreden uns zum Abhängen nächste Woche und fahren nach Hause.

Ich verbringe den Nachmittag, nachdem ich noch kurz in der Uni vorbeigeguckt habe, ist gerade Schulfest, wach auf meinem Bett, bloß nicht einschlafen, und lasse wieder Erinnerungen Revue passieren. Abends treffe ich mich mit Eugene zum Proben, und danach fahren wir nach Shibuya auf das MARITIME/COMEBACK MY DAUGHTERS-Konzert. Allerdings bin ich da so müde, dass ich kurzerhand entscheide, die 30 Euro zu sparen und Eugene und seine Freundin allein reingehen zu lassen. Wie bei den meisten japanischen Konzerten wird die Show im Vorraum live über eine Leinwand übertragen, also komme ich doch noch irgendwie zu meiner ersten CBMD-live-Erfahrung. Großartig. Nach 5 Liedern mache ich mich auf den Weg nach Hause, esse in einem Restaurant zu Abend und schlafe früh, aber glücklich. 13 Stunden am Stück.

2005 NOVEMBER 4

Den ersten Unterricht verschlafe ich grandios, ich schalte nicht mal den Wecker aus, lasse ihn einfach klingeln und schlafe dabei wieder ein. Scheint doch ganz schön an den Reserven zu zehren, diese Modelsache.

In der Uni werde ich (zu Recht) von meiner Lehrerin vorgeführt, denn ich war in letzter Zeit kaum anwesend, Hausaufgaben habe ich auch keine gemacht und auch sonst keinen Plan, worum es geht. Ich verlasse mitten im Unterricht den Raum, hole mir Kaffee und komme wieder. Die Blicke ignoriere ich. Weiß auch nicht, irgendwie scheinen mir diese ganzen letzten Wochen voll zu Kopf gestiegen zu sein. Aber vielleicht darf es das jetzt auch einfach ein bisschen. Ist ja schnell genug wieder vorbei, so was.

Nach dem Unterricht sitze ich auf dem Schulhof und trinke weiteren Kaffee. Alle wollen hören, wie die Shows waren. Ich gebe bereitwillig Auskunft. Als meine Freunde in ein Museum am anderen Ende der Stadt gehen, bleibe ich allein zurück. Zu weit, keinen Bock. Da setzt sich ein wunderschönes Mädchen neben mich. Sie heißt Emi und ist die Freundin einer Bekannten. Halb Ami, halb Japanerin. Wir unterhalten uns, verstehen uns blendend und gehen zusammen Kaffee trinken. Irgendwann gucke ich auf die Uhr und merke, dass wir über 3 Stunden durchgelabert haben. Emi fragt mich, was ich jetzt vorhätte, ich sage ihr, ich wüsste es nicht. Sie will Karaoke singen gehen. Ich bin dabei. Obwohl sie einen Freund hat (klar …), knistert es hardcore. Wir singen uns gegenseitig unsere Lieblingslieder vor, und als ich meinen japanischen Favoriten auspacke, legt sie ihren Kopf auf meine Schulter und sagt, dass sie noch nie etwas bei Karaoke so berührt hat. Mein Gott, was passiert hier?

Als die Zeit um ist, gehen wir zusammen in Richtung Bahnhof, tauschen Nummern aus und reden noch eine Weile. Sie erzählt mir, dass sie sich letzte Woche mit ihrem Freund gestritten und ihn, in Unterwäsche, 3 Stunden angeschrieen hat. Ich sage ihr, dass das letzte Mal, dass mich ein Mädchen in Unterwäsche angeschrieen hat, schon eine Weile her ist. Sie lacht. Und umarmt mich. Aber auf keine kumpelhafte Art und Weise. Sehr unjapanisch.

Als ich in der Bahn nach Hause bin, schreibt sie mir eine Mail, wie sehr sie der heutige Tag umgehauen hat und wie überrascht sie ist, dass wir, obwohl wir uns heute zum ersten Mal unterhalten haben, so eine Chemie am Start haben. Und dass sie nicht weiß, warum sie mich umarmt hat, es kam einfach über sie. Ich schreibe ihr zurück, dass es sich gut angefühlt hat und sie sich keine Gedanken machen soll. Wir werden uns wiedersehen.

Am Abend dann die Mail von Rumi. Sie will sich mit mir treffen. Wir mailen hin und her, und ich kann meinen Gefühlszustand mit »verwirrt« nicht mal annähernd beschreiben.

2005 NOVEMBER 6

Der Sommer hat den Herbst vergessen und ist direkt zum Winter übergegangen.

2005 NOVEMBER 7

Ich komme an der Uni an, und da steht Emi. Mit ihren ganzen hippen Freundinnen. Ich muss an ihnen vorbei, sage kurz »Hallo«, aber sie nickt nur kurz, sagt »Hi« und ignoriert mich ansonsten. Oh Mann, das ist alles so scheiße Highschool hier. Später gehe ich doch noch rüber, um sie richtig zu begrüßen, was echt nicht gerade einfach ist, einfach so in eine dieser Gruppen von Cheerleaderinnen reinzupreschen, aber sie ist superkalt und irgendwie abweisend. Ich komme mir total bescheuert vor und gehe wieder zurück zu meiner Losergang.

2005 NOVEMBER 8

Als ich nachmittags um 3 aufstehe und ins Wohnzimmer gehe, ist der ganze Fußboden voller Fell und Blut. Katzenmassaker. Ich gehe direkt wieder ins Bett.

Zur Bandprobe komme ich zu spät, gehe aber mit geweckten Lebensgeistern wieder nach Hause. Oh Mann, rocken die neuen Lieder. Morgen muss ich um halb 6 aufstehen, um pünktlich zur nächsten Modelshow zu kommen. An Uni ist grad irgendwie gar nicht mehr zu denken. Nächste Woche wieder.

2005 NOVEMBER 9

Modelshow für Taishi Nobukuni. Der Deckmantel des Schweigens. Man klebt mir in mühevoller, 2 Stunden dauernder Kleinstarbeit den Oberlippenbart an, den ich mir erst am Morgen davor ebenso mühevoll entfernt hatte. Haar für Haar. Der Klebstoff macht mich high und krank zugleich. Am Ende sehe ich aus wie mein eigener Vater. Jetzt weiß ich, wie Luke Skywalker sich gefühlt haben muss, als Darth Vader ihm die Kunde seines Stammbaumes überbracht hat. Es gibt kein Entkommen vom Schicksal.

2005 NOVEMBER 10

Casting für einen Vidal-Sassoon-TV-Spot. Wir müssen den schwulen Hairstylisten mimen. Auf einem Stuhl im Castingzimmer sitzt eine gigantische Pikachu Puppe, der jemand eine Perücke an den Kopf getackert hat. Wir können vor Lachen kaum ernsthaft schauspielern. Ist schwer sich vorzustellen, dass man a) ein schwuler Hairstylist und b) Perücken-Pikachu eine attraktive Frau ist. Den Job kriegt jemand anderes. Ein letztes Kompliment an meine verletzte Männlichkeit.

2005 NOVEMBER 18

Lange kein Eintrag mehr. Und jetzt wieder Deprischeiß. Die letzten Wochen zwischen Fotoshootings, Modelshows und Unistress verbracht. Midterm-Exams. Kaum Zeit zur Vorbereitung gehabt. Ziemlich verhauen. Ab und zu Bandproben und Partys. Nachts allein zu meinem Gefängniszimmer zurückkommen. Viel trinken, oft auch allein. In einer Stadt mit 8 Millionen Einwohnern.

Einziger Lichtblick: Rumi. Hab sie endlich zum 2. Mal getroffen, und es war wieder genial. Alles stimmte. Das war vorgestern. Heute schreib ich ihr, dass ich sie bald wiedersehen will. Antwort: Geht erst nächsten Monat wieder! Vielleicht! Ich versteh gar nichts mehr. Wie kann so was gehen? Es war doch auch für sie gut. Hat sie gesagt. Ich habe sie in ein teures Restaurant ausgeführt, wir haben die ganze Zeit geredet, alles war super, dann nach Odaiba, dem Datingspot überhaupt, gefahren, ne Hammerzeit gehabt, und jetzt das! Wieso bin ich so schwer von Begriff? Wann hab ich die Fähigkeit verloren, Situationen richtig einzuschätzen? Also schreib ich ihr genau das, dass ich es einfach nicht verstehe. Sie antwortet, dass es ihr leid tut, wenn sie Hoffnungen in mir geweckt hat. Das wäre nicht ihre Absicht gewesen. Keine Chance. Und ich kann wieder sehen, wie ich klarkomme. Ich kann's einfach nicht mehr hören. Alles, was ich anfasse, verwandelt sich zu Scheiße. Glück im Beruf, Pech in der Liebe? Eine beschissene Gleichung.

Später: Karaoke zur Stressbewältigung. WEEZERSs »Only In Dreams« bewirkt Wunder. Ich stolpere besoffen nach Hause und bekomme endlich die Begründung per SMS serviert. Sie hat einen Freund! Lässt sich aber fett von mir ausführen. Das Letzte.

2005 NOVEMBER 19

Wieder Karaoke, wieder auf einem Alkohollevel, den ich eigentlich nicht mehr erreichen wollte. 3 Stunden All-you-can-drink. Mit Leuten von meiner Uni, die mir und denen ich am Arsch vorbeigehe. Besser als zu Hause bleiben, hab ich mir wohl gedacht. Und bin jetzt wieder um 40 Euro ärmer, dafür aber um eine weitere Erfahrung, dass Einsamkeit auch in einer Gruppe hervorragend funktioniert, reicher.

Als ich endlich zu Hause bin, dann noch der unwiderlegbare Beweis für meine neugewonnene Tabaksucht. Ich ziehe mich um 3 Uhr nachts noch mal an, um vom Kater und der Winterkälte zitternd zum *konbini* zu gehen und Kippen zu kaufen. Mit einem Wort: erbärmlich.

2005 NOVEMBER 20

Den Sonntag verbringe ich großteils im Bett. Alles tut weh. Eigentlich wollte ich für die morgigen Midterms lernen, geht aber nicht. Abends, als es mir langsam wieder besser geht, lädt mich meine Hostschwester Akiko vollkommen unerwartet ein, mit ihr trinken und singen zu gehen. Bei Big Echo, einer der großen Karaoke-Companys, gibt es ein neues System, bei dem man, wenn man registriert ist, gegen alle im ganzen Land singenden Leute antritt. Die eigene Performance wird vom Computer bewertet, und wenn man über 90 % ist, bekommt man 50 % des Preises erstattet. Außerdem kann man sehen, wie gut man im Vergleich zu allen anderen Singenden ist.

Wir machen All-you-can-drink und schießen uns singenderweise extremst ab. Die 90%-Hürde wird mit dem ersten Song genommen. Danke, MORRISSEY. Auf meinem Höhepunkt bin ich Siebtbester im ganzen Reich der aufgehenden Sonne. O.K., es ist Sonntagnacht, und die Konkurrenz ist vielleicht nicht ganz so hart. Trotzdem.

2005 NOVEMBER 21

Bei den Midterms habe ich den nächsten Kater apokalyptischen Ausmaßes. Und das, ohne gelernt zu haben. Ich muss echt besser auf mich Acht geben.

Nach der Uni Fotoshooting für ein Modemagazin. Die Marke heißt Rico und ist irgendwie punkig, so wie frühe CLASH meets Rockabilly. Gar nicht so schlecht. Man macht Seltsames mit meinen Haaren, und am Ende sehe ich aus wie Brian Setzer. Na ja, könnte schlimmer sein. Die Fotografin arbeitet in Lichtgeschwindigkeit, und ein par Stunden später sitze ich mit der ganzen Crew in einem *izakaya* in Daikanyama und werde mit Bier gemästet. Alle am Shooting Beteiligten sind irgendwie cool, nicht die typischen Modepenner, und wir verstehen uns blendend. Komisch wird es erst, als der Designer mich mit seinem fetten Chevy nach Hause fährt und ich merke, dass er vollkommen besoffen ist. 2 Mal springen wir nur knapp dem Tod von der Klinge. Sobald wir in gehbarer Distanz zu meiner Wohnung sind, steige ich aus und laufe den Rest der Strecke. So viel Verstand hab ich noch. Auch wenn der gestrige Restalkohol mit dem heutigen eine vernichtende Mischung darstellt.

2005 NOVEMBER 23

Ich stehe um 7 Uhr morgens auf, um zu meinem nächsten Job zu gehen. Fotoshooting für HUGE, eine dieser kranken Lifestyle/Mode-Zeitschriften. Am Bahnhof treffe ich 2 andere Models, die ich bereits von diversen Shows kenne. Wir werden von den Stylisten abgeholt und zum Studio gebracht. Zu dem Zweck haben die einen fetten Van gemietet, inklusive Fernseher, Minibar und allem möglichen Schnickschnack. Was auch absolut notwendig ist, denn das Studio stellt sich als so klein heraus, dass wir, außer bei den Aufnahmen, immer im Bus warten müssen. Der Raum ist mit den ganzen Accessoires, Kameras, Scheinwerfern und 5 Stylisten einfach schon voll.

Wir bekommen ein fettes Frühstück von Starbucks gestellt, und während einer von uns als Erster zur ersten Session reingeht, chillen wir anderen erst mal bei Cappuccino Latte im Van. Ich bin als Zweiter an der Reihe und staune nicht schlecht, als ich die bereits gemachten Polaroids sehe. Der Typ musste sich bis auf die Unterwäsche ausziehen, hat einen Vogelkäfig auf den Kopf gesetzt bekommen und post vor einer komischen Tapete mit Waldpanorama, während man ihn von vorne mit Wasser bespritzt. Das kann ja heiter werden.

Ich bin etwas besser dran. In pinkfarbene, überschwule Markenklamotten gehüllt halte ich einen Degen in der Hand und muss so tun, als ob ich Kugeln ausweiche. Wer zur Hölle kauft diese Magazine? Und wie zur Hölle sollen solche Fotos irgendwem helfen, seine Klamotten zu verkaufen??? Nicht mein Problem. Ich mach den Job und gut ist.

Abends bin ich todmüde und kann nicht einschlafen. Passiert mir viel zu oft in letzter Zeit. Ich glaube, es ist an der Zeit, hier auszuziehen. Mein Zimmer deprimiert mich. Klein, eng, dunkel und kalt.

2005 NOVEMBER 24

Ich bekomme meine Japanisch-Midterms zurück. 99 %!!! Ich lese meine Arbeit immer und immer wieder durch, weil ich es nicht glauben kann.

Nach der Uni dann die nächste Show. Für eine Marke namens Misa Harada. Wobei es sich um eine Hüte herstellende Designerin handelt. Die arbeitet unter anderem für Christina Aguilera, J-Lo und die Queen von England. Dementsprechend luxuriös ist das Ganze. Edler Zwirn anstatt dem üblichen abgefahrenen Scheiß. Alle geladenen Gäste setzten sich auch zweifellos aus der Tokioter High Society zusammen. Abendgarderobe und Anzüge, wohin das Auge blickt. Die Show läuft glatt und Backstage sind alle supernett. Sogar die Designerin ist nicht älter als 25 und vergleichsweise O.K.

Nach der Show mischen wir uns, wieder in unseren Straßenklamotten, unter die Leute und geben dabei ein verständlicherweise seltsames Bild ab. Aber die Drinks sind umsonst, und die Stimmung ist dementsprechend ausgelassen. Ich betrinke mich mit meinen Stylisten und Modelkollegen, und während wir so dastehen, werden wir immer weiter von hirnlosen, aber supergut aussehenden Upperclass-Tussis angesprochen. Die wollen eben wissen, was der Pöbel so macht. Wir geben bereitwillig Auskunft. Dabei herumkommen tut allerdings nichts. Trotzdem lustig. Danach gehen wir noch in einen Club in Shibuya, kann mich allerdings nicht mehr wirklich an viel erinnern, besonders toll war es also scheinbar nicht.

2005
NOVEMBER
25

Ich treffe mich mit Emi nach der Uni. Sie hat sich unerwarteterweise wieder bei mir gemeldet, und ich hab mir gedacht ›Warum nicht?‹. Trotz dieser beschissenen Situation an der Uni. Genau wie beim ersten Mal ist alles wieder super, und die Chemie stimmt so perfekt, dass es schon fast unheimlich ist. Sie macht zwar keinen Hehl daraus, dass sie einen Freund hat, sendet aber komisch gemischte Signale aus: Wenn wir auf der Straße gehen, hakt sie sich bei mir ein. Und dann, beim Italiener, als ich ihr empfehle, die Tomaten/Knoblauch-Soße zu probieren, sagt sie mir, dass sie niemals Knoblauch essen würde, wenn sie mit einem Mann unterwegs wäre. Wie soll man so was deuten?

Wir gehen noch Karaoke singen und trinken einige Biere. Es ist einfach supercool mit ihr. Ich kann total relaxen und bin überhaupt nicht nervös. Vielleicht gerade weil sie einen Freund hat und so endlich mal nicht *ich* unter Druck stehe, irgendwas machen zu müssen. Irgendwann gucken wir auf die Uhr und merken, dass es schon viel zu spät ist. Die letzte Bahn! Wir rennen halb zum Bahnhof, wobei sie meine Hand nimmt, was sich so gut anfühlt, dass ich kurz die Augen schließe und so tue, als wären nur sie und ich in Tôkyô.

Wir schaffen es gerade so jeder in unsere letzten Bahnen, und noch bevor ich ihr mailen kann, wie super der Abend war, tut sie es. Wow. Und wie. Eindeutig zweideutig. Doch damit nicht genug. Als ich gerade in San-Cha angekommen bin und mir was zu essen mache, klingelt mein Handy. Es ist Emi. Ich bin zuerst etwas verblüfft und denke, dass sie irgendwo irgendwas liegen gelassen hat oder so, aber sie will mir einfach nur mitteilen, dass sie gut zu Hause angekommen ist. Und noch was reden. Nachdem wir bereits seit nachmittags nichts anderes getan haben. Ist so was normal?

Ich weiß es nicht. Als ich auflege, fällt mir ein WEEZER-Song ein, den ich hier übrigens irgendwie noch nie gesungen habe: »Why bother, it's gonna hurt me, it's gonna kill when you desert me. This happened to me twice before, it won't happen to me anymore.« Diesmal bin ich vorbereitet.

2005 NOVEMBER 27

Wir spielen die nächste Show mit THE GREAT CIRCUITING. Am Abend davor hänge ich mit Freunden in Kichijôji ab, einem ziemlich coolen Viertel im Westen Tôkyôs. Das Problem ist bloß, dass ich die letzte Bahn verpasse. Also beschließen mein Kumpel Shingô, der in einer ziemlichen coolen DC-emomäßigen Band spielt, und ich, dass wir noch länger bleiben, mehr trinken und dann mit seiner letzten Bahn, die um einiges später kommt als meine, zu ihm fahren und da pennen werden. Da ich weiß, dass ich morgen früh um 10 Uhr im Club Asia in Shibuya sein muss, Bandbesprechung und Soundcheck, halte ich mich mit dem Trinken zurück, was man von Shingô nicht behaupten kann. Bei ihm angekommen packt er den Whiskey aus und schießt sich, mit dem Glas in der Hand auf dem Boden liegend, ab ins Jenseits. Irgendwie schaffe ich es, alleine das »Bett« auf dem Boden zu machen, und gegen 4 Uhr morgens endlich einzupennen.

Eine Stunde später werde ich das erste Mal geweckt. Shingô schnappt sich im Halbschlaf, oder besser gesagt Dreiviertelkoma, meine Decke. Ein harter Kampf entbrennt. Gegen eine Alkoholleiche aussichtslos. Er versteht einfach nicht, warum er die Decke nicht haben kann (er hat ja eine eigene!), und probiert es wieder und wieder. Irgendwann gebe ich auf, lasse sie ihn nehmen und behalte nur einen Zipfel davon zurück, mit dem ich mich behelfsmäßig zudecke. Aus irgendeinem Grund schlafe ich tatsächlich wieder ein. Aber auch nur für ungefähr eine Stunde. Dann steht plötzlich Shingôs Mutter im Zimmer. Und wiederholt mantrahaft »Shingô. Mach die Aircon aus. Du erkältest dich!«, in immer lauter und lauter werdender Stimme. Mich bemerkt sie zuerst gar nicht. Und Shingô bemerkt sie nicht. Zu besoffen. Irgendwann erbarme ich mich dann und verpasse ihr ungewollt den Schock ihres Lebens, als ich mich im Halbdunkel aufrichte und sage, dass wir gestern Abend nicht wussten, wo die Fernbedienung für die Aircon ist. Wenigstens haut sie endlich ab und lässt uns in Ruhe pennen. Bis ich wieder eingeschlafen bin, vergeht eine Ewigkeit als auch schon der Wecker klingelt. Ich schnappe mir meine Klamotten und taumele irgendwie Richtung Haustür, ohne von der Mutter gesehen zu werden. Shingô zu wecken, hätte eh keinen Zweck gehabt. An den Weg zum Bahnhof erinnere ich mich nicht, also muss ich rumfragen und suchen, was sonntags morgens um 8.30 Uhr gar nicht so einfach ist. Es ist scheißkalt, und ich zittere in meinen über Nacht angelassenen Klamotten. Irgendwann finde ich den Bahnhof und steige in meine All-time-Hass-Bahn, die *chûô-sen*. Und ein weiteres Mal enttäuscht sie mich nicht: Maschinenschaden, 20 Minuten Feststecken in der bis zum Brechen gefüllten Rushhour-Bahn. Wenigstens wärmen mich die Businesstypen um mich herum. Aber trotz aller Voraussicht komme ich zu spät zum Bandmeeting und muss mit Eugene direkt zum Soundcheck auf die Bühne. Eigentlich eine Farce von einem Soundcheck, da unser nichtsnutziger Drummer erst kurz vor der eigentlichen Show kommt. Aber die Organisatoren bestehen drauf, also bitte.

Der CLUB ASIA ist einer der größeren Konzertorte in Tôkyô, normalerweise spielen hier nur bekannte Bands. Aber heute hat der Veranstalter, ein Freund von Eugene, das ganze Ding gemietet, um insgesamt 10 befreundete Bands dort spielen zu lassen, was sich zugegebenermaßen erst mal nicht schlecht angehört hat. Da das Ganze aber scheißteuer ist und dazu das Ticketverkaufssystem reiner Ripoff, müssen wir um die 40 Tickets verkaufen, um nur auf null rauszukommen. Im Laufe des Tages sagt von den Leuten, die uns versprochen hatten zu kommen, einer nach dem anderen ab.

Überhaupt ist der ganze Tag scheißlang. Da wir seit gegen 10 Uhr da sein mussten, haben wir gute 10 (!) Stunden bis zum eigentlichen Auftritt zu killen. Los geht's um 2, und wir spielen gegen 8. Also verbringen wir den Tag irgendwie in Shibuya, gehen Kaffee trinken, zu McDonalds und schließlich Karaoke singen, um uns gesangstechnisch einzustimmen. Was allerdings eher zur Folge hat, dass wir es total übertreiben und unsere Stimmbänder schon vor der Show ruinieren.

Endlich kommen auch die ersten Gäste, und wir können wenigstens smalltalken und müssen uns nicht mehr stundenlang unbedeutende Metalcoverbands anhören, die als unsere Vorgruppen fungieren. Außerdem bin ich durch den extremen Schlafmangel die ganze Zeit über saumüde und muss ständig kämpfen, wach zu bleiben. Eine Stunde vor der Show kommt dann aber endlich auch die gute, alte Nervosität und vertreibt letzte Erschöpfungssymptomatik.

Kurz vorm Auftritt dann noch eine Mail von Emi, die mir alles Gute wünscht. Jetzt kann's losgehen.

Auf der Bühne explodieren wir, auch wenn der Drummer es uns durch seinen Mangel an Konzentration nicht gerade einfach macht. Ich werfe den Bass hin und her, sieht eher aus wie bei ner HC-Show (wir haben ein Video aufgenommen bekommen), blute, rotze an die Decke, singe, schreie und moshe, bis mir 2 Mal der verfickte Gurt reißt. Punkrock. Das zu 90% für ihre Metalcoverband-Mitgliederfreunde gekommene Publikum weiß nicht so richtig, was es mit uns anfangen soll. Was es für uns umso besser macht. Wir geben alles und ruinieren unsere Stimmbänder unwiederbringlich. Das war es wert.

Nach der Show kommt außer unseren Freunden niemand zu uns, um zu sagen, wie es war. Von japanischen Bekannten erfahre ich später, dass die meisten Zuschauer Angst vor uns hatten. Wow. Und das als reinrassige Emoband.

Der Schock kommt dann später, als wir erfahren, dass wir zu wenig Tickets verkauft haben. 200 Euro drauflegen. Außerdem verlässt unser Drummer, irgendwie erwartungsgemäß, nach der Show die Band. Und das, obwohl wir 2 weitere Shows für Dezember haben. Danke.

Endlich zu Hause angekommen schreibe ich lange Mails an Emi. Wie es war, über meine Erwartungen, Hoffnungen, Enttäuschungen und alles. Bis heute keine Antwort.

2005 NOVEMBER 28

Ich sitze auf dem Schulhof, als Emi an mir vorbeigeht. Sie guckt kurz, sagt »Hi«, und weg ist sie. Später steht sie mit ihren Freundinnen 5 Meter von mir weg und kommt oder guckt nicht ein Mal rüber. Auf manche Dinge kann man sich eben verlassen. Meine eigene Dummheit zum Beispiel.

Später lerne ich Kurumi kennen, eine Freundin von Shingô und unheimlich sweet. Das Krasse an ihr ist, dass sie auf den ersten Blick wie eine dieser Millionen von japanischen Mädchen aussieht, die irgendwie immer extremst uniformiert scheinen: Rock und Stiefel, wohin das Auge blickt, dann aber, wenn man mir ihr redet und mehr Zeit mit ihr verbringt, stellt sich raus, dass sie extrem Punkrock ist, auf alles scheißt, 14 Piercings am Körper hat und einfach mal supercool ist. Ihr Freund lebt in Norwegen …

2005 NOVEMBER 30

Wir probieren einen neuen Drummer aus, der sich als unfähiger PC-Spacko herausstellt. Spielt seit 5 Jahren, kann aber keinen geraden Beat halten. Unfassbar, so was. Nach der Probe gehen wir zu McDonalds, was ihn vor unüberwindbare ideologische Hürden stellt. Eugene ist so was scheißegal. Ich sollte mir öfter mal ein Beispiel an ihm nehmen. Trotzdem, noch 3 Wochen bis zur nächsten Show und kein Drummer weit und breit.

2005 DEZEMBER 1

Schneechaos in Deutschland, Wintersonne in Tôkyô. Wenigstens gewinnt Schalke in der Champions League wieder. Und ich treffe mich mit Yae, der Sängerin meiner alten Popband, aus der ich ja vor 2 Monaten (hatte ich das eigentlich geschrieben?) ausgestiegen bin. Sie war die einzige Person, die mir in der Band sympathisch war, und ich bin der Meinung, ich schulde ihr zumindest eine Erklärung. Wir gehen in ein *izakaya*, trinken schnell und viel, reden wie Wasserfälle und verstehen uns um Längen besser als früher. Ich wusste gar nicht, dass sie *so* cool ist. Und um die Frage der Fragen direkt mal vorwegzunehmen, *natürlich* hat sie einen Freund. Aber wenigstens einen, der sie nach eigener Aussage sexuell nicht befriedigen kann, weswegen sie demnächst fremdzugehen beabsichtigt. Yae ist auf jeden Fall die verrückteste, sexuellste und lustigste Japanerin, die mir je begegnet ist. Wir gehen noch singen und verabschieden uns schließlich mit der festen Absicht, ab jetzt mehr

Zeit miteinander zu verbringen. Ob das funktioniert? Ich bezweifele es ehrlich gesagt. Aber wenn doch, dann wäre es wenigstens mal eine positive Überraschung.

2005 DEZEMBER 4

Die Band meines Kumpels Shingô, THE MORNINGS, spielt in Yotsuya auf einem Festival mit 8 anderen Bands, die alle irgendwie aus der Indieszene kommen. Eugene und ich gehen hin und sind begeistert. Eine ist besser als die andere, alle möglichen Styles werden vermischt, von Poppunk über Folk bis hin zu New Wave. Großartig.

Wir besaufen uns königlich und lernen eine Menge cooler Leute kennen. Irgendwann sind wir so gepusht, dass wir raus und in die auf der anderen Straßenseite liegende Karaoke-Box gehen, eine Stunde abfeiern und danach wieder zurückkommen. Denn wir haben eine Mission. Einen neuen Drummer finden.

Und nachdem wir alle Bands abgeklappert haben, gelingt uns dies auch tatsächlich. Er ist erst 19, hört FOO FIGHTERS und ist bereit, dem Ganzen eine Chance zu geben. Was brauchen wir mehr? 90 % der Mitglieder von den Bands hier sind Leute vom Musik/Band-Circle (so nennt man das auf japanischem Englisch, sind so Clubs) meiner Uni, also treten auch wir ein, und das, obwohl Eugene noch nicht mal Student ist. Muss ja keiner wissen.

Ich beantrage Verlängerung meines Austauschstudiums. Zuerst rede ich mit Köln, dann mit Tôkyô und bekomme wider Erwarten kaum Steine in den Weg gelegt. Alles geht glatt, und nach einigen Tagen habe ich alle Dokumente zusammen. Jetzt fehlt nur noch ein Interview mit dem Direktor. Und dann muss ich meinen Freunden in Deutschland Bescheid sagen. Was mit Abstand der härteste Part des Ganzen ist. Denn ich weiß, dass es Leute gibt, die mich vermissen, die gern hätten, dass ich wieder da wäre. Und auch mir geht es so. Aber dafür ist es einfach noch zu früh. Unmöglich. Beim Gedanken daran, jetzt nach Deutschland zurück zu müssen, wird mir wirklich ganz anders. Trotz allem. Ich muss das hier weiter durchziehen, muss mein totales Glück hier finden. Und erst dann kann ich zurück. Vorher wäre alles unabgeschlossen. Ich will es mir beweisen. Mir und allen anderen.

Später sitze ich an der Uni und unterhalte mich mit meinem aus New York stammenden, dieses Semester neu nach Japan gekommenen Kumpel Alex über Frauen. Unser Lieblingsthema. Denn wir sind beide gleich verliebt in 50% von Tôkyôs (weiblicher) Bevölkerung und dabei gleichermaßen erfolgs- und hoffnungslos. So was verbindet. Jetzt hatte Alex aber endlich jemanden gefunden, eine Frau von MY SPACE, die seine einsamen Nächte mit ihm zu teilen gedachte. Das Problem ist nur, dass sie einen Verlobten in der Türkei hat. Was sie aber nicht weiter zu interessieren schien. Alex auch nicht.

Also fing er gerade an, diese Frau zu daten, als sie auch schon für eine Woche in die Türkei musste. Er hatte zu dem Zeitpunkt noch nicht mal bei, geschweige denn mit ihr geschlafen. Als sie dann wiederkam, wollten beide das nachholen. Aber den ganzen Abend, als Alex das erste Mal bei ihr zu Hause war, war die Atmosphäre irgendwie komisch und die Frau seltsam unnahbar. Worauf sich folgende filmreife Szene ereignete:

Alex geht auf den Balkon, um eine zu rauchen. Als er wieder ins Zimmer kommt, streift er die Vorhänge, die vor der Tür angebracht sind, welche die danebenstehende Zimmerpflanze umstoßen, die wiederum auf das auf dem Tisch stehende, Alex schon den ganzen Abend anstarrende Bild von seiner Lady und deren Lover fällt und es komplett mit Blumenerde bedeckt! Hammer! Der Abend ist gelaufen. Am nächsten Tag macht sie per SMS mit ihm Schluss.

2005 DEZEMBER 7

Nachdem wir die erste Probe mit unserem neuen Drummer erfolgreich hinter uns gebracht haben, gehe ich mir ein Konzert angucken, auf das ich, dank Unterstützung einer Freundin aus Köln, Carola, die momentan auch in Tôkyô wohnt, freundlicherweise umsonst komme. Die Band ist irgendwo Powerpop und ihre liebste Textzeile definitiv »Lalalala«. Trotzdem cool.

Nach der Show gehen wir mit allen Bands in ein *izakaya* und saufen uns jenseits von Gut und Böse. Es sind aber auch wirklich *alle* Anwesenden so was von cool, dass es besser kaum mehr gehen kann. Insgesamt sind da bestimmt so um die 30 Leute, alle irgendwie aus der erweiterten Indieszene, und nach einigen Stunden scheine ich alle zu kennen. Wir reden über Musik und Gott und die Welt, während das Bier unaufhörlich weiter fließt und mich in Welten befördert, die ich irgendwie schon vergessen gehabt zu haben scheine.

Auf dem Höhepunkt des Abends lerne ich eine junge Dame aus Ôsaka kennen, die auch Hitomi heißt, die sexy, lustig und smart in einem zu sein scheint, also hängen wir die ganze Zeit ab, saufen und labern, als ob es kein Morgen gäbe. Irgendwann erzählt sie mir, sie habe einen Freund in Ôsaka. Hab ich aber schon erwartet, also was soll's. Ist mir zu dem Zeitpunkt und in dem Zustand aber auch echt so was von egal, das gibt's gar nicht. Irgendwann liegt ihr Kopf auf meiner Schulter und ihre Hand in meiner. Mehr passiert aber nicht. Denn als ich versuchsweise kurz die Augen schließe, fahre ich so hart Karussell, dass mir auf einmal mein Zustand schlagartig bewusst wird, inklusive der morgigen Japanischprüfung, und mich all meines Mutes beraubt. Wir tauschen trotzdem Nummern aus. Die wievielte Frau mit Freund ist das jetzt? Hat irgendjemand mitgezählt? Und muss ich da jetzt schon auf Ôsaka zurückgreifen, weil ich in Tôkyô alle durch hab? Gibt es hier *überhaupt* Frauen ohne Freund?

Obwohl man mir anbietet, mich mit dem Auto nach Hause zu fahren, laufe ich. Hab mir wohl gedacht, dass mich das ausnüchtern würde. Tut es irgendwie auch. Trotzdem falle ich in Fahrräder, geparkte Autos und Bushaltestellen.

Der nächste Tag ist unbeschreiblich. Trotz Tausender SMS auf meinem Handy, unter anderem von Ms. Ôsaka, wache ich erst gegen 4 Uhr nachmittags, circa 3 Stunden nach meiner Japanischprüfung, auf. In einem Zustand, der nicht in Worte gefasst werden kann. Trotzdem hat es sich gelohnt, wie lange nicht mehr.

2005 DEZEMBER 10

Nach nur 3 Stunden Schlaf, gestern wieder mit Carola und Co in einem *izakaya* versackt, fahre ich zu einem Fotoshooting nach Yôga, da wo Jochen während seines Besuches gewohnt hat.

Ich bin extremst verkatert und saumüde, als ich in das wirklich gigantische Studio eskortiert werde, in dem die 5 anderen Models schon warten. Zum Frühstück gibt es Kaffee und Smalltalk. Danach schlafe ich auf einem der Tische ein, nur um immer wieder geweckt zu werden, wenn ich dran bin. Die Fotos sind super high-class, die Marke (No. 44) hat Läden in Paris, Tôkyô, London etc. Bezahlen tun sie trotzdem scheiße.

Später: 2. Probe mit neuem Drummer. Diesmal noch besser! Die Hälfte der Songs ist geschafft, noch 13 Tage bis zur nächsten Show. Was wir hier machen, ist vor allem in Anbetracht der Kompliziertheit unserer Songs eigentlich Selbstmord. Aber irgendwie scheint immer alles klarzugehen. Trotzdem, in nur 5 Proben ein ganzes Set so zu lernen, dass man es live spielen kann, ist bestimmt nicht nur für einen 19-Jährigen eine ganz besondere Herausforderung. Nach der Probe gehe ich mit Eugene trinken, früh nach Hause und schlafe um 1 Uhr, zum ersten Mal seit langer Zeit ohne Komplikationen, ein.

2005 DEZEMBER 12

Japanischreferat an der Uni. Aus Mangel an Vorbereitungszeit mache ich einfach dasselbe wie letztes Semester. Der Lehrer hat gewechselt, also merkt es keiner, außer einigen sich kaputtlachenden Mitstudenten. Ist O.K., vor allem, weil mir auffällt, wie schlecht das Ganze eigentlich ist. Was wiederum bedeuten muss, dass mein Japanisch besser geworden ist.

Später bestehe ich ein wichtiges Casting für eine landesweite Modezeitschrift und treffe mich mit Carola, Masa und Orie (von der japanischen WEEZER-Kopie ENIE MEENIE) zu Bier und Karaoke. Orie ist das Beste, was ich je gehört hab. Die Frau singt perfekt. Whitney Houston, crazy japanischen Pop, WEEZER, einfach alles. Wir sind begeistert. Danach gehe ich noch mit Masa, der auch totally into dieselbe Musik ist, inklusive der von mir heißgeliebten SAY ANYTHING, in ein *izakaya* und labere und trinke bis zum Morgengrauen. Was für ein Tag.

Uni verschlafe ich fast komplett, erscheine gerade noch rechtzeitig zum letzten Unterricht. Sind ja bald Semesterferien ... Trotzdem bin ich so verkatert, dass ich fast ins Klassenzimmer kotze. Geht grad noch gut. Doch als ich endlich nach Hause gehen kann, um noch endlicher zu relaxen, werde ich von einer meiner Klassenkameradinnen zum Karaoke eingeladen, und fuck, egal wie schlecht es mir auch geht, dazu *kann* ich einfach nicht nein sagen.

Also fahr ich nach Hause, dusche, esse was und mach mich direkt wieder auf den Weg nach Shibuya, ohne wirklich geschlafen oder irgendwas für mich und meinen um Erbarmen bettelnden Körper getan zu haben. Aber da ich mir denke, dass es ja nur 4 Stunden sind und ich dann endlich schlafen kann, solange ich will, keine Uni am nächsten Tag, ist es O.K. Natürlich kommt alles anders. Und zwar zuerst in Form der endgültigen Zusage bezüglich meiner Verlängerung in Japan! Das Interview mit dem Direktor war aber auch zu geil:

Er: »Can you tell me any reasons why we should NOT let you extend?«

Ich: »Eh ... No?«

Er: »Then welcome for another year!«

Wow. Jetzt sitze ich also in diesem *izakaya*, meine halbe Japanischklasse und deren Freunde um mich herum, als das Telefon klingelt und man mir diese Kunde überbringt. In Kombination mit dem All-you-can-drink-Bier sorgt das für einen Endorphinausstoß unbeschreiblicher Größenordnung. Und dann klingelt das Telefon ein zweites Mal. Diesmal ist es meine Agency. Ich hab den Job, für den ich ein paar Tage vorher zum Casting gegangen bin! Für eine sauteure Modezeitschrift. Die Bezahlung ist zum Weinen gut. Und noch besser: Der arrogante Popper neben mir, Mitglied in der gleichen Agentur, hat den Job nicht bekommen. Ich soll es ihm ausrichten. Ein Vergnügen.

Der andere Aspekt der Sache ist der, dass jetzt jeder mit mir anstoßen will, was meinen Alkoholpegel in Sphären katapultiert, die ich eigentlich mal wieder zu meiden gedacht hatte. Egal. Denn jemand stellt mir das schönste Mädchen im ganzen Raum vor, Chika, wir würden die gleichen Filme mögen.

Wirklich? Bei so was bin ich ja immer etwas skeptisch, also mache ich die Probe aufs Exempel. O. K., klar, Kitanos Filme mag sie alle, Iwais auch, O.K., noch immer kein großes Ding, wenn auch zugegebenermaßen selten, dass ein Japaner japanische Filme kennt. Aber als ich dann meinen koreanischen Favoriten »My Sassy Girl« einwerfe und sie diesen nicht nur kennt, sondern auch absolut liebt, ist es um mich geschehen. Chika forever. Ich stehe kurz vorm Heiratsantrag. Aber zuerst wollen noch Trinkspiele gespielt werden. Zwar nicht von mir, aber wen interessiert das schon. Also bleibt mir nichts anderes übrig, als mitzumachen. Wir spielen das *ôsama-geemu* (Königsspiel), keine Ahnung ob's so was auch in Deutschland gibt, wahrscheinlich aber schon, bei dem jeder eine Nummer zieht, einer davon zieht den König und darf dann bestimmen, was die anderen machen müssen. In der Regel ist das dann: »Nr. 1 und Nr. 13 … müssen sich küssen!!! MUAAAHAHAHAHAAA!!!«

Unfassbar, diese Amis. In so ner prüden Kultur braucht man wohl so hirnlose Spielchen, um mal aus sich rauszukommen und die verkorksten Moralvorstellungen verkorkste Moralvorstellungen sein zu lassen. Wie bei uns Karneval. Was soll's, besoffen genug bin ich ja auf jeden Fall, und vielleicht werden ja sogar meine und Chikas Nummern gezogen, wer weiß.

So geht das Spiel also los, Runde um Runde, jeder wird mal von jedem geküsst, Chika auch, allerdings nicht von mir. Sondern von einem Schwulen. Hätte also schlimmer sein können. Aber auch besser. Als dann meine Nummer auch mal gezogen wird, ist das Gegenüber natürlich ein Typ. Wir müssen uns gegenseitig die Brustwarzen verdrehen. Nicht gerade aufregend. Irgendwann ist der Scheiß dann auch überstanden und wir werden vom Personal vor die Tür gesetzt. Was jetzt? Die letzte Bahn nehmen und nach Hause? Ich bin ja todmüde und am Arsch, aber da ist ja auch noch Chika, mit der ich die ganze Zeit am Reden bin. Wir sind inzwischen bei Musik angekommen, und auch da erstaunliche Parallelen. Wir können es beide selbst kaum glauben, es ist die ganze Zeit: »WAS?! DU AUCH?! NEIN!!!« Unfassbar. Unfassbar gut. Wie könnte ich da also nach Hause gehen.

Wir lassen die Idioten in einen dieser Ausländer-Clubs mit R'n'B und Hip-Hop gehen und entscheiden uns dafür, mit 4 anderen, relativ okayen Leuten, die Nacht in einer Karaoke-Box durchzumachen. Natürlich wieder mit All-you-can-drink.

Von hier an erinnere ich mich nicht mehr an viel. Nur daran, wie Chika mit Engelsstimme Punksongs gesungen hat. Den Rest hat man mir 2 Tage später erzählt. Ich hätte gesungen wie ein Wahnsinniger, irgendwann WEEZERs »Buddy Holly« angekündigt und sei dann 2 Sekunden später auf dem Sofa eingepennt. Passed out cold. Geweckt werde ich um 5, als die Karaoke-Box zumacht und wir raus in die Kälte müssen. Es geht mir elend. Trotzdem gehe ich noch mit den anderen in ein *râmen*-Restaurant.

Um 7 Uhr morgens verabschieden wir uns, und Chika und ich versprechen uns, bald zu mailen. ›Diesmal, endlich‹, denke ich, bevor ich in meinem kalten, viel zu hellen Zimmer einschlafe und erst am nächsten Tag um 5 aufwache. Ach ja, um es kurz zu machen: Ich schreibe Chika 2 Tage später eine Mail, wie cool der Abend war und dass ich sie gern bald wiedersehen würde. Eine Antwort erhalte ich nicht.

2005
DEZEMBER
15

GINNAN BOYZ sind die beste Punkband der Welt, und wer das nicht glaubt, ist nicht mehr mein Freund!

2005
DEZEMBER
27

Ich liege erkältet im Bett, was mir wenigstens mal die Gelegenheit gibt, die letzten knapp 2 Wochen im Schnelldurchlauf aufzuarbeiten. Also:

2005
DEZEMBER
16

Ich gehe mit Eugene auf eine Piano-Solo-Show von ENIE MEENIEs Orie, die uns zwar nicht so umhaut wie erwartet, bei der wir aber mit den anderen 2 Bands saucoole Leute kennenlernen und uns auf der Aftershowparty auf deren Kosten HC abschießen.

2005
DEZEMBER
17

Hitomi aus Ôsaka kommt nach Tôkyô. Wir treffen uns nachmittags, hängen rum, gehen irgendwann abendessen, trinken Bier auf der (eiskalten) Straße und verstehen uns super. Ich erfahre, dass sie Silikontitten hat. Jetzt kann mich nichts mehr halten. Dann erzählt sie mir, wie sie neulich ihrem Freund mit einem dieser TV-Comedians (das sind hier die ganz großen Stars) fremdgegangen ist. Find ich gut und schlecht gleichzeitig.

Wir gehen in einen Club, und wie immer in so einer Situation versage ich. Am Anfang ist noch alles lustig, dann wird es langweilig, und am Ende will ich nur noch nach Hause. Meinetwegen auch ohne Hitomi. Sie ignoriert mich den gesamten zweiten Teil des Abends, weil irgendwelche beschissenen Celebrities am Start sind. Blöde Nutte. Wenn's doch wenigstens *meine* blöde Nutte wäre ... Denn diese Silikongeschichte, Mannmannmann ...

2005 DEZEMBER 18

Morgens fährt Hitomi nach Ôsaka zurück, ich geh für ein paar Stunden ins Bett, treffe mich dann mit Eugene, um zu einer Show unseres Musik-Circles zu gehen. Es spielen insgesamt 25 (!) Bands, jede um die 3 Lieder, alles Cover, immer mit einem Oberthema. Nicht schlecht alles in allem, vor allem CAP'N JAZZ, THE CURE und 2 Singer/Songwriter-Frauen wissen zu überzeugen. Danach auf zu einem Fotoshooting in Meguro, das, für das ich neulich den Anruf im *izakaya* bekommen hab, an dem glorreichen Abend mit Chika. Dementsprechend aufgeregt bin ich.

Zu allem Überfluss kommt das andere Model nicht (irgend so ein Penner, den die auf der Straße gescoutet haben, klar kann man sich da nicht drauf verlassen, sollen lieber gleich Profis nehmen, haha), und ich muss dessen Job mit übernehmen, was gegen Ende richtig in Arbeit ausartet. Wenigstens zahlt man mir das Taxi nach Hause. Dass ich trotzdem mit der Bahn fahre und das Geld einstecke, zeigt, dass ich doch irgendwo der Alte geblieben bin.

Ach so, die Fotos sind übrigens peinlich, ich krieg (mal wieder, warum eigentlich immer ich?) einen Schnurrbart angeklebt, die Haare schmierig verfilzt, sehe, auch mal wieder, aus wie mein eigener Vater und muss einen Hausmeister mimen, inklusive gigantischem Schlüsselbund und was sonst noch so dazugehört. Fotos, mit denen man rumprollen kann, werden das nicht. Und das trotz fucking Comme des Garçons! Wie zur Hölle wollen die mit solchen Bildern ihren Scheiß verkaufen?!

2005
DEZEMBER
19

Probe mit dem CIRCUITING. Noch 4 Tage bis zur ersten Show mit neuem Drummer. Es läuft O.K. Er ist gut, aber eben saujung (früher auf SAT.1 hätte das »blutjung« geheißen) und unerfahren. Ergo nervös.

2005
DEZEMBER
21

Nächste Probe mit THE GREAT CIRCUITING. Diesmal bricht der Damm. Wir rocken hart und können die Show nicht mehr abwarten. Ryûta, der neue Drummer, ist in der Band angekommen. In Lichtgeschwindigkeit.

2005 DEZEMBER 22

Das Casting für einen TV-Werbespot verhaue ich leider. Das wäre auch zu genial gewesen. Für den führenden *râmen*-Hersteller.

Später: Gucke *Kung Fu Hustle* auf Video. Stephen Chow ist Gott!

2005 DEZEMBER 23

THE GREAT CIRCUITING spielen im MTV-Café in Harajuku! Wie wir an den Scheiß rangekommen sind? Einer der Designer, für den ich gearbeitet hab, ist ziemlich into Music und auch relativ O.K., deshalb fragte er mich, ob wir bei der Präsentation (oder sagt man da Vernissage zu?) seiner neuen Kollektion spielen wollen. Die anderen Bands sind alle irgendwie schwacher J-Pop, also ist es uns ein Leichtes, alles in Grund und Boden zu rocken.

Das Publikum, in erster Linie MTV-VJs, Modetypen und Tussis, Models und Stylos, reagiert zweigeteilt. Vor der Bühne Party und in den hinteren Reihen eher stilles Entsetzen. Als Eugene dann noch »FUCK MTV! FUCK THIS PLACE! FUCK YOU!« ins Mikro brüllt und ich mich nach dem Song bei dem »bestimmt gerade auf'm Klo Heroin schießenden Designer« bedanke, wird es ganz ruhig im Saal. Stille, die wir mit unserem härtesten Song, extra an dieser Stelle platziert, so was von durchbrechen, dass ich kurz auf die Knie gehen muss, um nicht halb ohnmächtig zu werden. Großartig, ich liebe diese Band.

Nach der Show labern uns 2 Modeschlampen an, mit denen Eugene und ich die nächsten Stunden backstage verbringen. Eine ist hohler als die andere, aber beide sehen verdammt gut aus. Ich gebe meiner Schlampe meine E-Mail-Adresse, worauf sie sich nie bei mir meldet. So langsam ist es schon wieder fast lustig. Was heißt so langsam, eigentlich geht das ja schon gute 8 Monate so!

2005
DEZEMBER
24

Weihnachten. Im Gegensatz zu Deutschland ist das in Japan kein Familien-, sondern ein Datefest. Und wer kein Date hat, steht ziemlich dumm da. So wie ich. Und Masa, der einer der weltoffensten Japaner ist, die ich je getroffen habe, mit dem mich deshalb auch mehr als nur die Vorliebe für die gleiche Musik verbindet und mit dem ich in letzter Zeit neben Eugene die meiste Zeit verbringe. Also treffen wir uns in Shibuya und gehen saufen. Alle 2 Minuten müssen wir irgendwelchen Leuten erklären, dass wir kein schwules Pärchen sind. So ist das hier an Weihnachten. Am nächsten Morgen wache ich mit fetter Erkältung auf. Meine Mutter heult am Telefon, weil ich sie zu Weihnachten nicht angerufen hab. Ich bin verkatert und gemein. Die nächsten 3 Tage verbringe ich krank im Bett.

2005
DEZEMBER
28

Fotoshooting für ein neues Modemagazin. Die Bezahlung ist gut, die Firma Stüssy. Irgendwann will der Fotograf, dass ich mich obenrum ausziehe und mir mit der Zunge über die Lippen lecke. Was macht man nicht alles für Geld.

Später proben wir mit THE GREAT CIRCUITING, Eugene ist aus Hokkaidô vom Snowboarden zurück, und morgen ist unsere nächste Show. Alles läuft smooth und wir sind gut vorbereitet.

Am Abend gehe ich hart saufen. Seitdem ich Masa kenne, gibt's echt kein Erbarmen mehr. Ich kann mich nicht mal mehr erinnern, wo wir waren und was wir gemacht haben. Genug Disziplin, die letzte Bahn zu nehmen, hab ich aber angesichts der morgigen Show wenigstens noch.

2005 DEZEMBER 29

THE CIRCUITING in Nishi-Ogikubo, irgendwo bei Kôenji und Kichijôji, also im nördlichen Westen Tôkyôs. Als ich am Morgen aufwache, hab ich bereits eine E-Mail von Eugene auf meinem Handy, in der er schreibt, dass er gestern saufen war und heute Morgen bereits 4 Mal gekotzt hat. Ein großartiger Start für einen Tag wie diesen.

In Nishi-Ogikubo angekommen, die Show ist in einem Studio, das extra dafür gemietet wurde, schläft Eugene erst mal ein paar Stunden auf dem Sofa zwischen Tausenden hektisch hin und her rennenden Mitgliedern anderer Bands.

Das ganze Festival besteht zu 90 % aus befreundeten Bands, viele von meiner Uni, was für eine Hammeratmosphäre sorgt. Jeder kennt jeden, und jeder macht Party ohne Ende. Da mein Kumpel Shingô mit seiner Band THE MORNINGS das Ganze auf die Beine gestellt hat, wurden wir auch eingeladen. Der Eintritt ist umgerechnet um die 3 Euro, super DIY, sogar Bier darf man mit reinbringen. Mit dem Ergebnis, dass schon um 5 Uhr nachmittags die Hälfte der Anwesenden gnadenlos besoffen ist. Ist ja Sonntag und Semesterferien. Wir halten uns bis zu unserem Auftritt relativ zurück. Eugene sowieso, aber auch ich, trotz meiner ungewöhnlich starken Nervosität, da alle anderen Bands vollkommen super sind und ich sowieso nicht so gerne vor Freunden spiele, mir ist ein fremdes Publikum irgendwie lieber.

Egal, der CIRCUITING wäre nicht der CIRCUITING, würde er nicht auch mit so einer Situation fertig! Und als Eugene sich beim ersten Anschlag direkt so hart die Hand aufschneidet, dass am Ende des ersten Liedes sowohl Gitarre wie auch T-Shirt voller Blut sind, gibt es kein Halten mehr. Zugegeben, das Publikum ist eher geschockt und reagiert zurückhaltend, aber wir explodieren förmlich. Ich LIEBE diese Band.

Nach der Show trinken wir dann auch mal wieder, als ob es kein Morgen gäbe. Masa ist auch da und versorgt uns ständig ungefragt mit Bier vom *konbini*.

Später wird dann alles etwas kompliziert. THE MORNINGS spielen, und wir feiern vor der Bühne. Kurumi, das Mädchen mit den 14 Piercings, ist auch da. Sie trägt ein Abendkleid mit Stiefeln und einer Netzstrumpfhose, ist stark, aber stilvoll geschminkt und macht damit alle Typen im Raum komplett verrückt. Die Sache ist die, dass ich mich ziemlich gut mit ihr verstehe, aber eben nicht glaube, dass sie an mehr als normaler Freundschaft mit mir interessiert ist, weshalb ich meinem hoffnungslos in Kurumi verknallten Kumpel Alex, einer von den netteren Amis an meiner Uni, versprochen habe, »mich von ihr fernzuhalten«, obwohl ich natürlich weiß, dass der fette, nicht gerade attraktive Alex bei ihr nicht den Hauch einer Chance hat. Da er aber zum einen an diesem Abend nicht da ist und Kurumi sich zum anderen, wohl nicht unwesentlich auf den Einfluss von 3 Flaschen Wein zurückzuführen, deutlich anders als gewohnt verhält, ist mir das nach wenigen Minuten schon relativ egal.

Als THE MORNINGS spielen, stellt sie sich vor mich und lehnt sich mit dem Rücken bei mir an. Manchmal legt sie den Kopf in den Nacken und guckt mir von unten in die Augen. Ich weiß zuerst gar nicht, wie mir geschieht. Dann nimmt sie meine Arme und legt sie um sich. Führt meine Hände an diverse Stellen ihres Körpers. Umwerfend. Ich kann kaum atmen vor Aufregung. Ihr Körper fühlt sich wie das Beste an, das ich je berührt habe. Durch das Kleid kann ich ihre Piercings fühlen. Manchmal greift sie hinter sich und legt ihre Hände auf meine Oberschenkel. Ich konzentriere mich nur darauf und lasse alles andere um mich herum verschwinden.

Als das Konzert vorbei ist, wache ich wie aus einem Traum auf. Doch noch ist nicht alles vorbei, wir gehen mit den Bands in ein nahe gelegenes *izakaya*. Kurumi sitzt bei Masa und mir am Tisch. Sie legt ihren Kopf auf meine Schulter, manchmal reiben sich unsere Wangen aneinander, und Masa drängt Kurumi ständig, mich zu heiraten. Ich würde sofort ja sagen. Irgendwann ist es Letzte-Bahn-Zeit, und während 80 % der Leute durchmachen, muss ich nach Hause, bin noch immer etwas wacklig auf den Beinen, und hab morgen früh ein sauwichtiges Fotoshooting. Also verabschiede ich mich von Kurumi, indem ich sie laaaaaaange auf die Wange küsse. Sie nimmt mich in den Arm und küsst mich zurück. Ich sie wieder. Irgendwann zieht Masa mich am Ärmel weg und schleift mich zur Bahn. Macht ja nichts, läuft ja nicht weg, so was. Kleine Randnotiz: Eugene flirtet HC mit der Freundin des MORNINGS-Gitarristen, am Ende halten sie sogar in seiner Anwesenheit Händchen. Japanische Frauen, ohne Scheiß, da ist Ärger vorprogrammiert. Trotzdem. Als ich später total besoffen und glücklich einschlafe, male ich mir Zukunft und Sex mit Kurumi aus. Beides: 1A.

2005 DEZEMBER 30

Fotoshooting für irgendein beschissenes Magazin, wen interessiert der Scheiß, ich muss Kurumi treffen, ich muss, ich muss, ich muss! Auf meine Mail antwortet sie, dass sie mich gestern auf der Bühne toll fand und mich auch gerne noch dieses Jahr sehen würde. Yes! Da sie allerdings die meiste Zeit arbeitet, bleibt nichts anders übrig, als sie eben da zu besuchen. Sie kellnert in einer kleinen Bar in Kichijôji, wohin ich mich abends nach dem Shooting direkt aufmache. Um die Geschichte kurz zu machen:

Sie erinnert sich nicht an gestern Abend.

\+ Als ich es ihr erzähle, lacht sie erst und entschuldigt sich dann 1000 Mal.

\+ Sie liebt ihren Freund in Norwegen und kann mich deswegen nicht mehr alleine treffen.

= Ich habe meinen Freund Alex verraten und dafür emotional so hart eins auf die Fresse bekommen wie lange nicht mehr. Obwohl mir so was hier ja ständig passiert. Aber diesmal, wow, wirklich.

2005 DEZEMBER 31

Silvester. In Japan ein Familienfest. Alle unsere Freunde sind zu ihren Eltern aufs Land oder wohin auch immer gefahren, also treffe ich mich mit Alex. Er will unbedingt zu Kurumi in ihre Bar nach Kichijôji fahren. Alle meine Versuche, es ihm auszureden, schlagen fehl, ich kann das ja auch nicht zu auffällig machen, also fahr ich sogar mit. Bescheuert. Zum Glück ist da so viel los, dass wir nicht viel von ihr zu Gesicht bekommen. Stattdessen mailt mir Masa, er gehe in einen Club in Shinjuku, ob ich nicht mitkommen will. Er kennt die Besitzer, also können wir frei saufen. Alex entscheidet sich dafür, alleine in Kichijôji zu bleiben, superhoffnungslos, aber ich kann's ihm nicht mal verdenken.

Es ist höllisch kalt am Bahnhof, als ich 30 Minuten auf die Bahn nach Shinjuku warten muss. Silvester ist die einzige Nacht im Jahr, an der die Bahnen durchfahren. Aber eben dementsprechend selten.

In Shinjuku dasselbe. Masa kommt zu spät, und ich verbringe weitere 40 Minuten in der unmenschlichen Kälte. Es ist bereits

2.50, als wir den Club betreten, der sich als brodelndes Inferno aus einer Mischung aus dem Film *Kids*, Punkrock und Gaybar herausstellt. Die Musik ist ziemlich cool, von NOFX über PIXIES bis zu APHEX TWIN, und ungelogen ALLE Leute sind auf Drogen. Innerhalb weniger Minuten haben wir so viel Bier getrunken, dass ich kaum mehr laufen kann. Ich lerne ständig irgendwelche Leute kennen, die ich Minuten später gleich schon wieder vergesse. Schwule Jungs begrapschen mich und sagen »handsome« und »smart« zu mir. Whatever.

Als ich zu »Kill All The White Men« tanze, wird mir von dem Discolicht so schwindelig, dass ich alleine den Club verlasse und einfach schnell mit der Bahn nach Hause fahre. Ich komme mir wie ausgekotzt vor. Geistig gebrochen und körperlich am Ende gucke ich mir das Wrack im Spiegel an. Irgendwas muss sich ändern.

2006
JANUAR
1

Happy New Year. Ich bleibe bis um 6 Uhr abends im Bett und höre meine neue Lieblingsband GINNAN BOYZ. Später treffe ich mich mit Alex in der Geisterstadt Shibuya, um etwas zu essen. So leer hab ich Tôkyô noch nie gesehen. Weit und breit ist niemand auf der Straße. Es ist wie in diesem Film *28 DAYS*. Ungelogen. Und irgendwie total unwirklich. In meinem gegenwärtigen Zustand nicht gerade förderlich. Wird Zeit, dass Eugene aus seinen Ferien in Amerika zurückkommt.

2006
JANUAR
2

Der nächste Allnighter. Party mit Carola und Masa. Wir stolpern durch die Stadt auf der Suche nach etwas zu essen. In einem billigen Restaurant kann ich beim Essen, vor lauter Alkohol, gar nichts mehr fühlen, auch nicht, als ich mir ein Stück Fleisch aus der Zunge beiße und mir das Blut wie Niagarafälle aus der Fresse läuft. Später, auf dem Nachhauseweg, schlage ich einen Cola-Automaten mit einer Stange ein und falle ständig auf die Fresse. Erwähnte ich bereits, dass sich irgendwas ändern muss?

2006
JANUAR
3

Im Bett bis 6 Uhr abends. Brief aus Deutschland. Meine Mutter heult wieder rum. Egal, ich maile mir mit Hitomi aus Ôsaka, auch wenn ich nicht mehr daran glaube, Japan gefickt zu verlassen, 9 übrige Monate hin oder her. Morgen treffe ich sie. Vielleicht geschehen ja noch Zeichen und Wunder. Fuck, da ist sie wieder: die Hure Hoffnung.

2006
JANUAR
4

Ich wache am nächsten Morgen auf und bin immer noch verkatert. Oh mein Gott. Mein Körper zittert und fühlt sich scheiße an. Aber für so was ist jetzt keine Zeit. Ich muss nach Harajuku und Hitomi treffen. Also quäle ich mich irgendwie aus dem Bett und fahre zu dem, was der Japaner *hatsumode* nennt: dem Neujahrs-, hm, nennen wir es Gebet, obwohl das Wort in die Irre führt, da auch überzeugte Atheisten daran teilnehmen. Ist eher so ein kulturelles Ding, schwer zu erklären, denn überhaupt hat Japan einen ganz anderen Bezug zu Religion als der christlich geprägte Westen.

Der durchschnittliche Japaner hat mindestens 2 Konfessionen, in der Regel Shintoismus und Buddhismus, an die er allerdings gar nicht glaubt. Nur in gewissen Festen und Bräuchen sind frühere religiöse Rituale irgendwie erhalten geblieben, auch wenn diese keinerlei Bedeutung für die Kirche (heißt das in dem Zusammenhang überhaupt so?) haben, wie eben erwähntes *hatsumode* zum Beispiel. Dass es den Leuten auf einer persönlichen Ebene trotzdem wichtig zu sein scheint, sieht man an den Mengen von Menschen, die sich an diesem Tag im Meiji-Schrein in Harajuku einfinden. Und das, obwohl es ja schon der 4.1. ist, nicht gerade mehr »Neujahr« eigentlich. Nicht auszudenken, wie es hier vor 2, 3 Tagen ausgesehen haben muss.

Die Menschenmasse reicht vom Bahnhof bis direkt vor das Haupt portal des Schreins, überall Kimonos, und das trotz der wirklich unmenschlich gewordenen Kälte in Tôkyô, Fahnen, Laternen, Wimpel und lauter anderer crazy Scheiß. Hitomi scheint das Ganze auch nicht wirklich ernst zu nehmen, trotzdem kauft sie so ein Ding, dessen Namen ich grad vergessen hab, das man bei sich zu Hause aufhängt und das einem so vor allerlei Kram wie Feuer oder was weiß ich, Krankheiten und so, Schutz bietet. Ist ihr schon irgendwie peinlich, als sie mir das erklärt und meinen Blick darauf sieht, denn sie ist ja ein schlaues Mädchen und, wie sich im Lauf des Tages herausstellt, sogar politisch super gebildet und gut drauf, sagt eine Sache nach der anderen, die mir allesamt die Freudentränen in die Augen treiben, und so weiter. Aber was soll ich auch noch dazu sagen? Kann wahrscheinlich eh keiner mehr hören, mich eingeschlossen. Denn in spätestens 1, 2 Wochen werde ich hier eh wieder alles revidieren müssen, also spar ich's mir einfach.

Wir gehen erst in den Schrein, dann einkaufen, Kaffee trinken, spazieren, Bier trinken, essen und wieder Bier trinken. Das Ganze dauert gute 8 Stunden, die ganze Zeit natürlich alles auf Japanisch, und wer schon mal im Ausland gelebt hat und weiß, wie körperlich und geistig anstrengend es ist, stundenlang in einer Fremdsprache zu sprechen, der hat noch immer nicht den Hauch einer Ahnung, wie hart das in Wirklichkeit ist, denn wahrscheinlich war er in Amerika oder irgendwo in Europa, wo sich die Sprachen doch noch relativ ähneln, aber fuck, Japanisch ist so anders in allen Bereichen,

Grammatik, Aussprache, Wortschatz, Satzstruktur und so weiter, dass es, so geil es auch ist, auf Dauer einfach mal HC anstrengt. Als ich neu hier war, war nach 2, jetzt nach 5, 6 Stunden der Ofen aus.

Als ich an dem Abend zu Hause im Bett liege, bin ich wirklich fertig. Aber zugegebenermaßen auch nicht gerade unglücklich. Bis dahin dauert es eben noch 1, 2 Wochen.

2006 JANUAR 5

Es ist so verfickt kalt hier! Sind die zu blöd, richtige Häuser zu bauen? Die Antwort: JA, sind sie! Unfassbar. Keine Isolation at all. Meine Hostmutter sitzt mit Handschuhen im Wohnzimmer!!! Aber für die ist das normal. Hallo??? Wir fliegen zum Mond, können wir bitte Häuser bauen, in denen wir nicht erfrieren?

2006 JANUAR 6

Ich ziehe endlich um! Die Wohnungssuche hat begonnen, die Jagdsaison ist eröffnet. Und gleich beim ersten Makler werde ich fündig. Ich gehe mit meiner längsten und besten Freundin hier, Izumi, zu einem Makler nach Kôenji, wir beschreiben dem guten Mann meine Wünsche, und schon machen wir uns alle gemeinsam auf, um das einzige Zimmer in dieser Preisklasse anzugucken: Die Monatsmiete beträgt um die 400 Euro für 11 Quadratmeter, was für zentrale Tokioter Verhältnisse wirklich relativ günstig ist. Ein Zimmer mit integriertem Eingangsbereich und Kochnische, dazu Aircon, TV-Anschluss und gut. Reicht mir. Hauptsache raus aus dem Katzenpisse-Hostvater-Haus. Endlich das »Privileg«, Freunde mit nach Hause bringen zu können. Hauspartys, Videosessions, alles drin.

Und Izumi wohnt direkt um die Ecke, eine Viertelstunde zu Fuß. Zwar nur noch 1, 2 Monate, bis sie eventuell zum Arbeiten nach Ôsaka ziehen muss, aber trotzdem. Sollte reichen, bis ich mich in Kôenji eingelebt habe. Klar, das Ding ist sauklein. Wenn erst mal die Möbel, die ich noch nicht besitze, drin stehen, kann ich mich wahrscheinlich nicht mal mehr um die eigene Achse drehen. Aber egal. Warum sollte ich mich um die eigene Achse drehen wollen? Das ist der Preis der Freiheit, Baby! Und den bin ich gewillt zu zahlen.

Der Preis, den ich nicht so wirklich gewillt zu zahlen bin, sind die 2 Monatsmieten, die man in Japan meistens drauflegen muss und nicht zurückbekommt. 800 Euro, tschüss. Dazu kommt sogenanntes Schlüsselgeld, wobei es sich um eine Art legale Bestechung des Besitzers handelt, noch mal 2 Monatsmieten, Maklerprovision, Versicherung und, und, und. Am Ende bin ich bei guten 3000 Euro, Möbel und Ähnliches noch nicht mal mit eingerechnet. Wodurch 80 % meiner Modelersparnisse erst mal wieder weg sind. Nur für 9 Monate in einem kleinen Zimmer ohne den Geruch von Katzenpisse, dafür mit dem von Freiheit. Wie lustig, in meinem Fall hat diese sogar tatsächlich einen realen Preis. 3000 Euro.

Aber man kann es sich hier, vor allem als Ausländer, einfach nicht erlauben, wählerisch zu sein, wenn es um Immobilien geht. Ich weiß nur, dass mein Leben von jetzt an ein anderes wird. In guter wie in schlechter Hinsicht. Erst mal kein großartiges Weggehen mehr, vor allem nicht in Clubs und so, dafür aber auch keine verrückten, besoffenen Hosteltern, die mir um 1 Uhr nachts, umringt von 5 Katzen, auf dem Wohnzimmerfußboden pennend, den Gang in die Küche unmöglich machen, mir am nächsten Morgen meine letzte Scheibe Brot wegfressen und mir auch ansonsten hammermäßig auf die Nerven gehen. Ach so, hab ich erwähnt, dass ich noch auf die Zusage vom Vermieter warte? Aber der ist ja keine Frau, deshalb wird's schon klargehen!

2006 JANUAR 7

Anruf vom Makler: Ich hab die Wohnung! Später gehen Izumi, Masa und ich diesen kleinen Schritt für die Menschheit, aber großen Schritt für mich gebührend feiern. Freiheit, ich komme!

Auf dem Nachhauseweg mal wieder sinnlose Zerstörung, irgend wo muss man mit seinen Emotionen ja hin. Ich bin so besoffen, dass ich voll mit dem Kopf gegen irgendwas renne, an das ich mich nicht mal mehr erinnere. Die Beule ist faustgroß. Am nächsten Tag wache ich auf, das Kissen blutig, und habe das Gefühl, mein Kopf würde jeden Moment zerspringen.

2006 JANUAR 14

Noch eine Woche bis zum Umzug! Ich sitze in der Küche und esse zu Abend, während sich meine Hosteltern darüber streiten, wer ständig (!) vergisst, die Klospülung zu betätigen. Ekelhaft. Manchmal ist eine Woche noch zu lang.

2006 JANUAR 16

Wir sehen STUDENT A, die Band eines Freundes, im WARP-Studio in Kichijôji. Absolut großartig. So hätte MINERALs »End Serenading« klingen sollen. Dabei kennen die MINERAL noch nicht mal! Eugene, Carola und ich besaufen uns hart, gehen in die trashigste Karaoke-Box, in die ich je das zweifelhafte Vergnügen gehabt haben dürfte, gegangen zu sein, und zerstören das Interieur. Wie die 16-Jährigen. Auch das: großartig. Am geilsten ist, dass, wenn man sich das Mikro komplett in den Mund steckt und schreit, die ganze Karaoke-Maschine ausfällt. Komplett. Wie wir das rausgefunden haben, weiß ich auch nicht mehr. Ich hab vor Lachen fast Bauchmuskelkater.

2006
JANUAR
17

Meine Lebensqualität explodiert förmlich, als Eugene mir seinen alten, nur leicht beschädigten iPod überlässt. Wie wird es erst in 5 Tagen werden? Umzug!

2006
JANUAR
20

Mr. Effective strikes again! Absolviere morgens souverän ein Fotoshooting, mit der lustigen Nuance, dass der Typ, der nach mir dran gewesen wäre und bereits eingekleidet war, alle Klamotten wieder ausziehen, mir geben und nach Hause gehen konnte. So was hab ich auch noch nicht gesehen. Doppelte Gage für mich. GQ Japan zahlt gut. Danach zur Uni und in 1,5 Stunden am PC einen Umfragebogen übersetzt. Genau rechtzeitig, um Eugene zur Akustikprobe in einer billigen Karaoke-Box zu treffen. Perfektes Timing.

2006
JANUAR
22

Umzug! Endlich! Masa kommt irgendwann nachmittags, nachdem sein Auto 2 Pannen hatte, bei mir in San-Cha an, wir laden meine paar Habseligkeiten in den Kofferraum und verpissen uns für immer nach Kôenji. Ich zumindest.

Der Abschied von meiner Hostfamilie ist erwartungsgemäß unsentimental, die konnten es wahrscheinlich auch nicht abwarten, mich aus dem Haus zu haben, und mir geht es keineswegs anders. 2 Tage davor musste ich noch das Abschiedsbesäufnis mit *otôsan* über mich ergehen lassen, bei dem er wieder mit dem »You're my son«-Scheiß ankam, aber was zur Hölle. Freier Alkohol plus chinesisches Essen. Der Typ vom Restaurant (in dem ich auch allein oft gegessen hab) schenkt mir einen Kumada-Yôko-Kalender (japanisches Pin-up), womit ich mein erstes Möbelstück am Start hab.

In Kôenji angekommen, laden wir meinen Kram in mein neues, hammergeiles Zimmer und gehen erst mal mit Izumi, die ja auch hier wohnt, ins nächste *izakaya*. Da beide mir immer weitergeholfen haben, geht die Rechnung auf mich, und klar, unter 60 Euro geht da nix. Jetzt aber auch egal. Nach 6 Bier fährt Masa mit dem Auto nach Hause. Diese Japaner.

Die erste Nacht in meiner neuen Wohnung ist auch erwartungsgemäß komisch, war ja klar, außerdem ist das Licht der Werbetafel des benachbarten *konbini* so hell, dass ich kaum schlafen kann. Aber mal ohne Scheiß, wen interessiert das? Freiheit! Die Mails von Hitomi, die demnächst wieder aus Ôsaka nach Tôkyô kommt, helfen zugegebenermaßen auch.

2006 JANUAR 23

Möbel kaufen. Ich finde Hunderte von coolen, billigen Geschäften in Kôenji und Umgebung und hab schon nach wenigen Stunden fast das gesamte nötige Inventar zusammen. Viel billiger, als ich gedacht hab. Die erste richtige Nacht allein zu Hause, mit halbwegs eingerichtetem Zimmer rult auch ohne Ende. Bier, Zigaretten und japanisches Fernsehen.

2006
JANUAR
24

Carola kommt vorbei, wir kochen und gucken die 5. Staffel von *Sopranos*. Wie sehr ich das Alleineleben vermisst habe, merke ich erst, als ich es zurück habe. Vorher redet man sich ja alles schön. Aber spätestens seit heute Nachmittag, als ich mein Zimmer in San-Cha sauber gemacht habe und von meiner Hostmutter mit allerlei idiotischem, unnötigem Scheiß vollgetextet wurde, weiß ich, was ich daran habe. Nach nur 2 Stunden habe ich mein neues Zuhause vermisst und war glücklich, als ich das wahrscheinlich letzte Mal in San-Cha in die vertraute Bahn gestiegen bin.

2006
JANUAR
25

Jeder Tag ein Schatz. Nachdem ich lange geschlafen und die letzte meiner Abschlussprüfungen geschwänzt habe, dann in die Uni zum Abhängen gefahren bin, sind ja nur 10 Minuten mit der Bahn, treffe ich Carola und Eugene, und wir gehen uns die Show von einem Freund in Aoyama angucken. Ist irgendwie THE ALBUM LEAF plus crazy Laptop-Scheiß, aber trotzdem gut. Irgendwann ruft mich eine vollkommen besoffene Izumi an, die will, dass ich zum Saufen nach Kôenji zurückkomme, also machen Eugene und ich uns nach der Show auf den Weg und verbringen den Rest des Abends in einem *izakaya* in der Nähe des Bahnhofs. So gut wie jetzt ging es mir lange nicht mehr.

Nachdem ich den Vormittag damit verbracht habe zu schlafen und den Nachmittag damit, meine Wohnung zu verschönern, Hitomi kommt für eine Woche nach Tôkyô, treffe ich mich abends mit Eugene, um nach Hônanchô zu fahren, wo eine seiner befreundeten Bands mit dem schrecklichen Namen SKYBEAVER spielt, deren Musik allerdings so klingt, als hätten WEEZER und GET UP KIDS geheiratet und ein punkrockendes Kind zur Welt gebracht.

Wie immer zu solchen Gelegenheiten schießen wir uns extremst ab, und noch bevor die Show um 22 Uhr zu Ende ist, kann ich nicht mehr gerade gehen. Die 2-stündige All-you-can-drink-Session danach hilft auch nicht wirklich. Irgendwann ruft Izumi an und will, dass wir nach Kôenji kommen, um mit ihr und ihren Freundinnen in einem *izakaya* weiterzutrinken, und da wir eh vorhatten, bei mir zu crashen, machen wir uns auf den Weg zu meinem neuen Zuhause.

In Shinjuku wird's dann hässlich. Wir kommen eben hoch auf die mit besoffenen Salarymen vollgestopfte Plattform, um gerade noch zu sehen, wie die Leiche eines Mannes, der sich vor den fahrenden Zug am gegenüberliegenden Gleis geworfen hat, mit einem Tuch abgedeckt wird.

In so einem Moment bleibt die Zeit kurz stehen. Den verstümmelten Körper eines soeben gestorbenen Menschen zu sehen, komplett mit abgetrennten Gliedmaßen und Blut überall, löst derart starke Gefühle aus, dass sich zuerst einmal alles vollkommen taub anfühlt. Alles wird unglaublich schwer, fast so als ob der Level der Gravitation auf ein 2-Faches gestiegen wäre. Instinktiv greife ich Eugene, drehe ihn vom Geschehen weg und sage, dass er da nicht hingucken soll. Natürlich zu spät.

Irgendwann kommt die ganze Welt langsam, ganz langsam wieder in Bewegung. Die Leute auf dem Bahnsteig um uns herum sind ganz bleich, aber seltsam regungs- und teilnahmslos, so als ob so was hier ständig passiert. Und ja, tendenziell ist es auch so, trotzdem ist die Wahrscheinlichkeit, dass man sein ganzes Leben in Tôkyô verbringt, *ohne* auch nur ein Mal die verstümmelte Leiche eines Selbstmörders sehen zu müssen, überraschend hoch. Ich weiß noch, wie ich denke, wie egoistisch dieser Typ gewesen sein musste, so etwas allen anderen zuzumuten. Aber jung war er, das konnte man an seinen Klamotten sehen.

Überall ist Blut. Eugene sinkt neben mir auf die Knie, und das Nächste, was ich weiß, ist, dass ich auf einmal stocknüchtern bin, ihn hochziehe und die Rolltreppe runter zu einem anderen Gleis bugsiere. Die einzige Sache, die mir in in diesem Moment bewusst ist, ist, dass von unserem Gleis heute keine Bahn mehr fahren wird. Also nehmen wir den langsamen Zug, der jetzt natürlich so voll ist wie noch nie, alle anderen Passagiere in unsere Richtung haben ja dieselbe Idee.

Im Zug spricht niemand. Gespenstische Stille überall, bis es nicht mehr auszuhalten ist. Irgendwann fängt jemand neben mir zu schluchzen an, und ich merke, dass es Eugene ist, der nicht so schnell weggeguckt und deshalb viel mehr gesehen hat als ich. Eine solche Situation zwischen idiotischen Männern ist immer schwierig, zum Glück sind wir beide ja noch besoffen genug, dass nichts peinlich ist, also umarme ich Eugene, bis er aufhört, einige Minuten schweigt und endlich anfängt, über die ganze Sache Witze zu machen. Das ist im Prinzip erst mal das Einzige, was man tun kann, um kurzfristig klarzukommen.

Also steigen wir in Kôenji aus, kaufen neues Bier, invadieren Izumis Apartment und singen und spielen uns bis zum frühen Morgen mit ihrer Akustikgitarre den Frust von der Seele. An den Weg nach Hause kann ich mich nicht mehr erinnern, ich weiß nur noch, dass wir Dinge zerstört haben und vor den Bullen abgehauen sind. Noch ein Monat und ich bin 30.

2006 JANUAR 29

Es geht mir noch immer furchtbar. Der Körper hat seine Grenzen, und die zeigt er mir deutlich auf. Keine 16 mehr, bald doppelt so alt.

Trotzdem treffe ich Hitomi, auf deren Anwesenheit ich mich ja E-Mail-technisch bestens vorbereitet habe. Die letzten Wochen waren von gegenseitigen Sympathieerklärungen und Ähnlichem geprägt, und irgendwann hab ich angefangen, die Tage zu zählen. Umso enttäuschter war ich, als ich erfahren hab, dass sie erst am 3. Tag ihres Tôkyô-Aufenthalts Zeit für mich hat. Aber das ist jetzt auch egal, denn sie ist hier, und ich bin es auch, zumindest körperlich, also werde ich das Beste draus machen. Wir treffen uns in Harajuku, gehen Kaffee trinken, später essen, und noch später sind wir auf dem Weg nach Kôenji in meine Wohnung, um Video zu gucken, so zumindest die offizielle Erklärung. Ich wunder mich, dass ich es überhaupt bis hier geschafft hab, denn ich bin so neben der Spur wie lange nicht mehr, mein Körper spielt verrückt, ich kann die Augen kaum offen halten, geschweige denn mich konzentrieren oder auch nur ansatzweise eine vernünftige Konversation aufrechterhalten. Trotzdem ist Hitomi sehr verständnisvoll, auch wenn ich sie zu Tode gelangweilt haben muss. Aber irgendwie ist sie auch anders als die Male zuvor, nicht so sehr das Partygirl, für das ich sie immer gehalten habe, sondern ruhig, beherrscht und zuhörend, eigentlich so, wie sich der typische japanische Mann seine ideale Frau wünscht. Nicht, dass sich meine Vorstellungen da mit ihm decken würden, aber das kann sie ja nicht wissen, also weiß ich es zu schätzen, inklusive der marternden Minuten des Schweigens, in denen keiner von uns was zu sagen hat. Muss ich wohl auf meine Kappe nehmen.

Umso komischer ist es, auf einmal im Zug nach Kôenji zu sitzen, denn irgendwie ist es klar, wo so was hinführt, vor allem in Japan, wo platonische Freundschaften zwischen den Geschlechtern doch verhältnismäßig rar gesät sind. Dementsprechend angespannt und unlocker ist auch die ganze Atmosphäre, ein Glück für mich, dass *Hero* im TV kommt und ich 2 Stunden nur in den Werbepausen reden muss. Irgendwann wache ich auf, und mir wird bewusst, dass ich soeben eingepennt bin, mit der hotten Hitomi (und ihren Silikontitten!) neben mir. Ich entschuldige mich 1000 Mal, aber sie scheint wirklich kein Problem damit zu haben. Trotzdem fährt sie mit der letzten Bahn zu ihrem Kumpel, bei dem sie die Woche wohnt, aber wenn ich ganz ehrlich bin, bin ich fast etwas erleichtert, der Druck war wohl einfach zu groß in meiner abgefuckten Situation.

Peinlich und entmannt fühl ich mich trotzdem, wenn auch nur für die 5 Sekunden, die ich zum Einschlafen brauche.

2006
JANUAR
31

Ich treffe Hitomi in Shinjuku, wir gehen in ein *izakaya* zum Abendessen und werden erst mal 30 Minuten warten gelassen. Nicht schlecht. Trotzdem amüsiere ich mich irgendwie, und das ist ja auch schon mal was wert. Das Bier zum Essen hilft auch definitiv über die sich immer wieder einstellende erdrückende Stille hinweg, denn, wenn ich ehrlich bin, haben wir uns so viel jetzt auch nicht zu sagen. Als Hitomi sich allerdings zu mir rüberlehnt, um mir irgendeine SMS von ihrer Mutter zu zeigen, und unsere Körper sich dabei aneinanderreiben, ist mir das auch schnell wieder relativ egal. Und noch etwas entdecke ich in diesem Moment. Als sie die SMS wegdrückt, kommt die Inbox zum Vorschein, in der sich auch einige Mails von mir befinden. Und um meinen Namen ranken ringsherum rosa Herzen. Wow. Ein Wink. So hat sie mich also in ihrem Telefon gespeichert. ❤Dave❤.

Nach dem Essen gehen wir in eine Karaoke-Box, und ich bin erst mal erstaunt von Hitomis Fähigkeiten am Mic. Nahezu professionell. Aber klar, sie hat ja auch irgendeine Art von Stimmausbildung hinter sich, war ja Ansagerin in einem Glücksspiel-Etablissement, hat sie mir ja mal vorgeführt. Ist echt der Hammer, die kann ihre Stimme so klingen lassen, als käme sie aus irgendeinem Lautsprecher irgendwo an der Decke oder so, dabei sitzt sie vor einem, und man kann sehen, wie sich ihre Lippen bewegen. Na ja, ich kann also nicht zurückstehen, trinke so schnell es geht und singe WEEZER, ELLEGARDEN, RADIOHEAD, die einfachen, sicheren Nummern halt.

Als wir nach 2-facher Verlängerung in Richtung Bahnhof taumeln, sind wir zwar gute 50 Euro los, dafür aber um unbezahlbar coole Stunden reicher, also was soll's. Am Bahnhof stehen wir uns gegenüber und sehen uns in die Augen, also nehme ich ihre Hand, rede irgendein dummes Zeugs und küsse sie.

Sie küsst zurück.

Der Bann ist gebrochen, der Fluch fällt ab von mir. Es ist ein kurzer Kuss, denn normalerweise küssen Japaner nicht in der Öffentlichkeit. Aber trotzdem gut. Weiche Lippen, wenig Zunge. Das Problem ist nur, dass ich so besoffen bin, dass ich mich schon wenige Minuten später an so gut wie gar nichts mehr erinnere, inklusive des nach dem Kuss stattgefunden habenden, circa 15-minütigen Gesprächs. Sind wir jetzt zusammen? Ich glaube schon. Aber hier ist ja alles anders. Also mal sehen. Irgendwie fällt mir auf der alkoholgetrübten Rückfahrt auch wieder ein, dass ich ja noch vor wenigen Stunden überhaupt nicht wusste, was ich mit ihr reden sollte. Aber solche Zweifel haben hier im Moment keinen Platz. Silikon, Alter, Silikon.

2006 FEBRUAR 1

Ich schlafe lange und prahle per SMS mit meiner neuen Errungenschaft.

2006 FEBRUAR 2

Hitomi fährt zurück nach Ôsaka. Vorher können wir uns noch für ein paar Stunden in der Stadt treffen und rumhängen. Gestern hat sie sich mit irgendwelchen Typen in einem Club rumgetrieben. Haha, »rumgetrieben«, was für ein Wort. Hat sie. Aber das war zu erwarten, bedeutet bei ihr eben nichts, so ein Kuss, sie ist halt der sich rumtreibende Typ, war mir ja auch schon irgendwie vorher klar. Trotzdem ist es für mein europäisch geprägtes Wesen erst mal komisch, dass man sich am Tag, nachdem man frisch zusammengekommen ist, nicht sieht, aber so ist das hier eben. Selbst bei Pärchen, die in derselben Stadt wohnen, ist es keine Seltenheit, dass diese sich nur ein Mal in der Woche sehen. Andere Länder, andere Sitten. Andere Prioritäten. Wenn man sich aber erst mal dran gewöhnt hat, eigentlich gar keine so schlechte Sache, denn dieses ganze Klettending fällt dadurch schon mal vollkommen weg, und mal ehrlich, was ist schlimmer als Freunde, die plötzlich nichts Besseres mehr zu tun haben, als mit ihren Freundinnen Vorhänge aussuchen zu gehen oder so? Ich hatte mal diesen Kumpel in Deutschland, der manchmal angerufen und gesagt hat, er käme morgen zum Abhängen vorbei, und dann mit seiner Freundin vor der Tür stand, die nie ein Wort gesagt und still unseren unter diesen Umständen furchtbar entsetzlichen Gesprächen gelauscht hat.

Wie gesagt, Japan, vor allem mal wieder Tôkyô, ist da anders. Wir gehen Kaffee trinken, reden unbedeutendes Zeug (eigentlich überlege ich die ganze Zeit, ob es nicht irgendeinen Vorwand gäbe, um zu mir zu gehen oder so, aber mir fällt nichts ein, was mich nicht als notgeilen alten Sack dastehen lassen würde, also lass ich es) und halten sogar kurz unsere Hände.

Schon vorgestern am Bahnhof hat sie mir, wie mir jetzt gerade wieder einfällt, klargemacht, dass sie kein leichtes Mädchen sei und deshalb nicht so bald mit mir ins Bett zu gehen beabsichtige, aber trotzdem, etwas mehr Initiative wäre mir als gebürtigem Mitteleuropäer schon lieb. Als ich versuche, sie zu küssen, dreht sie ihren Kopf weg, wird rot und sagt, dass sie so etwas nicht in der Öffentlichkeit machen würde. Also frage ich sie, wo sie so etwas denn machen würde, worauf sie kurz überlegt und sagt, dass sie es sich in der Karaoke-Box überlegen würde. O.K., also gehen wir für die letzte halbe Stunde, die uns noch bleibt, bis ihr Zug nach Ôsaka kommt, in eine Box in der Nähe des Bahnhofs und machen rum.

Na ja, so wie Siebtklässler halt rummachen. Ungeschickt, etappenweise und ohne Hände da, wo sie beim Rummachen eigentlich hingehören. Aber mein Gott, jetzt hab ich hier schon so lange gewartet, da kommt es auf ein bisschen länger auch nicht mehr an. Besonders traurig bin ich allerdings auch nicht, als ich dem wegfahrenden Zug hinterhergucke, zugegeben.

2006 FEBRUAR 3

Am Abend kommen ein paar Freunde aus der Uni zu mir und wir machen *nabe*, was übersetzt so viel heißt wie »Topf«, ein geselliges Zusammensein, bei dem man um einen flachen Tisch herum sitzt, auf dem eine extra dafür konstruierte Kochplatte mit einem großen Topf steht, in den man eine Suppenbasis und Unmengen von Tofu, Gemüse (in unserem Fall in erster Linie Kimchi, eine koreanische Delikatesse), Nudeln, Reis und was auch immer wirft, und kochender-, essender- und biertrinkenderweise bis in die frühen Morgenstunden miteinander kommuniziert. Hervorragend.

Und auch diese ganze Fremdsprachensache macht mir irgendwie gar nichts mehr aus, an guten Tagen läuft es so was von flüssig, dass mir gar nicht mehr so richtig auffällt, was ich da eigentlich gerade mache. Wir reden über Musik, Geister, Sex und alles, was es gibt. Ein Hammerabend. Sponsored by neugewonnener Freiheit. Undenkbar in San-Cha bei meiner Gastfamilie.

2006 FEBRUAR 4

Das nächste Fotoshooting. Über die letzten gut 10 Shootings hab ich schon gar nichts mehr geschrieben, weil es ja eh meistens die gleiche Prozedur ist und außerdem inzwischen fast wöchentlich stattfindet.

Wie krass eigentlich, Modeln ist meine normale Arbeit geworden. Fast schon professionell erledige ich die Jobs, schnell, schneller als die meisten, wie mir gesagt wird, kenne die meisten Stylisten und Fotografen schon und weiß auch meistens recht bald, was die von mir wollen, welche Posen, Blicke etc., und hat man das erst mal gepeilt, entwickelt der Job auch eine gewisse Freiheit, die durchaus manchmal auch Spaß machen kann. Trotzdem, some girls are bigger than others, und manche Fotoshootings sind das auch.

Diesmal ist Dolce & Gabbana dran, eine Marke, über die ich nichts weiß, außer dass da richtig viel Kohle drinsteckt und das ganze Drumherum wahrscheinlich auch anders als sonst sein wird. Ich sollte richtig liegen. Schon der Van, mit dem man mich im Nobelviertel Aoyama abholt, ist überdimensional groß, ausgestattet mit allem crazy Scheiß, den man sich, wenn man so ist, wie ich es bin, noch nicht mal vorstellen kann. Catering von irgendwelchen Gourmetshops und so weiter. Hammer. Immer, wenn gerade keiner guckt, stecke ich irgendwelche Orangen für 8 Euro das Stück und ähnliches Zeugs unbemerkt in meinen Rucksack. So was muss man ausnutzen.

Das Shooting selber ist dann eher Tortur und harte Arbeit als leicht verdientes Geld, es ist die kälteste Jahreszeit, und selbst hier in Tôkyô heißt das Minusgrade galore. Ich pose draußen fast unbekleidet für 2 Shots, alles kunstvoll arrangiert, aber es ist so kalt, dass es weh tut. Ich kann nach nur 5 Minuten nach Verlassen des Vans meine Finger nicht mehr bewegen, und auch Sprechen geht nur unter extremster Anstrengung. Irgendwie bringe ich das Shooting erfolgreich hinter mich, und irgendwer fährt mich nach Hause, wo ich vor Erschöpfung sofort einschlafe und erst am nächsten Mittag mit der Todesgrippe überhaupt wieder aufwache.

2006
MÄRZ
31

2 Monate ohne Eintrag. Was für ein Timewarp. Aber irgendwie ging einfach nichts mehr. Keine Inspiration, obwohl so viel passiert ist wie lange nicht mehr. Keine Motivation, irgendetwas aufzuschreiben, obwohl man sich zu Hause schon Sorgen zu machen scheint. Schreibblockade. Der Gang zum PC allein ist die reinste Tortur. Das Aufschreiben, besser: das Aufarbeiten der angesammelten 2 Monate einfach zu viel, um es bei meinem vollgehauenen Terminkalender noch auf die Reihe zu kriegen. Hier der Schnelldurchlauf. Ohne Emoscheiß und Machoallüren. Nur Fakten, Fakten, Fakten. Zufälligerweise übrigens genau ein Jahr, nachdem ich hier angekommen bin. Was für ein Jubiläum. Einjähriges. Alles Gute to myself.

Ich fahre nach Korea! Mit Izumi und ihrer Freundin Kotoko, 2 äußerst attraktive Damen. Was allerdings auch schon das einzig positiv Erwähnenswerte gewesen sein dürfte. Denn die anfangs als Billigtrip (150 Euro für 3 Tage inklusive Flugzeug und Hotel) geplante Reise wird durch Steuern, Shuttlebusse und unsinnige Ausgaben immer und immer teurer, und letztendlich bezahle ich mehr als doppelt so viel wie geplant.

Und auch über Seoul kann ich hier nichts besonders Gutes erzählen. Hab das Ganze ja schon fast als THE SEOUL DIARIES geplant gehabt, ein Reiseroman in einem Reiseroman, aber nein, nichts dergleichen. Klar, bevor ich gefahren bin, haben eigentlich alle schon gesagt, dass Seoul nichts Besonderes sein würde, eher eine kleinere und uncoolere Kopie von Tôkyô, aber nicht mal das war es.

Eigentlich war da überhaupt nichts! Alles sah aus wie ein schlechtes Musikvideo aus den 80ern, die Leute unstylisch, die Stadt selber langweilig und charakterlos, das Wetter scheiße, das Essen zu scharf, und zu allem Überfluss esse ich auch noch aus Versehen Fisch, was mir 5 Stunden Brechreiz im Hotelzimmer einhandelt.

Na ja, es gibt einen internationalen Fernsehsender, und ich sehe *Seinfeld*, *Back To The Future* und *ER* auf Englisch. Meine schlafenden Begleiterinnen sehen auch gut aus. Ich bin versucht, sie zu fotografieren, aber der Gedanke an das, was passieren würde, wenn eine von ihnen dadurch aufwachen würde, versetzt mich in Angst und Schrecken. Draußen sind es minus 15 Grad. Hölle. Aber hey, ich kann im Flugzeug fliegen, ohne Angst vorm Sterben zu haben!

Abends treffe ich Hitomi, nachdem ich gerade mal 3 Stunden wieder in Japan bin. Nach 2 Stunden in der Stadt sagt sie mir, sie müsse jetzt wieder zu ihrem Kumpel zurück, er würde sich Sorgen machen. Ich frage sie, ob sie sich bewusst darüber ist, dass sie mit

28 eigentlich machen kann, was *sie* will, worauf sie mir entgegnet, dass das zwar schon stimme, sie mir aber nicht vertrauen könne. Wow. Als ich zu Hause bin, schreibe ich ihr eine Mail, von wegen, dass ich sie zu nichts drängen wolle, aber schon gehofft hätte, dass sie mit zu mir komme, schließlich sind wir ja zusammen und so. In der Antwortmail steht nur, dass es je nach Person verschiedene Geschwindigkeiten des Zusammenseins gebe und dass, sollten sich diese nicht gut mischen, man dann nichts machen könne. Noch mal: Wow.

2006
FEBRUAR
11

Ich treffe mich mit Masa in einem Studio in Meguro, um an den Aufnahmen seiner CD zu arbeiten. Ich vocal-coache ihn, was seine Aussprache des Englischen betrifft, und im Laufe des Tages singe ich auch den einen oder anderen Part ein. Abends gehen wir auf die Eröffnungsparty des neuen Ladens eines Designers, für den ich mal gearbeitet hatte, ziemlich cooler Typ, mag MISFITS und THE CLASH, der mich plus 1 auf die Gästeliste gesetzt hat.

Es gibt freien Alkohol und eine Reihe Vollidioten zu goutieren, der ganze Modezirkus ist ein einfaches Desaster und wahrscheinlich gerade deshalb so spannend und lustig. Masa und ich sind die einzigen Nichtstyler und werden als solche konstant nach unseren Eintrittskarten gefragt.

Irgendwann trifft meine Chefin, die früher auch mal Model war, jetzt mit 25 aber schon zu alt für den Scheiß ist und hinter den Kulissen arbeitet, in Begleitung einer ihrer Freundinnen ein. Wir entscheiden uns recht schnell, zu viert woanders hinzugehen und diesen Hort von Snobismus und Oberflächlichkeit schnellstmöglich hinter uns zu lassen, also erst Karaoke, dann *izakaya*. Irgendwann sind wir so besoffen, dass ich fast aus dem Taxi falle, wir ohne zu bezahlen aus dem *izakaya* fliehen und meine Chefin und ich uns zum Abschied küssen. Was ist das Erste, das man tut, wenn man nach langer Abstinenz eine Freundin hat? Man geht fremd!

2006 FEBRUAR 13

Hitomi hat die Gnade, mich am Tag, an dem sie wieder nach Ôsaka zurückfährt, kurz zu sehen. In 5 Tagen, an denen sie hier war, sehen wir uns insgesamt 4 Stunden. Vom Regen in die Traufe. Wie gut man es als Single hat, fällt einem erst wieder ein, wenn man mit der nächsten Psychopathin zusammen ist. Wenigstens musste man sich da nicht die ganze Zeit Fragen, was man jetzt schon wieder falsch gemacht hat.

2006 FEBRUAR 18 / 19

Was für ein Zufall. Ich fahre ausgerechnet nach Ôsaka, um zu arbeiten. 3 Catwalk-Shows an einem Tag, Stress pur.

Wir treffen uns morgens um 6 Uhr in Shinagawa, was für mich bedeutet, um 5 Uhr aufstehen zu müssen, 3 Stunden mit dem Shinkansen (so was wie der japanische ICE, nur ungefähr 3 Mal schneller, ist echt eher wie im Flugzeug) nach Ôsaka fahren, von da aus mit dem Taxi zur ersten Venue und bevor wir auch nur die Rucksäcke abgestellt haben, werden wir schon geschminkt, gemessen und was eben sonst noch immer so gemacht wird. Verrückt.

Bei der Gelegenheit erfahren wir auch zum ersten Mal, dass es sich bei der Show heute um eine Unterwäschenshow handeln soll! Wow. Wir, das sind übrigens 3 Typen und sonst nur unfassbar magersüchtige, riesengroße Halbjapanerinnen, die selbstverständlich kein Wort mit mir wechseln und total scheiße sind.

Wie die ganze Show sonst auch. Unterwäsche! Hallo? Die anderen beiden Typen haben natürlich auch voll die durchtrainierten Bodys, neben denen ich noch erbärmlicher aussehe als sonst, ein alternder, langsam vor die Hunde gehender Punk-Asi mit unfertigen Tattoos und immer hässlicher werdendem haarigem Bierbauch. Fashion-Hure. Für Geld mach ich eben alles.

Die Unterhosen sind so eng, dass man ohne Scheiß jede Ader auf meinem Schwanz sehen kann. Der einzige Japaner stopft sich Taschentücher in die Hose, wir anderen beiden Typen klemmen uns die Schwänze zwischen die Beine, um irgendwie da rausgehen zu können, ohne zu sterben. Die Frauen, mit denen wir backstage kurz vorm Rausgehen wieder gemischt werden, tragen elegante Abendkleider und sehen einfach fantastisch aus, was die Situation in meinem Outfit nicht gerade besser macht.

Irgendwie bring ich's hinter mich, und als ich im 4-Sterne-Hotel auf meinem Luxusbett sitze, nachdem ich das ganze Make-up abgeduscht und den Pornokanal des Hotelfernsehens eingeschaltet habe, fühle ich mich sogar schon wieder halbwegs menschlich. Die anderen beiden Shows laufen ähnlich ab, bloß ohne Unterwäsche, dafür aber mit zunehmender Müdigkeit, denn länger als 3 Stunden geschlafen hab ich definitiv nicht.

Für die letzte Show habe ich Hitomi auf die Gästeliste gesetzt. Es ist halb 10 abends, und wir sind alle ziemlich tot. Nicht mal mehr genug Energie, um nervös zu werden. Also kaufen wir uns am nächsten *konbini* Bier und trinken hammerschnell hammerviel, bevor die Show losgeht. So relaxt und beschwingt hab ich mich glaub ich noch nie bewegt. Es hagelt Lob. Der Arbeitstag ist vorbei, und wir machen uns, mit Hitomi im Schlepptau, die zu spät kommt und deshalb die Show verpasst, wofür sie mir die Schuld gibt, ich hätte ihr eher als 2 Stunden vorher Bescheid sagen müssen, auf zur Afterparty.

Meine Chefin ist auch da, was dem Ganzen eine besondere Prägnanz verleiht. Ich wünschte, Hitomi würde sich in Luft auflösen. Meiner Chefin erzähle ich, sie sei nur eine Freundin, Hitomi erzähle ich, sie sei nur meine Chefin. Wie jonglieren mit Messern oder so. Die Party ist auf jeden Fall der Hammer, wo man hinguckt minderjährige, halb nackte, betrunkene Models, die, high auf Kokain, auf den Tischen strippen und sich den freien Champagner über die Titten kippen. Wie ne Luxusversion eines SIDO-Videos.

Hitomi ist supereifersüchtig und weicht nicht von meiner Seite. Irgendwann bin ich so kaputt, dass ich einfach nur noch pennen will, also bringt sie mich zum Hotel. Mit reinkommen will sie aber nicht, dafür »kennt sie mich noch nicht gut genug«! Mein Gott, 28! Ich heuchle Verständnis und küsse sie zum Abschied, ausgerechnet in dem Moment, als meine Chefin um die Ecke kommt, alles sieht und mich in Zukunft keines Blickes mehr würdigt. Großartig.

2006
FEBRUAR
20

Ich muss nach San-Cha fahren, weil ich aus Versehen den 4-Euro-Billigwecker meiner Hostfamilie mitgenommen habe ... Dauert ja nur ne Stunde. Lächerlich. Trotzdem, wie ich so die Straßen meines alten Hoods entlangschlendere, werd ich kurz ganz melancholisch. War doch ne coole Zeit in San-Cha.

2006
FEBRUAR
22

Man lädt mich und eine attraktive Deutschstudentin zum Bowling ein, um uns zusammenzubringen. Ich demütige sie mit meinen Strikes. Die wird sich überlegen, noch mal mit einem Sport-Nazi bowlen zu gehen.

2006 FEBRUAR 24

Die nächste »Minikon« meines Circles. Hab ich das schon erwähnt? Ein Mal alle 2 Monate organisiert mein Circle ein Konzert, bei dem um die 20 Coverbands (alles Mitglieder des Circles in unterschiedlichsten Konstellationen) je 2, 3 Songs spielen, während alle anderen saufen und Party machen. Sehr coole Sache.

Ich spiele in einer GET UP KIDS-Coverband, Gitarre und Gesang, wir spielen »Holiday« und »Ten Minutes«. Am Abend zuvor erkälte ich mich, mit der Folge, dass mir beim Konzert die Stimme versagt und alle denken, ich wär voll der Poser. Fuck.

Später: Die neue HUGE erscheint, eine der größten Modezeitschriften Japans. Auf dem Cover: ein Porträtfoto meiner Fresse. Der hat's geschafft, sagen meine Kollegen.

2006 FEBRUAR 25/26

Hitomi kommt mich in Tôkyô besuchen. Sie hat irgendeine seltsame Krankheit und röchelt ständig vor sich hin. Als ich sie am Bahnhof abhole, sieht sie mit Rock, Stiefeln und Pelzjacke noch extremst hot aus, nach Yakuza-Frau irgendwie, was sich aber, sobald wir bei mir sind, schnell ändert: Jogginganzug und kein Make-up. Toll. Zu allem Überfluss trägt sie noch eine dieser bescheuerten Masken, die man hier manchmal trägt, wenn man krank ist und niemanden anstecken will, was natürlich nett gemeint, aber eben so attraktiv wie Scheiße ist. Ich kann sie ja nicht mal küssen mit der Scheißmaske!

Wie dem auch sei, 2 Tage lang hängt sie röchelnd und keuchend in meinem Bett rum, ohne dass auch nur ein Mal irgendwas passiert (!), und als ich sie wieder zum Bahnhof bringe, da heute meine

Freundin Danni aus Deutschland kommt und Hitomi bei einem anderen Freund in Tôkyô übernachtet, erzählt sie mir beiläufig, dass genau dieser Freund irgendwie in sie verliebt sei! HALLO?! Geht's noch? Ich hab nicht mal Zeit, mich darüber aufzuregen, weil ich ja Danni abholen muss, aber irgendwie interessiert es mich auch gar nicht mehr so richtig. Ich fasse den Entschluss, sie ein Mal hart zu ficken und dann abzuservieren, eine Entscheidung, die Masa mir von Anfang an nahegelegt hatte. Mal sehen.

24 FEBRUAR BIS 8 MÄRZ 2006

Wie erwähnt kommt Danni mich besuchen, und wir rocken Tôkyô in gewohnter Manier, inklusive einiger weniger semitouristischer Aktivitäten, meistens aber eben doch eher *izakaya* und dergleichen. Wie immer, wenn vertrauter Besuch von zu Hause kommt, lebe ich in der Woche wie in einer Art Vakuum, losgelöst von meinem sonstigen Leben hier, was irgendwie gut und schlecht zugleich ist. Man genießt es, solange es andauert, und vermisst es, wenn's vorbei ist. Aber ich muss auch feststellen, dass mein Leben hier mit so vielen Aktivitäten, sozialen Verpflichtungen und allen möglichen anderen Dingen vollgehauen ist, dass es mir immer schwerer fällt, hier Gäste zu entertainen. Was ja an sich erst mal nur zu begrüßen ist. Wenn man dann aber versucht, all diese Aktivitäten mit Besuch aus Deutschland unter einen Hut zu bringen, geht das nur, wenn der Besuch eben so cool und verständnisvoll wie Danni ist. Für uns beide wird es zu einer Art Ferien vom Ich, die wir beide extremst gebraucht haben.

Als Randnotiz erreicht mich eines Abends, als wir bei Carola kochen und Video gucken, eine Mail von Hitomi, die ich ganz vergessen hatte, IN DER SIE MIT MIR SCHLUSS MACHT!!! SIE! MIT MIR! ARGH! DAS WOLLT ICH DOCH TUN!!! ABER UNGEFICKT?! AAAAAAAAAARGH!

Was für ein herber Verlust. Silikon, so nah und doch so fern.

Am nächsten Abend gehen wir THESE ARMS ARE SNAKES gucken, eine von Dannis Lieblingsbands, die mir total am Arsch vorbeigehen. Deshalb häng ich mit Masa vor dem Club auf der Straße rum und trinke Bier. Viel. Die verlorene Chance von gestern nagt an mir. Wie kann diese Frau sich erdreisten, mit mir Schluss zu machen? Die? Mit mir? Ich bin doch Model, verfickte Scheiße, zählt so was denn gar nichts mehr? Und warum will die mich denn nicht wenigstens zum Abschied mal ficken? Unfassbar! Unverschämtheit! Mein Stolz ist hart getroffen. Zugegeben. Aber zum Rumheulen hab ich ja eigentlich auch nicht wirklich Zeit, also »Up And Go«, wie THE STARTING LINE das so schön formulieren.

Und wie wir da so sitzen, »rumlungern« ist das bessere Wort, und trinken, kriegt Masa eine Mail von einer seiner Freundinnen, die noch Gästelistenplätze für die Show hat. Also gehen wir doch rein und gucken uns die Band von Asano Tadanobu an, dem Typ, der in Filmen wie *Ichi the Killer* die Hauptrolle gespielt hat und mit der japanischen Madonna Chara verheiratet ist. Irgendwann rede ich kurz mit Masas total besoffener Freundin Naho, die uns umsonst reingeholt hat. Sie war letzten Monat in Bochum, das ist alles, woran ich mich erinnere. Wir tauschen E-Mail-Adressen aus. Bringt ja nichts, jetzt aufzugeben.

2006
MÄRZ
9

Irgendwann ist es Zeit für Danni, nach Deutschland zurückzukehren, was mich erst mal ziemlich einsam zurücklässt, Einsamkeit, die ich aber wegen meines Terminplans gar nicht zu spüren in der Lage bin. 2 Dinge beschäftigen mich am meisten: Masa, der bald für 3 Monate in die USA fährt, für den Abenteuer-Trip seines Lebens, was für mich bedeutet, dass gebührend Abschied gefeiert werden muss, und die bevorstehende Tokyo Collection, eine der größten Modeshows der Welt, nur London, NY, Mailand und Paris dürften fetter sein, für die ich seit Wochen von Audition zu Audition gehetzt bin. Insgesamt laufe ich 5 Shows! Nach wie vor: unfassbar.

Am Abend, nachdem wir zusammen den ganzen Tag im Studio für seine Band aufgenommen/produziert haben, gehe ich mit Masa in ein billiges *izakaya* in Shibuya, in dem man frisches Gemüse mit Käse überbacken serviert bekommt. Irgendwann ruft eine von Masas vielen Freundinnen an und fragt, was er so mache. Eine Stunde später ist sie bei uns, und wir, schon ziemlich angetrunken, belästigen sie mit intimen Fragen bezüglich ihres Sexuallebens. Masa und ich sind ungefähr gleich verzweifelt.

Eri, so heißt die Dame, nimmt das allerdings alles sehr gelassen und mit viel Humor, also entscheiden wir uns, die Nacht durchzumachen, und gehen in eine All-you-can-drink-Karaoke-Box. Ich hab ja echt schon mit vielen Leuten aus vielen Ecken Karaoke-Sessions gehabt, aber was Eri an dem Abend abzieht, ist echt unglaublich. Perfekter kann man wahrscheinlich gar nicht mehr singen, die komplette Bandbreite aller Christina-Aguilera-Songs, ohne die geringsten Probleme. Masa und ich bleiben mit Staunen zurück und kämpfen uns hart durch unsere Emo/Indie-Songs, um nicht ganz auf der Strecke zu bleiben. Irgendwann bin ich so besoffen, dass ich auf dem Weg vom Klo zurück das richtige Zimmer nicht mehr finde. Als alles vorbei ist und der Laden um 5 Uhr morgens schießt, gehen wir noch in eine Punkrock-Bar in Shibuya, um zu labern oder was auch immer, ich kann mich eigentlich an nichts erinnern. Irgendwann hab ich scheinbar mit Eri E-Mail-Adressen ausgetauscht. Als ich am nächsten (beziehungsweise am selben) Tag, es ist fast abends, aufwache, habe ich Mails von beiden, ihr und Naho, auf meinem Handy. Back in business.

Zeit zu antworten hab ich allerdings erst mal nicht, denn wie ich zu meinem Entsetzen feststelle, bin ich jetzt schon zu spät zur ersten Show der Japan Fashion Week aka Tokyo Collection. Noch vollkommen zerstört, sprinte ich unter die Dusche, renne zum Bahnhof und eile nach Harajuku, wo die Show im Modekaufhaus Laforet stattfindet.

Ich bin nur 2 Stunden zu spät, was bei einer durchschnittlichen Vorbereitungszeit für so eine Show, inklusive Hairstyling, Make-up und Generalprobe, sogar noch irgendwie tolerabel ist, aber auch gar nicht weiter auffällt, denn es sind bestimmt 30 Models aus aller Herren Länder da und ich tue einfach so, als sei ich schon die ganze Zeit da gewesen und man hätte mich einfach vergessen.

Als ich beim Geschminktwerden zum ersten Mal seit dem Aufwachen in den Spiegel sehe, sterbe ich fast durch Herzinfarkt. Was für eine kaputte Alkleiche. Der Designer findet es auf jeden Fall super. Und im Endeffekt ist es auch gar nicht so schlecht, dass ich von der ganzen Show in meinem Delirium so gut wie gar nichts mitkriege, denn, wie könnte es auch anders sein, der Designer (derselbe wie in Ôsaka!) hat wieder mal sein Lieblingsthema »uncool« gewählt. Ich trage Jeans-Hotpants, Cowboystiefel, eine Amiflagge anstelle eines T-Shirts und auf dem Kopf einen riesigen Indianerhäuptling-Federkranz, unter dessen Gewicht ich fast kollabiere. Wenigstens mit Sonnenbrille, das macht es einem bei diesen peinlichen Shows um 100 % leichter, die öffentliche Erniedrigung zu ertragen.

2006 MÄRZ 12

Masa ist vor 2 Tagen nach Amerika verschwunden, was mich eigentlich meines Hauptrumhängpartners beraubt, sich allerdings wegen des extremen, durch die Tokyo Collection hervorgerufenen Stresses kaum bemerkbar macht. Ich habe 5 Shows, für bekannte Marken wie Iliad oder Whereabouts und für ein paar Jungdesigner, die gerade erst angefangen haben. Crazy Scheiß, cooler Scheiß, manchmal sogar crazycooler Scheiß.

Der Schauplatz ist derselbe wie letztes Jahr bei der Winterkollektion (siehe Diary vom 01.11.05), bis auf eine Show, die im National Stadion von Tôkyô stattfindet, was an sich schon kolossal ist. Aber wenn man sich an den Job gewöhnt hat, spielt es eigentlich keine

Rolle mehr, wo und wann man irgendwo auf den Catwalk geht, man schaltet einfach ab, hält den Atem an und geht los.

Es ist lustig, die Leute zu sehen, die dieses Jahr zum ersten Mal dabei sind, ihre Nervosität erinnert mich an mich selbst vor noch wenigen Monaten und zeigt mir, dass ich irgendwie in diesem crazy Job angekommen bin. Ich verkaufe mich gut, sagt meine Chefin. Die Miete für die nächsten 2 Monate ist auf jeden Fall gesichert.

Am Abend nach der 2. Show treffe ich Eri in Shibuya. Wir hatten uns viel gemailt und zu einem Date verabredet. Essen gehen, was trinken, Karaoke, das ganze Programm.

Aber irgendwas ist anders, anders als früher. Obwohl Eri ziemlich attraktiv ist und mit Heels und Rock auf jeden Fall meinem Geschmack entspricht, bin ich nicht wirklich nervös, ich kann mein eigenes Selbstbewusstsein fast mit Händen greifen. Ich brauch nicht mal zu überlegen, um zu verstehen, wo es denn wohl herkommt. Die Modelsache hat definitiv ihr Gutes, auf diversen Ebenen. Und auch mein Japanisch scheint auf einem solchen Level angekommen zu sein, dass ich auch komplexere Themenzusammenhänge oder emotionale Dinge verständlich machen kann, ohne großartig nachdenken zu müssen. All das zusammen, gepaart mit den Bieren, die ich seit Stunden in mich reinschütte, macht eine gute Kombination, ein bisschen Macho, aber nicht zu schlimm.

Und auch die fragile Natur der japanischen Großstadtschönheit scheint sich so langsam in meinen Membranen festgesetzt zu haben, irgendwie kommt mir die Art, wie die hier ticken, viel vertrauter vor, es ist leichter, sich zu einem Teil davon zu machen, als früher. Und wie wir da in unserer Karaoke-Box so um die Wette singen, sich unsere Schultern, Hände, Beine immer wieder berühren, drücke ich die Stopptaste auf der Fernbedienung, gucke Eri in die Augen wie in einem billigen französischen Film und küsse sie. Kein Widerstand. Irgendwann wendet sie sich dann ab, wird rot und kichert, aber das ist hier recht normal. Und sweet.

Als wir torkelnd die Karaoke-Box verlassen, sind wir beide allerdings so besoffen, dass nicht mehr viel geht. Eri muss am nächsten

Tag früh zur Arbeit, ich in meinem Zimmer sterben. Sie friert, also hänge ich ihr meine Jacke um und bringe sie zur Bahn. Später schreibt sie mir eine SMS, in der sie sich dafür entschuldigt, auf eben diese Jacke gekotzt zu haben. Und 10 Sekunden später noch eine, in der steht, dass das ein Witz war. Die Dame hat Humor, ich hab's voll geglaubt ...

2006
MÄRZ
13

Am nächsten Morgen habe ich 2 Mails auf meinem Handy, eine von Eri und eine von Naho, die mich beide sehen wollen. Ich lade sie jeweils zu verschiedenen Fashion-Shows ein und setze sie auf die Gästeliste. Eri ist zuerst dran. Nach der Show gehen wir zu mir, trinken was und gehen ins Bett.

Sex.

Endlich.

Großartig.

2006
MÄRZ
15

Naho kommt in Begleitung einer verdammt hotten Freundin, was das ganze Show-Ding noch um einiges cooler macht. Ich komme aus der riesigen Backstage-Area, um sie zu begrüßen, überall sind Fotografen, die auch abseits des Catwalks Fotos machen. 2 davon folgen mir auf dem Weg durch das Gelände, während ich versuche, cool zu lächeln, und auf Naho zuschreite. Wie könnte so etwas *nicht* wirken?

Nach der Show gehen wir zu dritt was trinken und enden alle zusammen bei mir in Kôenji, wo wir kochen, Video gucken, labern und ohne Ende weitersaufen. Die 2 vertragen auch einiges, und als wir endlich schlafen gehen, ist es fast schon wieder Tag.

Naho schläft bei mir im Bett, ihre Freundin auf einem Futon daneben. Als ich schon fast eingeschlafen bin, beugt sich Naho leise zu mir rüber und flüstert mir ins Ohr, wir müssten ganz leise sein. Dann nimmt sie meine Hand und führt sie unter ihr T-Shirt. Wir machen so leise rum, wie es eben geht, während draußen die Leute zur Arbeit gehen und der Schulbus eine Horde lachender Kinder einsammelt. Als ich endlich einschlafe, bin ich gleichzeitig hammerglücklich und ohne Ende verwirrt. Warum kommen solche Dinge nur immer auf einmal?

2006
MÄRZ
18

Carola fährt zurück nach Deutschland. Scheiße. Das Wort beschreibt es wohl am besten, für uns beide. Wie gut war es, ein konstantes Stück Heimat in der Fremde zu haben. Und wie sehr kann ich meine eigene Zukunft in Carola sehen. Auch mir wird es irgendwann so gehen, irgendwann *muss* man zurück, ob man will oder nicht. Und zu sehen und zu hören, wie hart das für Carola ist, die »nur« 3 Monate hier war (O.K., vorher schon mal ein halbes Jahr), ansonsten aber eine viel reifere, gefestigtere Persönlichkeit als ich ist, will ich nicht wissen, wie es für mich werden wird, wenn das »Zuhause« auf einmal fremd und die Fremde das Zuhause ist.

Bis ich meine Zelte hier abbreche, wird es wohl noch ein Jahr dauern, insgesamt sind es dann 2 Jahre gewesen. Wenn man bedenkt, wie kurz so ein Leben ist, wird deutlich, wie lang 2 Jahre eigentlich sein können, vor allem wenn man sie so bewusst und intensiv erlebt wie ich hier. Wenn ich zurück nach Deutschland komme, seht es mir nach. Es wird wohl ne Weile dauern, bis ich wieder klarkomme.

Doch wie dem auch sei, erstmal geht mein Leben hier weiter. Zweigleisig. Eri und Naho, Naho und Eri. Ich sehe beide, schlafe mit beiden und bin irgendwie hin- und hergerissen, nicht nur zwischen den beiden Frauen, auch zwischen meinen eigenen Wahrnehmungen der ganzen Situation, von der die eine mir sagt, dass ich so lange darauf gewartet und mir das Ganze hier auch wirklich so was von verdient habe (auch die fast einstimmige Meinung von sowohl männlichen wie auch weiblichen Bekannten), was so weit geht, dass ich vor Freunden fast damit rumprolle, und eben der anderen, der Unsicherheit, ob das, was ich hier gerade tue, auch wirklich das Richtige ist, für mich, für Eri und für Naho.

Offiziell bin ich mit niemandem »zusammen«, auch wenn es Druck von beiden Seiten gibt, den Status »offizieller« zu machen, was mir sozusagen vor dem moralischen Bundesgerichtshof den Freispruch erwirken würde. Aber bin das wirklich ich, kann ich das wirklich durchziehen, will ich das überhaupt? Es ist schon so weit, dass es auf jeden Fall Verletzte geben wird. Wer das sein wird, liegt an mir. Verantwortung, die ich mir lieber nicht aufgeladen hätte.

2006 MÄRZ 24

Irgendwie lösen sich manche Probleme aber auch fast von alleine, denn so verschieden Naho und Eri auch sind, so schwer es auch ist, sie miteinander zu vergleichen, so strukturell unterschiedlich sind eben auch ihre Leben. Eri arbeitet in einer Sprachschule als Rezeptionistin, wohnt am anderen Ende Tôkyôs und hat nur am Wochenende einen Tag Zeit. Naho macht irgendwas mit Computern bei einer Bank, mag Emo, geht viel auf Shows und hat Zeit, Zeit, die sie gewillt ist, mit mir zu verbringen. So entscheiden manchmal strukturelle Gegebenheiten für einen.

Als THE GREAT CIRCUITING ihre nächste Show spielen, lade ich Naho ein. Wir trinken schon vor der Show mit Eugene und unserem Drummer Ryuta eine Menge, dann geht's auf die Bühne. Meiner Meinung nach war das die beste CIRCUITING-Show ever. Wir spielen uns in Rage, und bei unserem neusten Lied, das wir als letztes spielen und das vom Tod des Typen direkt vor unseren Augen in Shinjuku handelt, brechen bei uns alle Dämme, wir schreien uns die Seelen aus dem Leib, verarbeiten und haben gleichzeitig die Zeit unseres Lebens.

Nach der Show werden wir mit Sympathiebekundungen fast erschlagen. Es ist unglaublich. Ich brauche fast 30 Minuten, um wieder zu Atem zu kommen, dann gehen alle saufen. Alle, auch die anderen Bands, in einem nahe gelegenen *izakaya*. Naho trinkt so viel, dass sie irgendwann auf dem Boden einpennt. Vorher sprühe ich Eugene noch mit Klospray ein, was der ganzen Truppe die Wut der »normalen« Gäste und uns fast den Rausschmiss einhandelt. Irgendwann fahre ich mit Naho im Taxi nach Hause. Viel besser als im Moment kann es mir eigentlich nicht mehr gehen.

2006 MÄRZ 26

MODERN LIFE IS WAR spielen in Shinjuku. »D.e.a.d.r.a.m.o.n.e.s.« ist DER Hit. Ansonsten guter Durchschnitt. Was sind das nur für Bands, die einen Überhit und sonst nur Mäßiges produzieren? Und warum? Zufall? Naho findet es gut, aber sie ist eben typisch japanisch hammerbegeisterungsfähig.

Der Gedanke, die Sache mit Eri zu beenden, reift langsam, aber stetig weiter. Ich glaube, ich mag Naho. Wir verbringen fast jeden Tag und jede Nacht zusammen, kochen, gucken Video und trinken. Sie ist zwar nicht Rumi, die mir die Tage mal wieder gemailt hat und wahrscheinlich für immer mein Japan-Traum Nummer 1 bleiben wird, aber dafür real und hier. Für mich. Was ich ihr unendlich danke.

2006 APRIL 3

Die Uni geht wieder los! Unser ganzes beschissenes Ausländerseminar zieht um auf den Hauptcampus, was also endlich bedeutet, auf eine richtige japanische Uni zu gehen und nicht auf diese isolierte Ausländerenklave, in die man uns wie Vieh eingepfercht hatte. Aber auch hier nimmt der Rassismus kein Ende. Zum einen scheint die Entscheidung, den Campus zusammenzulegen, auf erheblichen Widerstand innerhalb des Lehrkörpers gestoßen zu sein, und zum anderen kommt ein internes Schreiben an die Öffentlichkeit, in dem vor der jetzt zu erwartenden Zunahme von Drogen auf dem Campus gewarnt wird! Hammer.

Aber auch die ganzen Ami-Idioten tragen ihren Teil zur weiteren Separation bei und bleiben einfach unter sich. Schnell ist ein Versammlungspunkt gefunden, der auch genauso schnell von Japanern gemieden wird. Ich versteh diese ganze Uni nicht. Na ja, mich betrifft das auch alles nicht mehr so wirklich, denn ich habe meine Freunde auf dem japanischen Teil des Campus, mit denen ich in den Freistunden und Pausen rumhänge. Trotzdem, ist irgendwie wie nach der Wiedervereinigung. Zum Quadrat.

Apropos Uni. Vor einiger Zeit, es gab gerade Zeugnisse, in denen ich bei sämtlichen besuchten Kursen mit F (steht für »Fail«) abschnitt, erreichte mich eine E-Mail von der Universität zu Köln, in der man sich etwas schockiert darüber äußerte, wie aus meinen As innerhalb eines halben Jahres Fs werden konnten. Den Ernst der Lage nicht unterschätzend, ich hatte schon um mein Visum gebangt, hab ich dann eine lange Mail nach Köln geschrieben, in der vom (fiktiven) Tod meiner Oma und den daraus resultierenden emotionalen Schwierigkeiten die Rede war, womit ich Verständnis erntete und die Sache eigentlich schon als gegessen verbucht hatte.

Eines Abends, ich sitze mit Naho in meinem Zimmer und gucke Fußball, kommt der Anruf: vom International Exchange Center Tôkyô.

Ich hab das Stipendium! Ich! Zusammen mit einem mitfühlenden Brief von der Sachbearbeiterin aus Köln kommt es und trifft mich vollkommen unvorbereitet. 800 Euro, jeden Monat, geschenkt!

Dear Diary: Jackpot.

2006 APRIL 28

Dennis und Richard von FIRE IN THE ATTIC waren aus Deutschland zu Besuch! Etwas über eine Woche voller crazy Fun, Fun, Fun. Und während ich hier sitze, diese Zeilen tippe und mal wieder bemerke, dass PROPAGANDHIs »How To Clean Everything« eines der besten Alben überhaupt ist, kann ich mir noch immer ein Lächeln nicht verkneifen, wenn ich diese bewegten 10 Tage rekapitulieren lasse.

2006 APRIL 13

Anfangen tut alles mit Dennis, der mir den Tag seiner Ankunft falsch mitteilt. Ich warte einen Tag nervös auf den Anruf vom Flughafen und bin beruhigt, als die Abendnachrichten keinen Flugzeugabsturz vermelden. Am nächsten Tag kommen beide an, als sei nichts gewesen. Zeitunterschied, Jungs!

Im Hotel angekommen, machen wir uns direkt ausgehfertig. Zu VERSUS THE NIGHT, einer der Vorbands von MODERN LIFE IS WAR übrigens, die ich mir aber nicht angeguckt hatte, weil ich mit Mainstreamo nicht so viel anfangen kann. Metalgitarren und Emovocals. Schrei/Sing. Schlaf ein. Na ja, live ist das Ganze auf jeden Fall lustig, zumal der fette Bassist aussieht wie das letzte Metal-Tier und auch so abgeht. Ist wie auf ner Freakshow.

Bemerkenswert auch mal wieder die stilistische Mischung der Show, die neben Emo und Poppunk auch Hardcore und Metal friedlich vereint. Das Publikum hat eh kein Problem damit, solche Schranken gibt's in Japan irgendwie viel weniger, und warum sollten Leute, die NOFX mögen, nicht auch MINERAL gut finden dürfen, und andersrum?

Auf jeden Fall schütten Richard und ich die Biere in uns rein und raten, bei wem die gerade spielenden Bands ihre Riffs geklaut haben, während Dennis mit der Band, die er irgendwie über MY SPACE kennengelernt hat, redet und Naho von irgend so einem kleinen HC-Penner angelabert wird. Aber ich bin großzügig und selbstbewusst und kann darüber hinwegsehen. Manchmal rührt mich meine eigene menschliche Größe. Später machen wir *purikura* Fotos, meistens in Gruppen gemacht, die später individuell bearbeitet und auf Aufkleberpapier ausgedruckt werden. Die perfekte Erinnerung und gehen Karaoke singen. Welcome to Tôkyô.

2006
APRIL
14

In den nächsten Tagen hab ich immer wieder das Problem, dass Uni und Arbeit so viel Zeit in Anspruch nehmen, dass ich mich viel weniger als eigentlich geplant um die beiden kümmern kann, was aber auch gar nicht so schlimm ist, denn es gibt ja Reiseführer und Naho, die sich auch rührend um das Wohl von Dennis und Richard sorgt.

2006
APRIL
21 / 22

Richtig lustig wird es dann noch mal die letzten beiden Tage, an denen wir erst nach Odaiba fahren, uns die gigantische Skyline bei Nacht angucken und in einer dieser riesigen Spielhallen unser Geld verprassen. Das geilste Spiel ist dabei eins, bei dem man so japanische Taiko-Trommeln im Rhythmus zu einem vorher auswählbaren Popsong der letzten Monate bearbeiten muss. Großartig. In Odaiba gibt es einfach so viel coolen Scheiß, das muss man selber gesehen haben. Kitschig-romantische Malls im Stile südeuropäischer Städte und so weiter. Und wie immer unfassbar schöne Frauen, wo immer man auch hinsieht.

Am letzten Abend treffen wir uns dann mit Adam, dem Gitarristen von VERSUS THE NIGHT, der vor 3 Jahren aus England nach Tôkyô gezogen ist. Naho kommt auch mit, und zuerst geht es nach Shinjuku in ein superbilliges *izakaya*, in dem man große Biere für 1 Euro bekommt. Als wir dann kurz vor Mitternacht bei dem DJ-Event einer Freundin von mir ankommen, sind wir schon jenseits von Gut und Böse, schreien auf der Straße rum, benehmen uns scheiße und trinken immer mehr und weiter Bier. Der/die/das Event ist in einer kleinen, mehrstöckigen Bar, in direkt laufbarer Distanz zu Kôenji, was das Ganze natürlich perfekt macht, ungebunden an irgendwelche letzten Bahnen Party machen zu können. Wir hängen eigentlich 90 % der Zeit in der Backstage rum, beziehungsweise in einem Raum, der sich über der eigentlichen Bar befindet und in dem wir unser reingeschmuggeltes Bier einfacher trinken können. Von den Indie/Britpop-DJs kriegen wir auf jeden Fall nicht viel mit. Aber ist ja auch immer dasselbe bei solcher Musik, außer den obligatorischen SMITHS- oder NEW ORDER-Hits eben zu großen Teilen Langeweile. Da passiert einfach nichts.

Im Gegensatz zu unserem Backstageraum auf jeden Fall. Denn irgendwann sind wir so besoffen, dass ich mich zwar an so gut wie nichts erinnern kann, aber die paar Dinge, die mir schemenhaft im Gedächtnis geblieben sind, beinhalten Wrestling und dass wir einem eingepennten Nazi-Britpopper, der Hitler cool fand, die Ärsche ins Gesicht halten und Fotos davon machen.

Auf dem Weg nach Hause Randale, wie ich sie in Deutschland seit meinem 16. Lebensjahr und in Japan seit bestimmt 3 Monaten nicht mehr gemacht hab. Straßenschilder, Baustellenabsperrungen, das ganze Programm. Naho tut ihr Bestes und passt auf, dass ich mich nicht wieder verletze. Als wir den Club verlassen hatten, war mir irgendwie von oben eine Holzplatte auf den Kopf gefallen. Die war wohl nur so angelehnt gewesen und wird als letzte Todesfalle des Nazi-Britpoppers interpretiert. Ich überlebe weitestgehend unbeschadet. Trotzdem hat sie alle Hände voll zu tun, mich vor größerem Unheil zu bewahren. Als ich am nächsten Morgen aufwache, ist die Prellung an meinen Rippen auf jeden Fall schlimmer als die dröhnenden Kopfschmerzen, die von einer Mischung aus Kater und Todesfalle des Britpoppers herrühren.

Wobei mir letztens folgender Gedanke durch den Kopf gegangen ist: Die Durchschnittskörpergröße des mitteleuropäischen Mannes dürfte ja schon etwas über der des durchschnittlichen Japaners liegen, klar, aber wie sich das im Alltag vor allem bemerkbar macht, fällt mir erst auf, als die ebenfalls in meiner relativ hohen Größenordnung rangierenden Dennis und Richard zu Besuch kommen: Man stößt sich ständig den Kopf. Stäääändig. Immer ist irgendeine Tür, irgendein Schild, irgendein Durchgang zu niedrig, und BANG, ist es wieder passiert. Allein Richard dürfte sich in der etwas über einen Woche bestimmt 5 Mal ernsthaft den Kopf gestoßen haben.

Was mich zu folgender Überlegung veranlasst: Nimmt der Durchschnitts-IQ eines in Japan lebenden Ausländers, im Vergleich zu einem in meinetwegen Europa oder Amerika, einem seiner Körpergröße angepassten Ort also, tendenziell im Laufe der Jahre ab? Wenn man sich, sagen wir mal, alle 2 Tage leicht und ein Mal in der Woche richtig den Kopf stößt, hat das in meinetwegen 20 Jahren Auswirkungen auf den Gesamt-IQ? Eine provokante These, die ich hier einfach mal so in den Raum stelle.

Wie dem auch sei, als Dennis und Richard Tôkyô nach 11 Hammertagen wieder verlassen, geht es mir wieder so wie immer, wenn Besuch aus Deutschland da war. Ich fühle mich auf einmal leer und unausgefüllt, brauche einige Tage, um zurück zur eigenen Realität zu finden, bin aber auch um die Erkenntnis reicher, dass zu Hause etwas auf mich wartet, für das es sich lohnt, irgendwann zurückzukehren. Trotzdem, das Bild von Naho, die an der Tür steht und die beiden liebevoll verabschiedet, wird mir wohl für immer im Gedächtnis bleiben.

2006
APRIL
30

Ich treffe mich ein letztes Mal mit Eri, um offiziell zu beenden, was ich so nicht mehr durchziehen kann. Wider Erwarten fällt es mir schwerer als gedacht. Eri ist super und hat so eine Behandlung durch Idioten wie mich nicht verdient. Sie nimmt es trotzdem super auf, und wir gehen sogar noch zusammen was essen. Wie scheiße ist das nur, in den Augen des Gegenübers zu sehen, wie sehr man ihm wehgetan hat. Und obwohl sie versteht, dass es so mit uns keinen Zweck hat (von Naho hab ich nicht mal erzählt), von wegen sich nur ein Mal in der Woche sehen zu können, wenn überhaupt, spürt sie den Verlust deutlicher als ich, der ja feige durch die Hintertür zu seiner anderen Partnerin flüchten kann. Obwohl Eri süß und cool ist, hat sie es schwer, jemand Neues zu finden. Wo und wann auch, wenn sie immer nur arbeitet? Also hab ich ihr schon eine Art Sicher- und Geborgenheit gegeben, auch wenn wir uns nicht oft gesehen haben, aber einfach dadurch, dass jemand da war, der einen, sei es auch nur per E-Mail, wenn man von der Arbeit spät abends nach Hause kommt, fragt, wie der Tag war, und wenigstens ideell und virtuell für einen da ist. Das hab ich ihr jetzt genommen, und das tut mir leid. Mehr als ich es ihr sagen kann.

2006
MAI
3

Ist das jetzt schon Karma? Instant-Karma sozusagen? Ich falle durch alle Auditions im April und habe seit über einem Monat nicht einen einzigen Job gehabt. Hätte ich das Stipendium nicht, könnte ich jetzt schon meine Miete kaum bezahlen. UNSICHERHEIT!

2006 MAI 5

Vollkommen überraschend ruft mich meine Chefin an und fragt, ob wir nicht mal wieder zusammen was trinken gehen. Und da der Sommer definitiv angefangen hat und sie dazu auch einfach hammerattraktiv ist (ich lerne es nie, ich weiß) – wie könnte ich da nein sagen? Im Park sind viele Leute, es riecht großartig nach Frühling, und Seiko trägt ein Kleid und High Heels mit Leopardenmuster. Wir trinken Bier um 4 Uhr nachmittags und reden über Sex. Seiko war mit 16 mit ihrem Lehrer zusammen. Wow. Ich bin viel zu nervös und viel zu schnell viel zu besoffen. Im Restaurant gibt es nur Fleisch. Und weiter Bier auf nüchternen Magen. Irgendwann gebe ich nur noch Scheiße von mir. Bei Karaoke treffe ich die Töne nicht. Auf dem Weg zum Bahnhof wird mir schwindelig und ich verzichte darauf, Seiko noch irgendwohin einzuladen. Date-Amateur. Immer noch total besoffen zu Hause angekommen, hab ich ein schlechtes Gewissen, rufe Naho auf dem Handy an und labere sie mit dem peinlichsten Zeugs aus den tiefsten Ecken meines Unterbewusstseins voll. 30 Jahre alt. Hört so was denn nie auf?

2006 MAI 10

Die Proben für die nächste Minikon fangen an. Ich mache MINOR THREAT und +/- (lies: PLUS/MINUS). Diesmal wird alles gut werden. Bei der ersten MINOR THREAT-Probe (was heißt bei der ersten, es gibt nur eine!), in der wir 4 Songs machen, schießen wir uns so ab, dass ich, trotz 14 Stunden Schlaf, noch hardcore verkatert in die Uni gehe, um meine ersten Midterms zu schreiben.

Apropos Midterms. Die ham se echt nich mehr alle, die Japaner! Was für eine Sprache! Wir müssen einen Zeitungsartikel über das Recycling gebrauchter Handys (was für ein Thema!) vorbereiten, aus einer normalen japanischen Zeitung, und da mir das ganze Raussuchen von Kanji viel zu stressig ist, lasse ich es meine Freundin für mich machen. Aber kann sie die Zeitung lesen? NEIN!!! Ihre eigene verfickte Muttersprache!!! Und das ist vollkommen normal hier! Die können ihre eigene Scheißsprache nicht lesen!!! Also zumindest teilweise. Da sind dann immer wieder so Schriftzeichen am Start, von denen die nicht wissen, wie die gelesen werden, geschweige denn, was sie bedeuten. Wie kann so was bitte klargehen?! Da muss doch irgendwann mal irgendwer irgendwas gegen machen. Unfassbar.

2006
MAI
12

Ich kaufe mir einen gebrauchten Super-Nintendo für 20 Euro, inklusive 25 Spiele, darunter Klassiker wie *Final Fantasy 4&5*, *Chrono Trigger*, *Breath of Fire* 1&2 sowie *Dragon Quest* 5 und *Super Mario World*. Die Uni leidet wieder mal darunter. Manchmal muss man eben Prioritäten setzen.

2006
MAI
15

Arbeit, endlich Arbeit. 3 mögliche Fotoshootings.

2006
MAI
16

Ich falle durch die erste Audition. Noch 2 übrig.

2006
MAI
18

Minikon. Ich will mich ja nicht selbst loben, aber als Ian MacKaye macht mir keiner was vor. Wir rocken 4 MINOR THREAT-Lieder in 5 Minuten dermaßen hart runter, dass den Hippies die Rastas vom Kopf und die Flöhe aus den Muschis fallen. Nachher bin ich, zumal auch +/- glatt über die Bühne geht, von der GET UP KIDS-Scham der letzten Minikon endgültig reingewaschen. Es hagelt Lob und Komplimente. Als ich mir später das Video ansehe, wird mir erst bewusst, was während der Show wirklich los war! Überall um uns herum fliegen Leute durch die Luft, und am Ende sind alle Mikroständer und die Bassbox kaputt. 4 Lieder, 5 Minuten. We're just a minor threat. That's a promise. Haha.

2006
MAI
20

Ich glaub, ich hab grad die Werbung für den wahrscheinlich schlimmsten Film in der Geschichte der Menschheit gesehen. *Dreamer.* Garantiert Disney oder so. Über ein Pferd, das zum Familienmitglied wird, ein pathetisches, heulendes, aber nie aufgebendes kleines blondes Mädchen und eine Klischeefamilie aus der ländlichen oberen Mittelschicht, die so menschlich, gut und glücklich ist, dass man sich nach nur 20 Sekunden wünscht, Amerika würde endgültig im Ozean versinken. Jede, wirklich *jede* in auch nur irgendeiner Form für diesen Film verantwortliche Person sollte vor laufender Kamera erschossen werden, und das sollte dann als Vorfilm vor *Dreamer* laufen. Als Warnung, Wiedergutmachung und schlicht und einfach Entertainment.

2006
MAI
23

Noch 2 Wochen bis zum 06.06.06. Was für ein historisches Datum für Hobby-Satanisten. Sollte ich an diesem speziellen Tag irgendjemandem die Pest an den Hals wünschen können, wäre das wohl der Stylist meines heutigen Fotoshootings. In der typisch arroganten Annahme, Ausländer sprächen sowieso kein Japanisch, sagt er direkt vor mir zu seinem Assistenten: »Alter, der ist ja ganz schön fett.« Hurensohn. Recht hat er trotzdem. Egal, das beschissene Drecksmagazin, für das er arbeitet, macht's wahrscheinlich eh nicht mehr lange. Kauft keiner. Auch zu Recht.

Später in der Uni gehe ich zu meinem Kurs über moderne japanische Literatur. Wir müssen eine Menge lesen, aber zu meinem eigenen Erstaunen stelle ich in letzter Zeit immer öfter fest, dass mich die sogenannten Klassiker wie Yukio Mishima, Mori Ôgai oder Kawabata Yasunari gar nicht mehr so nerven wie früher, im Gegenteil, ich kann dem Ganzen sogar einiges für mich abgewinnen. Klar, zeitgenössische Literatur wie Haruki Murakami fand ich immer schon cool, aber die ganzen Meiji/Post-Meiji-Sachen »Meiji« bezeichnet die Periode der japanischen Geschichte (1868–1912), in der sich das Land dem Westen öffnete waren mir irgendwie immer zu, wie sag ich das am besten, »alt« irgendwie, zu wenig connected mit meinem eigenen Leben. Themen wie Liebe, oder der Verlust ebensolcher, sind natürlich zeitlos, aber das ganze Setting und das Drumherum fand ich irgendwie immer befremdlich. Jetzt aber anscheinend nicht mehr. Weshalb es sich irgendwie richtig gut anfühlt, in den Nächten, in denen Naho nicht bei mir ist, bis in die frühen Morgenstunden für den Unterricht am nächsten Tag zu lesen (klar könnte ich mal früher damit anfangen, aber ohne Druck mach ich scheinbar nichts).

Im Moment lesen wir »Masks« von Fumiko Enchi, das, wie ich glaube, erste Buch einer weiblichen Autorin, das ich in meinem Leben lese, und ich muss feststellen, dass es absolut großartig ist. Mit seinen ganzen Referenzen zu *nô* und klassischer japanischer *heian-*

Literatur »*Heian*« bezeichnet eine frühere Periode der japanischen Geschichte (794–1192) macht sogar die *genji-monogatari* »Die Geschichte des Prinzen Genji« von *Murasaki Shikibu* (978 bis circa 1040), der erste psychologische Roman der japanischen Geschichte auf einmal Sinn. Krass.

Nach dem Unterricht sitze ich draußen und rauche eine Zigarette in der sich langsam, aber sicher als normal manifestierenden Tokioter Frühsommersonne, als sich Haruka, ein Mädchen aus demselben Kurs, zu mir setzt und mich unter irgendeinem Vorwand bezüglich des Unterrichts anspricht. Ich bin zuerst fast misstrauisch, denn Haruko sieht richtig, richtig gut aus, trägt einen nahezu illegal kurzen Jeans-Minirock und dazu klassische High Heels, bestimmt 8 Zentimeter, die ihre ohnehin schon perfekt proportionierten Beine in einer Art akzentuieren, die es mir schwer macht, mich auf die Konversation zu konzentrieren.

Sie ist 19. 11 Jahre jünger als ich! Ich erzähle ihr, ich sei 25. Wir reden über Filme und Bücher. Ich bin fast überrascht, dass sie sich mit beidem zumindest rudimentär auszukennen scheint. Prinzessinnen wie sie haben es in der Regel nicht nötig, sich mit Bildung hervorzutun. Sie sagt, sie hasst Louis Vuitton. Was sie wohl zu einer radikalen Minderheit unter ihresgleichen macht. Aber Elefanten mag sie. Elefanten?? Ja, Elefanten. Die seien sehr liebenswerte Tiere und würden manchmal sogar Menschen helfen, die zu ertrinken drohen oder sonst wie in Schwierigkeiten sind, indem sie diese mit dem Rüssel aus ihrer Not retten. Ich weiß nicht besonders viel über Elefanten, also erzähle ich von der Dokumentation, die ich neulich im Fernsehen gesehen habe, in der Elefanten, um ihre Neugeborenen zu beschützen, ein Forscherteam zu Tode getrampelt haben. Was man in der einen oder anderen Art ja auch durchaus als freundlich interpretieren kann. Ihren Neugeborenen gegenüber zumindest. Und bevor ich überhaupt realisiere, was für einen Scheiß ich da gerade erzähle, lädt Haruko mich in den Zoo nach Ueno ein. Völlig überrascht und überrumpelt sage ich zu. Ein klassisches Date, am Wochenende, zu zweit.

Erst dann fällt mir Naho ein, und ich fühle mich wieder scheiße.

Es ist aber auch wirklich schlicht und einfach unmöglich, in einer Stadt wie dieser loyal zu bleiben. Zu vielschichtig, die Verlockungen. Und obwohl ich weiß, dass hier nichts, aber auch wirklich gar nichts zu gewinnen, dafür aber verdammt viel zu verlieren ist, tauschen wir E-Mail-Adressen aus und mailen uns bereits während des nächsten Unterrichts hin und her. Aber was soll, selbst im besten Fall, bitte daraus werden? Eine Beziehung mit einer 19-Jährigen? Selten habe ich mein eigenes Alter so stark gespürt wie jetzt. Wie viele 19-jährige Mädchen werde ich in meinem Leben wohl noch kennenlernen können? Ich komme mir vor wie ein alter, geiler, ekelhafter Sack. Und genau das bin ich wahrscheinlich auch. Aber der Gedanke an ihre makellosen Beine allein reicht aus, um es mich trotzdem versuchen zu lassen. Mit geöffneten Augen voll gegen die Wand.

2006 MAI 26

»When it rains, it pours«, sagen die Amis, und das vollkommen zu Recht. Nachdem mich Haruka nicht nur zu unserem Zoobesuch, sondern dazu noch zu einem Spaziergang am Fuße des Tôkyô River einlädt, erreicht mich zu allem Überfluss auch noch eine E-Mail von Chika (siehe Diary vom 13.12.05, also mehr als 5 Monate her!), die so tut, als sei nie was gewesen, und wissen will, wie es mir geht und so weiter. Dumm wie ich bin, schreibe ich zurück. Mal gucken, was das so gibt. Im Moment will ich wirklich nicht meine Freundin sein.

Später: Ich falle durch die nächste Audition, kaufe mir die neue TAKING BACK SUNDAY, die wieder besser als die letzte, aber, wie zu erwarten, Welten entfernt von der ersten ist, und gehe mit Naho in *Broken Flowers*, den letzten Jim-Jarmusch-Film mit Bill Murray. Der Film ist so cool, wie das Ende komisch ist. Wer ist denn jetzt sein Sohn? Schon klar, dass es darum eigentlich gar nicht geht, aber trotzdem. Ich will so was immer wissen.

2006 MAI 30

Ich stehe aus irgendeinem mir selbst nicht wirklich verständlichen Grund um 5 Uhr morgens auf, um mir das Spiel der Deutschen Fußballnationalmannschaft gegen die japanische anzugucken. Was erwarte ich auch? Ein glückliches 2 zu 2, mit dem die deutsche Abwehr einmal mehr zeigt, dass es nicht etwa die vermeintlich »Kleinen« nicht mehr gibt (wie manche ja behaupten), sondern dass WIR jetzt einer davon sind! Ohne Scheiß, wie kann jemand wie Takahara, der beim HSV nur auf der Bank rumsitzt und es in über 2 Jahren nicht ins A-Team geschafft hat, so einfach durch die deutsche Abwehr marschieren und mal eben so 2 Tore machen? Peinlich! Aus dem Mittelfeld kommt NICHTS (Ballack zu Chelsea???), und im Sturm spielen Typen wie Neuville (!) und Odonkor (!!!), was haben die bitte in der Nationalmannschaft zu suchen, während ein Asamoah auf der Bank versauert und ein Kurányi ganz zu Hause gelassen wird? Ich check das nicht. Dabei hatte es mit der Entthronisierung von Oliver Kahn so gut angefangen ...

2006 JUNI 1

An der Uni lerne ich Nanae kennen. Sie ist grad 18 geworden und hammersweet. Es wird immer schlimmer.

2006 JUNI 2

Als ich gerade nach dem Unterricht mit Nanae an der Uni rumsitze und Kaffee trinke, erreicht mich ein Anruf meiner Chefin, die mir zwar keinen neuen Modeljob, dafür aber einen als Dolmetscher anbietet! In einer Stunde! Jetzt entscheiden! Noch bevor ich überhaupt nervös werden kann, hab so was ja noch nie gemacht, sage ich zu. Nanae bringt mich zur Bahn und los geht's. Auf dem Weg werde ich dann doch hammernervös und weiß gar nicht mehr, worauf ich mich da überhaupt eingelassen hab. Ich weiß ja noch nicht mal, worum es bei dem ganzen Ding überhaupt geht. Irgendwas mit einem Model aus Polen. Und Disneyland Tôkyô.

In der Firma angekommen, bin ich dann aber schnell wieder beruhigt, überall hängen *totoro*-Poster »*Totoro*« ist der Hauptcharakter des gleichnamigen Studio-Ghibli-Zeichentrickfilms an der Wand, und alle vom Staff sind supernett. Die Modeltussi, die, wie sich herausstellt, für den Vorfilm irgendeiner neuen Disneyland-Attraktion schauspielert und ihren Text original auf Japanisch einsprechen muss, ist arrogant, gereizt und zickig. Ist aber nicht mein Problem, ich muss ja nur übersetzen. Und so verbringe ich die meiste Zeit damit, Sätze wie: »So kann ich nicht arbeiten!«, »Wer hat sich das denn ausgedacht?«, »Wollen die mich alle verarschen?!«, und dergleichen ins Japanische und die darauffolgenden Entschuldigungen ins Englische zu übersetzen. Und noch bevor ich es überhaupt realisiere, macht mir das Ganze so unglaublich viel Spaß wie lange nichts mehr. Es geht doch nichts über das Gefühl, zu realisieren, dass das, worauf man die ganzen letzten Jahre so gut es geht hingearbeitet hat, sich endlich richtig auszuzahlen scheint. Beide Parteien sind auf mich angewiesen und (zu mir) superfreundlich, ich übersetze, fast ohne nachdenken zu müssen, und kriege am Ende einen fetten Barscheck auf die Hand.

Auf dem Nachhauseweg höre ich den Übersong »Bitches Ain't Shit« von BEN FOLDS, der genialsten Rap/R'n'B-Coverversion (SNOOP DOGG glaub ich) seit Beginn der Musikgeschichte. Dass so ein Song es nur auf die B-Seite der Vinylversion geschafft hat, ist mit Worten des Bedauerns nicht annährend zu beschreiben.

2006 JUNI 6

Weder geht die Welt unter noch kommt das Reich des dunklen Fürsten. Irgendwie hatte ich mir von diesem apokalyptischen Datum mehr versprochen. Auch von dem an diesem Tage stattfindenden Date mit Chika. Ich hab sie ja seit 5 Monaten nicht gesehen, und damals war ich so besoffen, dass ich mich nicht mal mehr richtig an ihr Gesicht erinnern kann, außer der Tatsache eben, dass sie damals für mich die Frau der Frauen war, was sich, angesichts des Alkohollevels, auch wiederum extrem relativiert, denn für das Überschätzen von Frauen im alkoholisierten Zustand bin ich in Tôkyô ja allein verantwortlich.

Dementsprechend groß ist dann auch meine Überraschung, dass die am Bahnhof eintreffende Chika wirklich alles andere als schlecht aussieht. Auch wenn mir ihre Klamotten (Jeans, KISS-T-Shirt, Nike-Schuhe) irgendwie wieder mal viel zu unjapanisch sind. Was aber auch alles keine wirkliche Rolle spielt, denn mit der Kommunikation funktioniert es vorne und hinten nicht, Chika spricht kein Wort Japanisch mit mir, nur Englisch, und das auf einem, freundlich gesagt, derart mittelmäßigen Niveau, dass sogar einfacher Smalltalk zu Nonsens-Wortverschachtelungen führt und an Inhalte nicht zu denken ist. Es tut mir ja echt leid, aber das muss ich hier echt mal wieder loswerden: ES GIBT AUF DIESER WELT WAHRSCHEINLICH NICHTS UNCOOLERES ALS ENGLISCHSPRECHENDE JAPANER. Und oh mein Gott, wie sehr sie es lieben, dieses Englisch!

Chika labert irgendwas davon, dass sie nach L.A. ziehen will, wäre ihre Lieblingsstadt, und auf meine Frage, was ihr denn an L.A. so gefalle, antwortet sie, dass sie noch nie da war!!! AAAHHH! Aber *O.C.* und *Sex and the City* findet sie super. Sagt alles. Aber echt, Mannmann, diese Japaner und ihr Englisch. Hölle. Egal, wie gut man Japanisch spricht, im Falle meiner Klassenkameraden und mir ist das ADVANCED Level 2, 2 Klassen unter der für Muttersprachler, die meisten Japaner antworten einem in Englisch! Obwohl sie kein Wort Englisch sprechen!!! Man kann in perfektem Japanisch nach dem Weg oder der Definition der Relativitätstheorie fragen, die Antwort wird zu 80% in einem Englisch kommen, das den durchschnittlichen Pisa-geplagten deutschen Siebtklässler noch wie Einstein persönlich dastehen lässt.

Klar ist das nicht deren Schuld, dass sie kein Englisch können, die Sprache IST nun mal komplett anders, von Grammatik über Satzstruktur bis zum Silbenalphabet, von dem Fakt, dass die Regierung seit Jahrzehnten verhindert, dass es ordentlichen Englischunterricht an den Schulen gibt, ganz zu schweigen, dass sie allerdings bei jeder sich bietenden Gelegenheit ihr verficktes, rudimentäres Erstklässer-Englisch auspacken, ja, das IST ihre Schuld! Und schlicht und einfach beleidigend! Stellt euch das mal bitte in Europa vor!!! Ein Ausländer kommt meinetwegen in Köln auf euch zu und fragt euch nach irgendwas in fast perfektem Deutsch, würdet ihr auf Englisch antworten??? Ich meine, wenn jemand aus einem anderen Land nach Deutschland kommt, sich den Arsch aufreißt und die verfickte Sprache lernt, dann respektier ich das doch und spreche Deutsch mit ihm! Aber hier in Japan?

Da kommen einfach so viele Faktoren zusammen, Inselstaat, Ausländeranteil unter 2%, verfickt ekelhaft penetranter Nationalstolz, Ignoranz gegenüber allem, was von »außen« kommt (Ausländer = Ausländer; innerhalb von »Ausländer« gibt es vielleicht grad noch die Abstufung von »Europa/Amerika« vs. »anderes asiatisches Land«, aber auch die dient in der Realität höchstens dazu, Chinesen und Koreaner zu diskriminieren), den Fakt, dass z. B. für mich als Deutschen Englisch noch nicht mal meine Muttersprache ist, checken die nicht, geschweige denn, dass es sie überhaupt interessiert, und, und, und. Natürlich ist das nur eine Tendenz, keine Verallgemeinerung, meine Freunde sind z. B. nicht so, aber der Anteil solcher Leute in Japan ist eben erschreckend hoch. Englisch = cool. Amerika = Vorbild. Disney = kulturelles Ideal. Kotz.

Das Date? Beende ich nach 2 Stunden.

2006 JUNI 9

FUSSBALLWELTMEISTERSCHAFT 2006!!!!!! ES GEHT LOS!!!!! Ich kann mich vor Begeisterung nur schwer davon abhalten, in rhythmischen Abständen auf die Straße zu ejakulieren, und das trotz des Faktes, dass es für mich ja die 2. WM in Folge ist, die ich nur zu verrückten Zeiten zu sehen bekomme. Erinnert sich noch jemand an die WM 2002 in Japan und Korea? Jeden Tag um 6 Uhr morgens aufstehen, um das erste Spiel zu gucken? Hier ist es umgekehrt, aber nicht weniger gestört.

Die Spiele kommen um 2, 1 und 3 Uhr nachts, japanische Zeit. Mit Uni geht da nicht mehr viel. Aber wen interessiert schon die Uni, wenn er die WM haben kann? Da hier trotz anhaltender Fußballmanie nur circa 2 von 4 Spielen der Vorrunde übertragen werden, sehe ich alle (für mich) wichtigen Partien, inklusive Japans unterirdischer Niederlagen gegen Fußballgiganten wie Australien und 3 deutscher Siege trotz wackelnder Abwehr. Wie immer angepisst bin ich von den Italienern, die mit Ellbow-Checks, Schwalben und Catenaccio irgendwie immer (außer beim letzen Mal, dank der jetzt wahrscheinlich um einige Euro reicheren südkoreanischen Schiris) in die Endrunde einziehen. Auch der Nonplusultrafavorit Brasilien kann mich bis jetzt nicht wirklich überzeugen. Ghana ist die positive Überraschung von afrikanischer Seite, Ecuador wohl die aus Südamerika. Gegen uns natürlich chancenlos.

Von der ganzen Stimmung kriegt man hier allerdings doch vergleichsweise wenig mit, da lob ich mir auf jeden Fall Korea, wo mit Großleinwänden wieder öffentlich Party ohne Ende gemacht wird. Die haben aber, wenn's drauf ankommt, auch irgendwie ein gutes Team, nicht so wie Japan, die, obwohl sie NICHTS können, in allen öffentlichen Medien schon hinter vorgehaltener Hand vom Gewinn der Weltmeisterschaft gesprochen haben. Der Glaube an die eigene Überlegenheit wie immer ungebremst. Wie schön zu sehen, dass nichts, aber auch wirklich gar nichts daraus geworden ist. Und das, obwohl ich Japan ja eigentlich mag und auch das Nationalteam unterstütze. Aber wie es hier in den letzten Wochen in den Medien abging, da kann man echt nur noch den Kopf schütteln und sich fragen, wo die das ganze Selbstbewusstsein hernehmen. Vom Kaiser (und damit mein ich nicht Beckenbauer!) vielleicht? Wer weiß.

Wie jedes Mal übrigens auffällig die Tendenz, dass Tore vor allem dann fallen, wenn ich grad am Pissen bin.

2006
JUNI
11

Erbebenwarnung galore. Ich schreibe eine Abschiedsmail an meine Freunde in der alten Welt. Ein Kumpel, dessen Freundin irgendwo bei der Regierung arbeitet, erzählt mir, dass das große Erdbeben, auf das Tôkyô ja seit fast 100 Jahren wartet, unmittelbar vor der Tür stehe. Die Regierungschefs und der Kaiser seien für die entsprechenden Tage außer Landes gebracht. Natürlich verspotte ich seine konspirativen Theorien – bis ich am Abend im Fernsehen sehe, dass der Kaiser auf irgendeiner Geburtstagsfeier eines anderen Blaublütigen in Südostasien weilt und Premierminister Koizumi kurzfristig auf Staatsbesuch in China ist. Na ja, um es kurz zu machen:

Im Endeffekt passiert mal wieder überhaupt nichts. Und ich muss mich vor mir selbst schämen, ein bisschen enttäuscht zu sein. Als kleine Randnotiz, das Erdbeben ereignet sich wenige Tage später in Hokkaido, ganz im Norden Japans. Zu meiner psychologischen Entlastung nehmen sogar Menschen Schaden. Mein Informant erklärt dies mit sich seit der ersten Information verschoben habenden Erdplatten. Recht hat er!

2006 JUNI 14

Beim Fotoshooting für das renommierte SENSE-Magazin fassen alle meinen Bauch an und lachen sich kaputt. Am Tag darauf kaufe ich mir von der Gage ein Fahrrad und Hanteln.

2006 JUNI 17

Endlich neue Musik! MONEEN ist der Hammer, THE SAINTE CATHERINES (und eigentlich alle andern FAT WRECK-Releases außer NOFX) enttäuschend, MORRISSEY und ANGELS AND AIRWAVES (Ex-BLINK 182) durchschnittlich, THE STREETS eher unterdurchschnittlich, THE LAWRENCE ARMS vollkommen Gott, DENY EVERYTHING wie zu erwarten die beste HC-Band der alten Welt, PISTOLITA (Geheimtipp!) und FIGHTSTAR (Ex BUSTED [»What I Go To School For«], auf DEEP ELM) super, Bands wie THE FOLD, CLASS OF 98 und Konsorten irgendwie O.K., aber überflüssig, und abschließend THE GREAT CIRCUITING (ja, meine eigene Band nimmt auch auf) unterirdisch. Es kann nur besser werden.

2006 JUNI 20

Mein Homie Masa kommt aus Amerika zurück! Eugene entschließt sich dazu, zu mir nach Kôenji zu ziehen! Die Universität zu Köln stimmt meinem Antrag auf erneute Verlängerung des Austausches zu! Deutschland gewinnt 3 zu 0 gegen Ecuador! Was für ein Tag!

2006
JUNI
21

Die Vorbereitungen für unsere erste selbst organisierte Show gehen in die heiße Phase. Da es in Japan fast unmöglich ist, als ungesignte Band Shows zu bekommen (und vice versa als Band ohne Shows gesignt zu werden), besinnen wir uns auf die gute alte Tugend DIY und nehmen das Ganze ab jetzt selbst in die Hand.

Zusammen mit unseren befreundeten Bands THE MORNINGS und STUDENT A mieten wir ein Studio, in dem man Shows veranstalten kann, laden alle möglichen Bands ein, mit uns zu spielen, und im Endeffekt sagen genug, sogar namenhafte Acts, zu, und alles läuft prima. Eine von denen nennt sich CRYSTAL LAKE und spielt irgendwie so Prollmosh, hat aber schon 6 CDs draußen, was für genug Besucher sorgen sollte (die wir auch dringend brauchen, um die Miete für den Raum bezahlen zu können) und uns auch eine Umsonst-Erwähnung auf der Event-Seite eines der größten Tokioter HC/Indie-Magazine sichert. Geil aber vor allem der Grund, warum eine Band wie CRYSTAL LAKE, die es längst nicht mehr nötig hätte, auf einem Event wie dem unseren zu spielen, dies trotzdem tut: Die haben alle die CD meiner alten Band INSURRECTION!!! ALLE!!! Und finden sie wohl auch alle gut!

Wir hatten uns damals im Streit von unserem Label getrennt und wohl deshalb nichts davon erzählt bekommen, aber die INSURRECTION-CD scheint sich in Japan fett verkauft zu haben, laut CRYSTAL LAKE und Konsorten hat hier JEDER, der zu einer bestimmen Zeit into HC war, unsere CD!!! Unfassbar! Big in Japan! Und als die erfahren haben, dass der Typ von INSURRECTION jetzt in Tôkyô ist und diese Show organisiert, waren alle sofort dabei. Hammer. Was für ein Gefühl der späten Anerkennung.

Gibt's da eigentlich kein Sprichwort? Späte Anerkennung ist die beste Anerkennung? Wenn nicht, dann habe ich es hiermit soeben erfunden!

2006
JUNI
27

Achtelfinale. Scheiß-Italien. Das war NIE ein Elfmeter. Wie cool wäre das gewesen, hätten die gegen Australien verloren ... Aber Alter: Deutschland! Das Schweden-Spiel! Was geht denn bitte da?! Klose in der Form seines Lebens und Podolski eiskalter Vollstrecker. Hammerspiel. In der Form können wir auch Argentinien packen!

2006
JULI
1

Und genau das tun wir auch! HAMMER! Klose, Alter! Und dann endlich der Jens Lehmann, wie ich ihn noch aus Schalke gut in Erinnerung habe: eiskalt, konzentriert und einfach saucool! Da kann der ganze Oliver-Kahn-Pöbel echt ficken gehen. Das Elfmeterschießen hat der Lehmann allein gewonnen, da können die Bayern noch so lange schreien. Aber da hat ihnen ja der Kahn vorher sowieso den Wind aus den Segeln genommen. Und ist auch mir zum ersten Mal in seiner ganzen Karriere fast so was wie sympathisch gewesen. Große Geste. Und hey: Späte Anerkennung ist ja bekanntlich die beste!

2006
JULI
2

Endlich der große Tag unserer ersten, selbst organisierten Show! Ich kann gar nicht genug betonen, was für ein Stress das alles war, vor allem, weil man einfach auf andere angewiesen ist, und auf andere angewiesen sein, ist so ziemlich das Beschissenste auf der Welt, weil »andere« nämlich SCHEISSE sind und man sich nicht auf sie verlassen *kann*. Also macht man am besten von Anfang an alles selber.

Im Endeffekt läuft dann aber doch alles super, es kommen mehr Leute als erwartet, und bis auf die einfallslosen beiden New-School-Moshbands gefällt mir auch die Musik größtenteils. Das Einzige, was mich davon abhält, diesen Tag vollkommen zu genießen, ist mal wieder meine eigene Unfähigkeit, mich auch nur 1 Mal wie der verfickte 30-Jährige, der ich ja schließlich doch irgendwo bin, zu benehmen und am Tag vor der Show nicht saufen zu gehen! Aus irgendeinem Grund ist der Kater astronomisch. Und der Druck auf meinen Schultern macht die Situation auch nicht gerade besser.

Die ganze INSURRECTION-Fan-Fraktion ist anwesend, und ich muss sogar CDs unterschreiben, so fett und einflussreich waren wir hier scheinbar. Wofür ich mich im Nachhinein, wenn man sieht, zu was für Bands das hier geführt hat, bei der japanischen Hardcoreszene entschuldigen möchte. Jungs, hört doch einfach mal auf mit dem Metal, das ist doch scheiße. Oder hört wenigstens auf, das Label »Hardcore« für euch in Anspruch zu nehmen.

Während die beiden »HC«-Bands also vor ihrem mitgebrachten Publikum spielen, kickboxt dieses in bester Idioten-Ami/Ruhrpott/Machoproll-Manier durch die Gegend, slamdanced in unbeteiligte Frauen und Kinder und verhält sich auch ansonsten wie der letzte Idiotenhaufen. Das Schlimme ist ja, dass die den ganzen Scheiß aus Amerika/Europa kopieren, ohne ihn auch nur im Ansatz zu verstehen! Denn das sind ja keine Machos hier, in der HC-Szene. Wenn die einem den Ellenbogen in die Fresse hauen, dann verbeugen und entschuldigen sie sich! Im Pit! Unfassbar.

Egal, die anderen Bands guckt sich die HC-Fraktion eh gar nicht erst an, also was soll's. Erst bei THE GREAT CIRCUITING kommen alle erwartungsvoll in den Konzertraum, der so hammervoll ist, dass man kaum atmen kann, was mir zu dem Zeitpunkt aber auch schon wieder scheißegal ist, der Kater ist erfolgreich mit Nachbier (existiert das Wort wirklich?!) beseitigt worden, und es kann losgehen. Beim Stimmen spiele ich »Razor« von UNBROKEN und ernte Szenenapplaus. Als wir anfangen und unsere eigenen Songs spielen, verlässt die HC-Gemeinde enttäuscht den Raum. Was haben die erwartet? Und obwohl uns aufgrund von wirklich akutem Sauerstoffmangel kurz vor Schluss irgendwann der Atem ausgeht, wird es eine großartige Show für uns, und das Lob, das man danach über uns ausschüttet, begleitet mich noch bis ins Bett, das ich mit der letzten Bahn gerade noch so erreiche, bevor die letzten Lebenslichter ausgehen. Es gibt einfach nichts Besseres als Punkrock.

2006 JULI 3

Die nächste Minikon. Diesmal RANCID. Die sind hier so was von groß, das glaubt man gar nicht. Als wir spielen, tanzt der ganze Raum. Hammer, was für ein Gefühl.

2006 JULI 4

Das Italien-Spiel. Was soll ich sagen? Wahrscheinlich dauert das wieder Monate, wenn nicht Jahre (so wie beim Schalker Saisonende 2001), bis ich da einigermaßen drüber hinweg bin, also wäre alles, was ich jetzt dazu sagen könnte, sowieso höchst subjektiv, emotional und nicht unbedingt angemessen. Von wegen, dass der italienische Fußball der hässlichste, foulste und abgefuckteste in ganz Europa ist. Mit so viel Potenzial holen die so wenig aus sich raus. Und machen das auch noch nach System. Zum Kotzen. Und diese Spieler. Schwalbenkönige, Pseudo-Playboys und Rassisten. Dass die FIFA so was nicht einfach verbietet! Fuck. Noch 2 Minuten und wir hätten im Elferschießen gewonnen.

Das ganze Drumherum, in dem ich das Spiel erlebe, ist auch einer Erwähnung wert. Ein Bekannter von mir hat Connections zur deutschen Botschaft hier, die das Spiel (4 Uhr nachts Ortszeit) auf einer Großleinwand mit Freibier übertragen, wie könnte ich da, bei aller Skepsis, nein sagen, vor allem auch schon deshalb, da ich das Spiel sonst *alleine* bei mir zu Hause hätte sehen müssen, ist ja nicht so, als wüchsen deutsche Fußball-Homies hier auf Bäumen.

Also treffen wir uns um 0 Uhr in Hirô, irgendwo in der Nähe von Roppongi, um die Zeit bis 3.30 Uhr (dann ist die Botschaft so gnädig und öffnet ihre Pforten!) totzuschlagen und schon mal gut vorzuglühen. Na ja, auf jeden Fall soll da zumindest eine Gruppe deutscher Studenten sein, also geht das schon irgendwie, und mein Bekannter ist ja auch dabei. Was ich allerdings nicht wusste, ist Folgendes: Von seinen anderen Leuten taucht keiner auf.

Dafür aber sein Date, ein Mädchen, das er bei der Afterparty von unserer Show kennengelernt hat, die allerdings die Freundin eines Kumpels von mir ist!!! Als sie mich sieht, erschreckt sie sich, ertappt, und auch ich bin geschockt, was soll *ich* denn jetzt bitte machen? Mich neutral verhalten? Schließlich sind beide Typen irgendwie meine Kumpels. Aber die Tussi? Was für ne Schlampe! Und als das Bier, welches wir im Park (es ist inzwischen verdammt heiß in Tôkyô) zu uns nehmen, gerade anfängt, die Gezwungenheit der Situation etwas zu mildern, halten die beiden auch schon Händchen, berühren sich »unauffällig« am Knie usw., was mich natürlich in Teufels Küche bringt – wem gegenüber soll ich denn jetzt loyal sein, mal ganz abgesehen von dem Fakt, dass mich bis 3.30 Uhr sowieso keiner mehr wahrnimmt, weil die beiden zu sehr mit Turteln beschäftigt sind, was a) sehr langweilig ist und b) dazu führt, dass ich so viel billiges Dosenbier in mich reinschütte, dass ich schon vor Spielbeginn vollkommen besoffen bin und in grotesk feindseliger Stimmung meiner Umwelt gegenüber.

Als wir endlich in der Botschaft ankommen, wir werden sogar am Eingang nach Waffen gescannt (!), mache ich mich direkt übers Freibier her, ohne jeden Kompromiss, um dieses Umfeld auch nur annähernd ertragen zu können. Fast alle Anwesenden sind deutsche Yuppies, wie man sie sonst nur in den BWL-Seminaren sitzen sieht, einer schlimmer als der andere, hochgestellte Hemdkragen, stillose Designeruhren und die charakterlosesten Gesichter seit weiß ich wann. Hammer. Bei der Nationalhymne sind alle voll dabei, und ich ernte verständnislose Blicke, als ich mich nicht in die Kette von Jungpatrioten einreihen will, die diese aus tiefster Seele und mit der schiefstmöglichen Inbrunst dem Bildschirm entgegenschmettern. Herrlich.

Über das Spiel selbst breiten wir den Mantel des Schweigens. Deutschland kann und Italien will nicht mehr. Das sich in mir anstauende Bier macht mich allerdings weiterhin aggressiv, was zu 1-Mann-Sprechchören führt, die von meinem »Auf geht's Deutschland, schieß ein Tor« und »Sieg, Sieg« blökenden Umfeld nicht gerade positiv aufgenommen werden. Scheiß drauf, ich komm hier eh nicht wieder hin, also weiter.

Das Maul gestopft wird mir erst durch 2 italienische Tore in der Schlussphase der Verlängerung. Abpfiff.

Benommen treten wir vor die Tür in die brütende Tokioter Morgenhitze, bereits über 30 Grad. Mit einem Schlag wird mir bewusst, wie viel ich eigentlich getrunken haben muss und was für ein Tag morgen/heute auf mich wartet. Hölle. Ich muss nach Hause.

In meiner Bahn sitzt ein Ami, der mir erklärt, dass Verlieren beim Sport nicht so schlimm ist. Wäre ich als Schalke-Fan nicht so dran gewöhnt, hätte ich ihm die Fresse eingehauen. Na ja, vielleicht auch nicht.

2006 JULI 8

Großartiges Spiel um Platz 3. Viel Hoffnung für 2010. Das Finale guck ich mir wegen Desinteresse und totaler Erschöpfung gar nicht erst an. Zidane muss ich im Nachhinein aber noch mal meine Ehrerbietung aussprechen dafür, dass er dem rassistischen Hurensohn die Grenzen aufgezeigt hat. Im Endeffekt hat's wohl leider trotzdem mehr geschadet.

2006 JULI 20

Mein erster Auftritt im japanischen TV! Vor ungefähr 2 Wochen hat mich eine Nachfrage erreicht, ob ich nicht als deutsche Vertretung in einer TV-Show mit dem Thema »Japaner verstehen die Genialität ihrer eigenen *Anime* nicht« auftreten wolle. Und was soll ich sagen, ein besseres Zeitdokument meines Aufenthaltes hier kann ich wahrscheinlich nicht bekommen. Also sage ich zu. Und realisiere in dem Moment schmerzhaft, worauf ich mich da überhaupt eingelassen habe. Wahnsinn.

Denn nicht nur, dass es sich dabei um eine Live-Sendung (!!!) handelt, jeder Fehler meines Japanisch (wovon es wahrlich noch genug gibt) live in die Wohnzimmer aller mir bekannten und unbekannten Menschen übertragen wird und es mir im Nachhinein wahrscheinlich todpeinlich sein wird, das Ganze anzusehen, nein, auch über das Thema weiß ich doch eigentlich überhaupt nichts! Ich meine, Anime, was weiß ich denn schon? Klar hab ich mir in Deutschland während meines Japanologiestudiums ein paar angeguckt, die Klassiker halt, *Evangelion*, Ghibli, die Filme von Kon Satoshi und so weiter, aber trotzdem, bis ins Detail kann ich bestimmt nicht argumentieren. Aber für solche Gedanken ist es jetzt längst zu spät.

In der Nacht vor der Sendung wecke ich Naho bestimmt 3 Mal auf und jammere ihr die Ohren voll. Sie ist wie immer superverständnisvoll. Helfen tut das allerdings wenig. Als ich am nächsten Morgen aufwache, ist mir schlecht. Aber ich hab noch mindestens 5 Stunden bis zum Sendebeginn zu killen. Also fahre ich in die Uni und gehe ins Internet. Hilft alles nichts. Als es eine Stunde vor Vorbesprechungsbeginn ist, fahre ich nach Roppongi, wo sich der Sender SPACESHOWER TV befindet. Natürlich ist die Karte scheiße, und ich komme wie immer zu spät. Noch 1,5 Stunden bis zum Sendebeginn.

Ich werde von einem Assistenten in eine Art Wartezimmer geführt, in dem schon ein paar andere Leute rumsitzen. Vom Personal ist auch niemand da, der uns mal gegenseitig vorgestellt hätte oder so. Die anderen sehen alle ziemlich japanisch aus. Irgendwann bricht ein Ami das Schweigen, und wir fangen nach und nach an zu erzählen. Wie erwartet sind alle um die 6 Jahre in Japan, Halbjapaner oder sonst welche Genies. Neben denen muss ich mich schon ganz schön zusammenreißen, um nicht wie ein Vollanfänger zu wirken. Außer mir sind da 2 Amis, eine Thailänderin, ein Peruaner japanischer Abstammung und ein tatsächlicher Japaner. Interessant ist nur, dass außer dem Japaner, der an der Uni eine Art Anime-Fanclub betreibt, niemand so wirklich Plan vom Thema zu haben scheint. Wahrscheinlich war es zu schwer, innerhalb von Tôkyô ein paar einigermaßen japanischsprechende Typen aufzutreiben. Würde mich bei der Ignoranz vieler hier lebender westlicher Ausländer wirklich nicht wundern. Irgendwann erklärt uns jemand in superschnellem Japanisch den Ablauf, ich verstehe so 2 Drittel, der Rest komplett alles. Oh Gott, ich will nach Hause.

Wir werden ins Aufnahmestudio geführt und von den Hosts der Show, die auch die Diskussion leiten werden, begrüßt. Es sind Pierre Taki von DENKI GROOVE, einer wohl auch in Europa erfolgreichen Technogruppe, Moriyama Naotarô, seines Zeichens Popsänger, und Marie, Model und Vollidiotin, in Tôkyô geborene und auch dort aufgewachsene Tochter reicher Franzosen.

Wir müssen auf ein Zeichen durch eine Art Torbogen den Raum betreten, während Marie irgendwelche Zitate, die wir vorher in einem Selbstvorstellungsfragebogen von uns gegeben haben, vorliest, uns auf unseren Platz setzen und darauf warten, irgendwann irgend was gefragt zu werden. Dann soll es eine freie Diskussion geben.

Wir warten hinter der Kulissen. Sekunden werden zu Minuten, Minuten zu Stunden. Dann der Countdown. Ich bin Zweiter und stoße mir erst mal am für Kaukasier viel zu niedrigen Torbogen den Kopf. Großartiger Einstand. Wir setzen uns einer nach dem anderen an unseren Platz, und die Moderatoren fangen an, uns Fragen zu stellen. Ich sage, dass ich *Disney* für eine konservative, furchtbar langweilige, die Köpfe der Kinder vergiftende Angelegenheit halte. Die anderen sind großteils meiner Meinung, wie zu erwarten sehr zum Entsetzen der Mickey Mouse liebenden Japaner. Aber deswegen hat man uns ja wohl eingeladen. Die 20 Minuten, die unser Auftritt inklusive An- und Abmoderation und Werbepause dauert, kommen mir vor wie Sekunden. Ich bin nicht mal nervös, eigentlich läuft alles sogar relativ smooth. Mir fällt schon auf, dass mein Japanisch stockender und unrichtiger ist als sonst, alles in allem hält sich das aber in Grenzen, und somit ist das einzig wirklich Peinliche, was ich von mir gebe, das, dass ich den Abschnitt zwischen Knöchel und Wade bei Frauenbeinen am liebsten mag. Warum ich das überhaupt gesagt hab? Eine lange Geschichte.

Nach der Show komme ich mir vor, als hätte ich 2 Stunden durchgejoggt. Irgendwie wird mir da erst die psychische Belastung richtig bewusst, die das wohl gewesen sein muss. Also treffe ich mich mit Naho in Shinjuku, um auf den Erfolg anzustoßen.

Wir gehen in ein billig aussehendes *izakaya* und werden hart abgerippt. Trotzdem, innerhalb der 2-stündigen All-you-can-drink-Session schießen wir uns so ab, dass das irgendwann auch nichts mehr macht. Diesen Tag wird mir keiner versauen. Beim Rausgehen schreibe ich mit Edding fett RIP OFF auf das Schild des Geschäfts. Wir werden dabei gesehen und müssen laufen gehen. Im Menschengetümmel des nächtlichen Shinjuku kein wirkliches Problem. Naho bricht ein Heel ab, sonst geht alles gut.

2006 JULI 25

Bei einem Konzert der MORNINGS treffe ich Yuka wieder, die letztes Jahr an meiner Uni graduiert hat und mit der ich damals nur 1 bis 2 Sätze gewechselt hatte. Wir trinken unglaublich viel und erzählen uns alles, vor allem alles, was mit Sex zu tun hat. Sie hat in den Ferien in Italien irgendeinen Typ in der Toilette eines Clubs gefickt, und ich erzähle ihr, wie ich in Köln in der Abstellkammer der Uni die Freundin eines entfernten Bekannten gefickt hab.

Sie sagt, dass sie keinen Bock mehr auf japanische Typen hat, ich dasselbe über kaukasische Frauen. Eigentlich war da schon alles gesagt, da wir aber hammerbesoffen sind und Yuka schließlich eine dieser mir nach wie vor vollkommen rätselhaften japanischen Frauen ist, weiß man eben nie. Wir hatten damals an der Uni schon E-Mail-Adressen ausgetauscht, also erübrigt sich wenigstens das. Ich frage sie, ob sie sich mal alleine mit mir treffen würde, und sie sagt ja. Also maile ich ihr am nächsten Tag, um ein Date klarzumachen. Auf die Antwort muss ich 2 nervenzermürbende Tage warten. Japanische Frauen.

Die großartigen NIGHTMARE OF YOU verhindern, dass ich verrückt werde. Weitere 3 Tage später treffe ich Yuka in Shinjuku. Sie sieht nach wie vor großartig aus, und ich falle fast in den Ausschnitt ihrer Bluse. Dass es japanische Frauen mit so großen Brüsten gibt, hab ich bis jetzt nicht gewusst. Ansonsten ist sie aber superzierlich und grazil, spricht höflich und zurückhaltend und entspricht damit so ziemlich genau dem, was japanische Männer wohl erwarten. Ich sage ihr, dass sie damit aufhören kann und normal sein soll. Sie lacht und erwidert, dass ich sie dafür erst mal betrunken machen muss. Also brechen wir unseren Spaziergang ab und gehen ins nächste *izakaya*. Und was soll ich sagen, von Bier zu Bier wird die Stimmung besser, und vor allem erotisch aufgeladener. Wir tauschen sexuelle Details und Vorlieben aus, und irgendwann kann ich vor lauter Alkohol, positiver Nervosität und Erwartungshaltung kaum mehr atmen. Als es spät und damit Zeit für unsere letzten Bahnen ist, sagt sie, dass sie mit diesen Klamotten morgen nicht arbeiten gehen kann, man würde sie dann für eine Nutte halten. Ich check zuerst gar nicht, was sie damit meint. Sie sagt, dass sie morgen um 6 aufstehen, nach Hause fahren und sich umziehen müsse und dann erst in die Firma fahren könne, ob dass O.K. für mich wäre. FUCK YEAH! Auf dem Weg zu mir sprechen wir so gut wie gar nicht mehr, irgendwie ist für den Moment alles Notwendige gesagt. Ich gucke aus dem Fenster der Bahn, und irgendwie wirkt auf einmal sogar die Betonwüste des urbanen Tôkyô auf eine seltsam irreale Weise weich und fließend. Wir kaufen noch ein Bier am *konbini* und betreten mein Apartment. Ich verstecke Nahos auf dem Boden verstreute Klamotten, während sie im Badezimmer ist.

Mir ist schlecht, gleichermaßen vor Nervosität, Alkohol, schlechtem Gewissen und Vorfreude. Yuka macht das Licht aus, setzt sich zu mir aufs Bett und starrt auf den Boden. Ich weiß, dass sie nicht schüchtern ist, bin mir aber auch im Klaren darüber, dass sie die Rolle des zurückhaltenden japanischen Mädchens nicht so einfach abschütteln kann. Während ich sie so betrachte, fällt mir zum ersten Mal so richtig auf, wie wunderschön sie eigentlich ist. Lange Wimpern, volle Lippen und ein Körper, wie ich ihn außer in Filmen wahrscheinlich noch nie gesehen hab. Also stelle ich das Bier weg und küsse sie. Ihr ganzer Körper ist unglaublich weich und ihre Lippen sind das unglaublichste Erlebnis überhaupt. Sie stöhnt, wo immer ich sie auch berühre, Schultern, Rücken, Arme, ihr ganzer Körper scheint eine einzige erogene Zone zu sein. Sie nimmt meinen Finger in ihren Mund und macht damit Dinge, die mich wirklich alles andere vollkommen vergessen lassen.

Im Dunkeln sieht sie aus wie ein zierliches 12-jähriges Mädchen mit den Brüsten einer Pornodarstellerin. Verstärkt wird dies von dem Fakt, dass sie nicht ein einziges Haar am Körper hat. Als ich sie unten küsse, fühlt sich das genauso an wie zuvor ihre Lippen. Der Start einer unglaublichen Nacht. Irgendwann schläft sie neben mir ein, und ich verbringe die nächsten 2 Stunden damit, das restliche Bier zu trinken, Zigaretten zu rauchen, MORRISSEY zu hören und ihren schlafenden Körper zu betrachten. Für diesen Moment ist alles perfekt.

2006 JULI 26

Als ich am nächsten Morgen aufwache, ist sie nicht mehr da. Klar, musste ja um 6 aufstehen, 1,5 Stunden nach Hause fahren, sich umziehen und zurück nach Tôkyô zur Arbeit. Mit nur ungefähr 3 Stunden Schlaf. Aber sie ist ja grad erst 22, da wird das schon klargehen. Ich für meinen Teil kann auf jeden Fall an nichts anderes mehr als an Yuka denken. Das ist typisch, ich bin immer so. Furchtbar. Wenn es Emo nicht schon gäbe, es müsste für Typen wie mich erfunden werden. Langsam fallen mir Teile unseres Gesprächs von gestern im *izakaya* ein. Die Anzahl der Männer, mit denen sie schon geschlafen hat, ist zugegebenermaßen schockierend. Was mich allerdings nicht weiter stört. An der Uni hat sie den Ruf einer Schlampe. Und auch Eugene meinte »Hit 'n' run!«, als ich ihm gestern gemailt hatte, dass wir jetzt zu mir gehen.

Aber der »run«-Part ist mir noch nie leichtgefallen. Außerdem fällt mir wieder ein, wie sie gesagt hat, dass sie im Moment mit niemandem zusammen sein will. Später allerdings auch, wie nervös es sie machen würde, in meiner Gegenwart zu sein. Und überhaupt, was ist mit mir? Ich habe eine Freundin, verdammt! Und zwar eine supergute, die alles für mich tun würde. Irgendwie kommt es mir so vor, als ob Geschichte gerade dabei wäre, sich zu wiederholen. Vor fast 3 Jahren in Köln ist mir schließlich dasselbe passiert.

Aber stop, wer sagt denn überhaupt, dass ich Naho verlassen würde? Wegen einem vielleicht nur 1-Night Stand. Trotzdem, ich muss zugeben, dass ich im Moment ALLES dafür gegen würde, Yuka bei mir zu haben. Einfach locker machen und sehen, wie sich alles entwickelt. Das wird wohl das Beste sein. Also maile ich ihr, dass es gestern einfach großartig war und ich sie gern wiedersehen würde. Dann fahre ich in die Uni, um total verkatert meine Abschlussprüfung in japanischer Literatur zu schreiben. Ich kann mich nicht erinnern, wann ich mich zuletzt so schlecht konzentrieren konnte.

Am Abend kommt Naho zu mir, und ich fühle mich elend, scheiße und depressiv. Dazu kommt, dass noch keine Antwort von Yuka gekommen ist. Wer weiß, was in ihr gerade vorgeht. Wahrscheinlich ist sie von der Arbeit total am Arsch nach Haus gekommen und sofort ins Bett gefallen. Trotzdem, über eine Antwort hätte ich mich gefreut. So allerdings sitze ich neben Naho, die sofort merkt, dass irgendwas nicht stimmt, auf dem Bett und leide schweigend vor mich hin. Als Ausrede sage ich ihr, meine (wirklich katastrophal gewordene) finanzielle Situation mache mir zu schaffen. Gelogen ist das zumindest nicht. Irgendwann fragt sie mich, warum ich ständig auf mein Handy gucken würde. Ich sage, dass ich eine Mail von meiner Agentur erwarten würde. Was auch irgendwie stimmt. Und die dann sogar kommt. Ich hab 2 Fotoshootings und 2 mögliche Fernsehwerbeclips in den nächsten 10 Tagen. Wenn das alles glattgehen würde, hätte ich für 1 bis 2 Monate erst mal erheblich weniger Sorgen.

2006 JULI 27

Die Antwort von Yuka kommt einen Tag später und ist natürlich extrem zurückhaltend. Ich kann nicht mal zwischen den Zeilen lesen. Zu unserer Show am Freitag kann sie nicht kommen. Also schreibe ich ihr und frage, wie es mit Samstag wäre (Naho ist das ganze Wochenende beim Fuji Rock Festival, so was wie das japanische Rock am Ring). Es ist jetzt 1.52 Uhr nachts und ich warte noch immer auf die Antwort. Zermürbend.

2.43 Uhr: Die Mail kommt! Samstag geht klar. Wenn auch nur für ein paar Stunden nachmittags, weil ich später arbeiten und sie am nächsten Tag um 5 Uhr morgens raus muss. Immerhin.

2006 JULI 28

Fotoshooting für den Katalog von Tête Homme, einer französisch/japanischen Modemarke. 34 verschiedene Aufnahmen, da wird am Ende echt jede Sekunde Stillstehen zur unglaublichen Herausforderung. Als mir dann am Ende noch von 2 der fettesten Menschen Japans gesagt wird, dass ich abnehmen muss, will ich bei der nächsten Tokyo Collection dabei sein, hab ich echt keinen Bock mehr. Aber recht haben sie ja. So kann's auch nicht weitergehen. Saufen, fressen, pennen. Wie mit 16.

2006 JULI 29

Wir spielen mit THE GREAT CIRCUITING die wohl schlechteste Show, die Tôkyô je gesehen haben dürfte. Beim Abgehen vorm ersten Gesangspart im ersten Lied reiße ich aus Versehen alle Basskabel aus dem kleinen Kasten neben dem Amp, wofür auch immer der gut sein mag, spiele, natürlich ohne es in den ersten 2 Minuten zu merken, das Lied quasi mit Akustikbass und als dann auch noch Eugenes Gitarrensaite reißt, stehen wir komplett ohne Sound da. Der PA-Nazi unternimmt auch nicht wirklich was, also müssen wir unter atmosphäretötendem Druck überall dran rumfummeln, bis endlich wieder irgendwo Töne rauskommen, die sich wenigstens entfernt so anhören wie die Musik, die wir eigentlich spielen wollen. Im nächsten Lied reißt die nächste Saite, im überübernächsten die überübernächste. Und wenn erst mal die Stimmung tot ist und man das Gefühl hat, alle vor der Bühne rumstehenden Menschen (auch wenn wir die Zahl in knapp 10 Minuten, trotz funky Ausländerbonus, um die Hälfte reduziert haben dürften) tun dies nur aus Höflichkeit, wird auf einmal sogar so was wie Singen zur echten Herausforderung. Um nicht zu sagen irgendwie peinlich.

Als es endlich vorbei ist, verpissen wir uns direkt in den Backstagebereich und kommen so lange nicht raus, bis die Bierreserven zu Ende sind. Doch während Eugene und ich dem Ganzen trotz seiner unfassbaren Peinlichkeit, vielleicht alkoholbedingt, durchaus seine lustigen Seiten abgewinnen können, schweigt unser Drummer Ryûta die ganze Zeit verdächtig. Bis er die Bombe rauslässt und sagt, er hätte so keinen Bock auf die Band mehr. Wow. Das muss man erst mal verdauen.

Wir gehen durch die Hintertür zum *konbini*, kaufen Bier, trinken dieses draußen vor dem Club und unterhalten uns 2 gute Stunden über die Band und Musik im Allgemeinen. Jeder hat seine eigenen Vorstellungen und Interpretationen dessen, warum es in letzter Zeit nicht mehr läuft, und wir enden damit, dass wir, wenn der in ein paar Tagen für einen Monat nach San Diego verschwindende Eugene wieder zurück in Tôkyô ist, es noch mal so richtig konsequent von Anfang an versuchen werden. Und wenn das auch nicht klappt, so unterhalten Eugene und ich uns später, suchen wir uns halt wieder nen neuen Drummer. Wäre ja nicht das erste Mal ...

2006
JULI
30

Das lang ersehnte Date mit Yuka. Was war das für eine Woche auf heißen Kohlen. Aber jetzt ist es endlich so weit, und ich sitze seit circa 30 Minuten (bin natürlich viel zu früh da) auf den Stufen der Treppe des Kaufhauses Lumine am Süd-Ausgang des Bahnhofs in Shinjuku, vollkommen nervös und durch den Wind. Naho ist beim Fuji Rock, und ich bin hier. Die letzten Tage habe ich sie kaum gesehen, obwohl wir sonst so ungefähr jeden 2. Tag rumhängen, aber in der jetzigen Situation, einfach zu viel. Hier werden heute Weichen gestellt, so viel ist klar.

Aber was will ich denn überhaupt? Das zu wissen, würde sicher helfen, zumindest mir. Und wie ich so dasitze und mir fast gezwungenermaßen Gedanken mache, beziehungsweise diese machen sich gegen meinen Willen eigentlich eher von selber, kommt mir zum ersten Mal *wirklich* in den Sinn, wie es wäre, wenn Naho tatsächlich weg wäre, ich sie wirklich durch Yuka »ersetzen« würde. Naho, die erste Person in Tôkyô, die es wirklich interessiert hat, ob ich lebe oder sterbe, von der ich das Gefühl habe, dass sie mich, trotz meiner inhärenten Abgefucktheit, ernsthaft und von ganzem Herzen akzeptiert und ja, liebt, vielleicht. Nur bin ich mal wieder nicht in der Lage, das zurückzugeben, wie schon damals, vor bald 3 Jahren in Köln. Und noch während mir diese ganzen Dinge im Kopf rumschießen, steht sie plötzlich vor mir. Yuka. Schön, wie sie leibt und lebt. Wir gehen in den Shinjuku Gyôen Park, vor Hunderten von Jahren für den alleinigen Gebrauch eines einzigen adligen Feldherrn erbaut, zumindest wird mir das so überliefert, und genau so sieht es auch aus. Idylle pur. Und inmitten dieser Idylle eröffnet mir Yuka, dass sie einen Freund hat und mich nicht mehr sehen kann. Was zugegebenermaßen alle meine Probleme von alleine löst, aber auch hammerhart zu schlucken ist. Zu meiner eigenen Freude realisiere ich allerdings auch eine Art Erleichterung und in dem Moment, in dem sie in ihre Bahn steigt und zum Abschied traurig winkt, eine unglaubliche Sehnsucht nach Naho. Ist der Kelch wohl noch mal an mir vorbeigegangen.

Am Abend treffe ich mich mit dem frisch in meine Nachbarschaft nach Kôenji gezogenen Eugene, es ist der Abend vor seiner Abreise, und wir saufen, als ob es kein Morgen gäbe.

31 JULI 2006

Die nächste große Herausforderung in diesem, meinem Modeljob. Ich werde als Backgroundtänzer für das neue Promovideo der japanischen Technopopgruppe GLOBE gecastet. Wer mich kennt, kann allein bei dem Gedanken daran eigentlich nur langsam und qualvoll sterben. Ob vor Lachen oder Entsetzen, bleibt ihm selbst überlassen. Es ist aber auch wirklich pure Ironie bis zum Gefrierpunkt.

Ich bin der Einzige der 12-köpfigen Ausländertruppe, der es ohne Hilfe bis zum Filmstudio, in dem das Video aufgenommen wird, schafft, was leider nicht für meine herausragenden Fähigkeiten spricht, sondern einfach nur für die unfassbare Unfähigkeit der meisten dieser Idioten von Profimodels. Vom Bahnhof geradeaus und einmal rechts abbiegen. Duh. Am Treffpunkt angekommen, mal wieder die Realisierung dessen, was es bedeutet, alone in a crowd zu sein. Natürlich sind die anderen Models zu 99% professionelle Tänzer oder kommen zumindest aus einer der dafür relevanten Club/Techno/Hip-Hop-Szenen. Zur Hälfte Hammerfrauen aus Japan und zur anderen Machoprolls aus Amerika. Die finden sofort zueinander. Ich ernte höchstens Kuriositätenpunkte, da ich das zu ebenfalls 99% aus Fleisch bestehende Catering nicht essen kann. Verstehen die gar nicht, so was. Klar, wie auch?

Zum Shooting selber werden wir in eines der Aufnahmestudios eskortiert, in dem sonst nur richtige Filme gemacht werden, woran man schon das Geld spürt, das hinter der ganzen Produktion steckt und von dem wir natürlich nur die vom Tellerrand fallenden Krümel abkriegen, die mir aber natürlich noch immer groß genug sind, um so gut wie alles dafür zu machen. Inklusive *tanzen*. Aber mein Gott, die Miete zahlt sich halt einfach mal nicht von selbst.

Im zur Großraumdisco umgebauten Studio müssen wir dann zum wahrscheinlich schlechtesten Techno der Welt tanzen. Alle männlichen Models machen sich nach dem kurzen Probeshooting während der Wartezeit für die richtigen Aufnahmen über die dies natürlich willig akzeptierenden Frauenmodels her. Dass ich am Rande übrigbleibe, bedarf keiner weiteren Erwähnung, ist aber eben auch egal, obwohl man schon sagen kann, dass ich rein theoretisch gesehen zumindest auch bei furchtbar unterbelichteten Discoschlampen ankommen will, aber manche Dinge sind eben so weit von der Realität entfernt, dass es sich nicht mal lohnt, darüber auch nur nachzudenken. Dass ich das dann trotzdem die ganze Zeit tue, ist wohl meine Schuld. Egal.

Ich tanze also wie der letzte Vollidiot ahnungs- und planlos durch die Gegend und bemühe mich dabei, immer schön im Hintergrund zu bleiben, was auch zuerst ganz gut klappt, da der japanische Detlef Soost, oder D! oder wie der hieß, meine Unfähigkeit in Bruchteilen von Sekunden perfekt einzuschätzen weiß (wofür man zugegebenermaßen nicht wirklich Choreograf sein muss) und mich an den hinteren Rand der Bühne platziert.

Als dann allerdings die Einstellungen mit der eigentlichen »Sängerin« (sorry, aber das kann man wirklich nur in Anführungszeichen setzen) gedreht werden, müssen wir uns zu gemischtgeschlechtlichen Paaren zusammentun und diesen Club/Hip-Hop-Tanz, bei dem einen die Frau so als Stripstange benutzt, machen, wobei ich natürlich erst mal wirklich NULL Plan hab, wie das so geht beziehungsweise was man dabei so darf und was nicht, während die anderen Paare um mich herum schon fast auf dem Dancefloor ficken, meine Partnerin, die ich ja auch supergeil finde (mal nur so am Rande erwähnt), mich aber nur anguckt nach dem Motto: »Was machst du denn da, Alter?!«, und was im Endeffekt dazu führt, dass es so aussieht, als würde meinetwegen der Typ von RADIOHEAD mit Beyoncé oder so in der Disco tanzen. Entsetzlich.

In den Pausen zwischen den Einstellungen kommt dann immer so ein französischer Hip-Hop-Proll angerannt und fragt meine Mittänzerin, ob sie sich ohne ihn gelangweilt habe, was diese natürlich in meiner Gegenwart mit einem »JAAAAAAAAAAAAAAA!« beantwortet. Ich meine, was soll sie auch sagen?

Irgendwann ist dann alles vorbei, und wir werden mit so einem Nightliner, ist ja auch schon 3 Uhr nachts, zu unseren jeweiligen Wohnungen gebracht, wobei dann spontan entschlossen wird, bis zur ersten Bahn zusammen wegzugehen, wobei mich aber niemand fragt, ob ich auch mitkommen will, was dann darin resultiert, dass mich ein riesiger Bus alleine nach Hause fährt, wobei es ein Taxi auch getan hätte. Ich genieße auf jeden Fall die VIP-Behandlung und werde nicht mal depressiv, dafür ist diese Realität einfach zu weit von meiner eigenen entfernt. In dem Video werde ich trotzdem irgendwie sein. Ha.

2006 AUGUST 3

Sauärgerlich! Bei MY SPACE eine ÜBERFRAU kennengelernt, die war früher mal *gurabia*-Idol, heißt also, dass es von ihr DVDs gibt, auf denen sie im Bikini vor der Kamera herumtollt und sich von pickeligen *otaku*-Guys als Onaniervorlage benutzen lässt.

Wir gehen trinken, sie sieht GOTT aus, leicht verbrauchtes Gesicht, irgendwie vom Leben und vom Biz ausgekotzt, aber eine nicht nur für eine Japanerin außergewöhnliche Oberweite, 3 Meter hohe High Heels, 3 Zentimeter kurzer Mini, mein fleischgewordener Sextraum. Nach 2 Stunden sind wir besoffen, nach 4 komplett am Arsch, nach 6 laufen wir Hand in Hand durch Shibuya auf der Suche nach einem Hotel, merken, dass wir beide nicht mehr genug Kohle dafür haben, wollen welche abheben, doch auf dem Weg zur Bank wird ihr schlecht und sie muss sich hinsetzen. Ich setz mich zu ihr, ist ja warm draußen, wir küssen uns, dabei fahr ich Karussell, dann pennen wir halb auf der Straße ein, Asi-Pennerstyle deluxe, wachen irgendwann wieder auf, schwanken durch die Gegend, ohne zu wissen, was zu tun ist, einfach *zu* weggeschossen, dann steht da ein Taxi, sie steigt ein und fährt davon. Am nächsten Tag maile ich ihr, doch höre bis zum heutigen Tage nie wieder was. Legendäre vertane Chance, die ich auf jeden Fall auf dem Sterbebett meinen Enkeln erzählen werde, auf dass sie es besser machen als ich! *Who gets hammered, doesn't get to nail.*

2006 AUGUST 5

Ich spiele eine Show im Club Wire in Shinjuku mit Jun, dem Gitarristen und Sänger der Tokioter Indiepop-Legende WINO, die hier OASIS supportet haben. Er macht jetzt Solo und suchte für die eine

Show noch einen Gitarristen. Warum also nicht? Wir proben vorher 3 Mal, 8 Songs, geht eigentlich.

Dann, als die Show anfangen soll, ist Jun selbst irgendwie nicht da. Vor der Bühne drängen sich die Leute und warten darauf, dass es losgeht, nur von Jun keine Spur. Am Telefon die Mailbox. Na großartig. Als ich mein Equipment einpacken will, fragt Masa, der auch mitspielt, was ich da gerade zu tun gedenke. »Einpacken?«, erwidere ich leicht verdutzt. »Neinneinnein, wir spielen jetzt, mit Jun oder ohne!«, sagt Masa. O.K. ... Als wir gerade das Intro anstimmen, sehe ich die Menge sich teilen und Jun unter Jubel aller auf die Bühne kommen. Der Mann hat einen Sinn für den großen Auftritt. Wie sich später herausstellt, war er allerdings nur mit seinem Hund spazieren gewesen und hatte darüber die Zeit vergessen. Ein echter Profi.

Die Show läuft aber gut und routiniert, nicht unbedingt meine Musik, aber solide und nett live zu spielen. Nach der Show bieten sich uns irgendwelche Britpop-Mädchen an. Aber so was von penetrant, das hab ich auch noch nicht erlebt. Sie beraten vor uns, wer gleich wen ficken würde. Das Geile ist, dass im Endeffekt niemand niemanden fickt. Jun schmeißt sie einfach raus, eher zum Missfallen von Masa und mir. Auf unsere leicht vorwurfsvollen Blicke erwidert er nur: »Die waren unter eurem Niveau.« Hat der ne Ahnung.

2006 AUGUST 15

In letzter Zeit gehe ich 5 Mal die Woche mit Nick aus meiner Uni trainieren. Nick ist einer der intelligentesten Menschen, die ich je getroffen habe, Masterstudent der Politikwissenschaften, Afroamerikaner und halber Bodybuilder in einem. Wir tauschen vergangene und aktuelle Frauengeschichten aus, wobei meine immer eher so sind, dass ich um jedes kleine bisschen Sex zu kämpfen habe, als ginge es um mein Leben, während ihm fremde Frauen an der Uni täglich Dreier und Ähnliches anbieten. Wenn Nick stirbt, werden sie ihm das Grinsen aus der Fresse meißeln müssen.

Auf jeden Fall gehen wir jetzt immer zusammen trainieren, reden über Frauen und haben eine gute Zeit. Endlich mal wieder jemand an der Uni, der klargeht. Aber dass mir der ganze Workout-Kram so viel Spaß macht, hätte ich echt nicht gedacht. Steht irgendwie auch im krassen Widerspruch zu meinem vor allem in letzter Zeit doch zugegebenermaßen eher destruktiven Lebenswandel, aber irgendwie fühlt sich diese kleine Insel Vernunft im Meer aus Nihilismus auch einfach gut an. Und der Fakt, dass mich die R'n'B-Bitches an der Uni auf einmal grüßen, nur weil ich mit Nick rumhänge, stört auch nicht wirklich.

2006
AUGUST
21

Beginn der Castings für die nächste Tokyo Collection. Ich rotiere wie ein Wahnsinniger, rase von Audition zu Audition, jeden Tag mehrere, alle selbstverständlich an den entgegengesetztesten Orten Tôkyôs, was stundenlange Bahnfahrten und Suchereien mit Karten, die wie immer eine Parodie ihrer selbst sind, beinhaltet. Aber was tut man nicht alles für den Fame aka die nächste Monatsmiete?

2006
AUGUST
23

Bei der japanischen MY SPACE-Variante MIXI schreibt mich eine gutaussehende junge Frau an, sie hätte Bilder von mir in diversen Zeitschriften gesehen, sei mein größter Fan und wolle sich mit mir treffen und was trinken gehen. Sie schickt mir Bilder von sich, und FUCK, klar gehe ich mit der saufen! Saori ist 18, sieht Hammer aus, trägt Netzstrümpfe, Heels und Minirock und hat schon in ihren Mails angedeutet, ein sehr »offener« Mensch zu sein.

Ich treffe sie am Bahnhof in Kôenji und weiß sofort, dass heute Nacht großartig werden wird. Wir gehen in mein Lieblings-*izakaya* und schießen uns richtig ab. Ich trinke Fake-Bier, sie Lemon Sour. Danach geht's weiter zu Karaoke. Ich mache ein Foto mit meinem Handy von uns, wie sie auf meinem Schoß sitzt und besoffen ins Mikro haucht, und schicke es Eugene, der mir darauf zurückmailt, dies sei das Bild eines »man going down in flames«.

Irgendwann haben wir genug gesungen, und sie fragt mich, ob wir nicht zu mir gehen sollen. Am *konbini* kaufen wir weiteres Bier, und auf dem Weg in mein Apartment bin ich fast schon besorgt, zu besoffen zu sein. Aber Saori ist auch einfach zu gut. Bei mir angekommen, fängt sie sofort an, sich auszuziehen, mich zu küssen und sich zu streicheln. Dann spreizt sie die Beine und sagt, ich soll sie lecken, bis sie kommt, danach wolle sie dasselbe für mich machen und alles schlucken, was ich ihr gebe. Die Frau ist Porno. Ich frag mich, wo man so was mit grad mal 18 herhat.

Wir haben noch 2 Mal Sex, wobei sie immer will, dass ich ihr beim Kommen in die Augen gucke. Als ich endlich einschlafe, denke ich an die Unmengen von Alkohol, die ich heute konsumiert habe, und wünsche mir, dass morgen nicht existieren würde. Wie cool wäre das, könnte man Tage komplett überspringen.

2006 AUGUST 24

Ich werde von einem komischen Gefühl geweckt. Ich kriege keine Luft und weiß für einige Sekunden nicht, wer und wo ich bin. Dann fällt mir alles wieder ein, Saori, der Alkohol, der Sex. Ich öffne die Augen und sehe, dass das, was sich so komisch angefühlt hat, Saoris Muschi auf meinem Gesicht ist. Sie stöhnt, bewegt sich rhythmisch darauf hin und her, und mein ganzes Gesicht ist bereits klatschnass. Saori ist aber auch echt eine der feuchtesten Frauen, die ich je hatte. Beim Sex musste ich die ganze Zeit aufpassen, nicht zu früh zu kommen, und das trotz der extremen Menge Alkohol, was eigentlich schon Bände sprechen sollte.

Da allerdings Muschi am Abend was ganz anderes ist als total verkatert am Morgen unaufgefordert im Gesicht, stoße ich sie von mir runter, kämpfe mit der Übelkeit und sage ihr, sie soll mich gefälligst pennen lassen. Was sie zum Glück auch tut.

Als ich Stunden später das nächste Mal die Augen öffne, sitzt Saori mit gespreizten Beinen mir gegenüber und masturbiert. Die Frau ist wahnsinnig. Als sie sieht, dass ich wach bin, setzt sie sich sofort auf mich und masturbiert mit mir als Werkzeug weiter. Als ich fertig bin, geht es mir immer noch furchtbar, also sage ich ihr, sie solle bitte nach Hause gehen, ich würde mich wieder melden. No Schuldgefühle! Groupiesex ist Godzilla!

2006 AUGUST 25

Mit dem Fitting für die Merci-Beaucoup-Show endet die Vorbereitungsphase für die Tôkyô Summer Collection. Abends kommt Saori zu mir und fragt mich vorher, ob sie sich als strenge Lehrerin, Prostituierte oder Schulmädchen verkleiden soll. Ich entscheide mich für die Lehrerin.

2006 SEPTEMBER 4

Im Fernsehen kommt *Red Sonja*. Unfassbarer Trash. Wer hätte gedacht, dass Brigitte Nielsen mal Flava Flavs liebste Alkoholleiche werden würde?

2006 SEPTEMBER 5

Das vorläufige Highlight für das späte 2006 kommt heute in Form von Pablo, dem Sänger von Deutschlands bester Hardcore-Band DENY EVERYTHING, in Tôkyô an. Pablo und ich hatten in Köln zusammengewohnt, bevor ich nach Tôkyô gekommen bin, und sind seitdem die besten Homies.

Am Abend gehen wir saufen, der Gesprächsstoff endet nicht, und sofort wird mir wieder bewusst, was mir hier, trotz aller guten Dinge, auch einfach immer abgeht. Meine Freunde aus Deutschland sind einfach die besten.

2006 SEPTEMBER 6

Auch die Tokyo Collection, die soeben begonnen hat, macht mehr Spaß, wenn Leute wie Pablo dabei sind. Bei der Show von Merci Beaucoup ist das Thema »Pilze«. Sehr innovativ. Aussehend wie ein Charakter aus *Super Mario World*, muss ich über den Catwalk tänzeln, ohne dabei wie der Vollidiot auszusehen, als der ich mich so angezogen fühle. Ich kann's echt gar nicht oft genug betonen: Mode ist ja soooo lächerlich!!! Wer kauft denn bitte so was? Luigi?

2006 SEPTEMBER 7

John-Lawrence-Sullivan-Fashion-Showcase. Pablo und ich sitzen verkatert am Cateringbuffet und gucken 3 Japanern 2 Stunden lang zu, wie diese versuchen, Kaffee zu kochen, sich aber wohl nicht über die Hierarchien einig sind, sodass das Vorhaben erst 10 Mal scheitert, bevor sich jemand zuständig genug fühlt, den Stecker in die Dose zu stecken. Unfassbar. Slapstick pur.

Später ruft mich der Hairstylist und fragt, ob er mir für die Show die Haare scheiden dürfe. Ich sage nein, erlaube ihm aber, diese nervigen Haare im Nacken etwas zu stutzen. Er beginnt, ich gucke nicht in den Spiegel, und bevor ich mich versehe, hat er mir alle Haare hinten und an den Seiten bis über Ohrhöhe abrasiert. 90er Crossover-Style. Mir fällt fast der Kaffee aus dem Gesicht. Ich schlage seine Hand weg und erkundige mich nach seiner geistigen Gesundheit. Er sagt, es tue ihm ja leid, aber ich sei ja ein »Freier«, also dürfe er machen, was er wolle beziehungsweise der Designer ihm auftrage. Ein Anruf bei meiner Agentur stellt klar, dass ich alles andere als »frei« bin. Und zwar so was von gebunden, dass ihn dieser Versuch, jemanden zu verarschen, umgerechnet 2000 Euro kostet. Der teuerste Haarschnitt ever. Und ein grandioses Taschengeld für mich. Auch schön zu hören, wie Seiko, meine Managerin, ihn am Telefon 10 Minuten lang anschreit. Herrlich. Der Fakt, dass ich für die nächsten 4 Wochen aussehe wie Phil Anselmo weniger.

2006 SEPTEMBER 8

Nach der heutigen Show sind Naho, Pablo und ich auf die Hochzeitsparty von 2 Freunden von mir gegangen. Alle außer Pablo und mir tragen Anzüge, wir DESCENDENTS- und MINOR THREAT-T-Shirts. Da es sich bei den Heiratenden allerdings um Leute aus der Hardcoreszene handelt, fällt selbst dieser Fauxpas eher positiv auf. Überhaupt ist die ganze Party vollkommen super. Alles sieht aus wie aus einem Disney-Film, ist es aber nicht. Nach der Ja-Wort-Sagung kommt HATEBREED aus den Boxen. Hammer. Und als wir Hochzeitsfotos mit dem Paar machen, entsteht ein spontaner Moshpit mit Stagediving. Die Fotos werde ich mir bestimmt in 10 Jahren noch gerne anschauen.

Zu meinem Unglück gewinnt Naho beim obligatorischen Bingospiel nicht die Playstation Portable, sondern 2 Tickets für Tôkyô Disneyland. Gott, was hast du dir als Nächstes für mich ausgedacht? Mutterficker.

Geil auch, dass mein Word das Wort Mutterficker nicht erkennt.

2006 SEPTEMBER 12

Nach Pablos Abreise verbringe ich die üblichen ersten Tage einsam und alleine in meinem Zimmer vor dem Fernseher. Wenn doch meine Freunde aus Deutschland auch alle hier wären, was für eine nicht enden wollende Party wäre das! Zum Glück hab ich Naho, ohne die ich unwiederbringlich verloren wäre. Einfach zusammen rumzuhängen, zu kochen, Video zu gucken und dabei Bier zu trinken, hilft mehr als alles andere auf der Welt, wenn ich mich einsam fühle. Das kann ich gar nicht stark genug betonen. Danke, Naho.

2006 SEPTEMBER 22

Ein Freund fragt mich, ob ich nicht vor, während und nach der Show von SHOCKING LEMON, einer japanischen Indie-Band, der ich auch alles andere als abgeneigt bin, Musik auflegen möchte. Freie Drinks und unbegrenzte Gästeliste, außerdem prozentuale Gewinnbeteiligung. Nice, wird gemacht!

SHOCKING LEMON sind erwartungsgemäß gut, vor allem aber viel populärer, als ich gedacht hatte. Unter den Zuschauern herrscht eine Frauenquote von gefühlten 90%. Könnte also alles mal wieder schlimmer sein. Nach der Show sitze ich zusammen mit der Band in der Backstage und unterhalte mich über Musik, Kultur, Gott und die Welt. SHOCKING LEMON sind aber, auch trotz ihres furchtbaren Bandnamens, einfach großartig, vor allem auch menschlich. Superoffen und interessiert.

Später am Abend stellt Taka, der Sänger, mir einen seiner weiblichen Fans vor. Ihr Name ist Yukina, und wir hatten uns schon während der Show und meines DJ-Sets die ganze Zeit über angeguckt. Yukina ist OL, sieht aus wie das krasseste Fashion Victim überhaupt, kennt aber sogar MINERAL (!), BRAND NEW und THE STARTING LINE. Womit sie meine offenen Türen nicht nur einfach einrennt, sondern sich gleich bis in die inneren Gemächer Zutritt verschafft. Wie sich herausstellt, ist ihr Hobby Unterwäschesammeln. Auch nicht schlecht.

Wir tauschen Telefonnummern aus und verabreden uns zu einem Date in Nakano, wo sie wohnt, zu Fuß nur 20 Minuten von Kôenji und damit auch für mich letzte-Bahn-unabhängig. Perfekte Voraussetzungen.

2006 SEPTEMBER 27

Es gibt Tage, an denen wächst mir der Job über den Kopf. Um 5 Uhr aufstehen, zu einem Fotoshooting nach Daikanyama fahren, um 12 zur Agentur, Geld und Wegbeschreibung fürs nächste Casting abholen, dann dahin fahren, sich vorstellen, Hände schütteln, wieder woanders hin, noch ein Casting, dann zu einem Fitting für die Modeshow von morgen, und bevor man sichs versieht, ist es 9 Uhr abends und man war ohne Pause 16 Stunden unterwegs und hat gearbeitet. Soll mir also noch mal einer kommen, von wegen das wäre leicht verdientes Geld. Na ja, eigentlich ist es das schon. Aber trotzdem. Man wird sich ja wohl mal beschweren dürfen.

2006 OKTOBER 1

Das neue Semester beginnt für mich mit dem Entschluss, mal wieder einen Kurs zu bestehen. Im ersten Semester hatte ich noch hauptsächlich Einsen, im 2. dann eher Vieren und im 3. nur noch »F«, also »Failed«. Es war aber auch einfach unmöglich, bei der ganzen Arbeit noch regelmäßig in die Uni zu gehen, geschweige denn zu lernen oder an irgendwelchen Abschlussprüfungen teilzunehmen.

Aber bei meinem derzeitigen Standing in meiner Agentur kann ich es mir erstmals sogar erlauben, Anforderungen zu stellen. Wenn ich morgens Uni hab, müssen wir das Shooting halt nachmittags machen. Punkt. Dieses ganze Arbeiten ohne geistigen Ausgleich hat mich irgendwie leer zurückgelassen. Dieses Semester wird das anders. Zumal ich mit »Geschichte des japanischen Films«

und einem Seminar über »*otaku* culture« auch einfach Hammerkurse hab.

Abends: Ich treffe Yukina am Bahnhof in Nakano. Sie sieht noch besser aus als auf der SHOCKING LEMON-Show, trägt Leopardenmuster-Heels und den kürzesten Rock der Geschichte der Damenbekleidung. Mein Plan ist es, sie beim Bowling so zu beeindrucken, dass ihr gar nichts anderes mehr übrigbleibt, als mit mir nach Hause zu kommen.

Als meine ersten 2 Würfe beide im Gutter landen, weiß ich, dass es Zeit für Plan B ist. Alkohol, die Frauen und ich – never change a winning team.

Wir gehen in ein nahe gelegenes *izakaya* und spülen unsere sportliche Inkompetenz weg. Als Yukina kurz austritt und ich ihr wie ein geiler Schuljunge hinterherglotze, spricht mich der alte Mann vom Nebentisch an und meint, dass ich die ganze Zeit nicht nur über mich selbst sprechen solle, sonst würde das heute nichts mehr mit meiner Partnerin. Wow. Aber recht hat er. Also höre ich ab jetzt verstärkt zu. Was dazu führt, dass wir eine Stunde später auf dem Weg zu mir sind. Irgendwie kann ich das selbst noch gar nicht glauben, was für einen Lauf ich in letzter Zeit habe. Wenn ich das mit meinem ersten Jahr hier vergleiche, Mannmannmann.

Zu Hause angekommen, bittet mich Yukina, das Licht anzulassen. Wir küssen uns lange, wobei sie laut und heftig atmet, bis ich sie ausziehe und ihren unfassbar perfekten Körper bewundere. Ohne Scheiß, manche Frauen sind einfach reine Kunstwerke. Bei dem Gedanken, dieses gleich zu beschmutzen und zu entweihen, könnte man fast melancholisch werden. Aber die Art, wie sich der Schatten der Straßenlaterne auf ihre dünnen, langen Beine legt, ihre Schultern und Brüste betont, ist einfach viel zu unglaublich, um wahr zu sein.

Beim Sex kommt sie im Minutentakt. Ihr ganzer Körper zuckt unter mir, sie beißt in meine Schulter, um die Schreie zu unterdrücken, und bringt mich so fast um den Verstand. Dabei mache ich noch nicht mal irgendwas Besonderes. Manchmal passt es bei 2

Menschen einfach. Wobei mir dann immer wieder auffällt, dass ich auf den Fakt, ob eine Frau einen Orgasmus hat oder nicht, eigentlich überhaupt keinen Einfluss zu haben scheine. Im Prinzip mach ich doch immer irgendwie dasselbe. Und bei manchen passiert dabei gar nichts, bei anderen, wie Yukina, allerdings alles.

Die Vagina, ein Buch mit 7 Siegeln. Aber was für ein Bestseller!

2006 OKTOBER 2

Mir ist es ja selbst schon fast peinlich, aber der 2. Tag in Folge die 2. Frau. Ich treffe zufällig Tomomi an der Uni, keine Ahnung, ob ich das irgendwann mal erwähnt habe, eine kleine, süße Deutschstudentin, mit den schwärzesten Haaren Tôkyôs, mit der ich mich vor einem Jahr, allerdings ohne Ergebnis, öfter Mal getroffen hatte. Sie fragt mich unverbindlich, was ich heute Abend machen werde, sie habe gerade erfahren, dass sie den Job als Kolumnistin einer der größten japanischen Tageszeitungen bekommen hat, ab nächstes Jahr geht's los, und dies wolle sie jetzt feiern. Obwohl ich eigentlich müde und etwas ausgelaugt bin, sage ich zu.

Also treffen wir uns später in Shinjuku und gehen in eines meiner Lieblings-*izakaya*, da wo das Bier billig und die Musik gut ist. Wir reden und trinken, und bevor ich überhaupt begreife, was passiert, stehen wir in der Bahn auf dem Weg zu mir. Aber auf einmal weiß ich gar nicht mehr, ob das alles so richtig ist, was ich hier mache. Ständig klingelt das Handy, es ist Naho, die ich wegdrücke, und in meiner Wohnung herrscht noch das Chaos von gestern mit Yukina.

Angekommen, legen wir uns relativ wortlos ins Bett und haben Sex. Aber obwohl Tomomi, wie fast alle japanischen Frauen übrigens, super ist und genau weiß, was sie machen muss, bin ich geistig irgendwo ganz anders. Nachdem ich gekommen bin, schließe ich die Augen und lasse die letzten Wochen Revue passieren. Langsam, aber sicher schlafe ich ein. Irgendwann zieht Tomomi sich wortlos an und ruft sich ein Taxi. Ich murmele halbherzig Worte der Entschuldigung, als sie ihre Sachen nimmt und die Wohnung verlässt. Dann rufe ich Naho an und tische ihr irgendeine dumme Lüge auf, warum ich nicht ans Telefon gegangen bin. Und obwohl sie ganz genau weiß, was läuft, tut sie so, als wäre dem nicht so. Irgendwas läuft gerade ganz falsch.

»I'm sorry, here I go / I know I'm a sinner / But I can't say no«
WEEZER – »Tired Of Sex«

2006
OKTOBER
27

Was ist das wieder für ein krasser Monat gewesen. Jeden Tag Uni bis nachmittags, bis jetzt alle Tests mehr oder weniger gut bestanden, ein 1-Stunden-Referat über den Regisseur Kon Satoshi und seinen genialen Film *Perfect Blue* gehalten und dann zu irgendwelchen Fotoshootings irgendwo in und um Tôkyô. Aber auch wenn das alles recht viel Stress und Anstrengung bedeutet, will ich mich eigentlich gar nicht beschweren, denn was zählt, ist der Fakt, dass ich, wenn ich abends die Augen schließe, mehr oder weniger glücklich und erfüllt einschlafen kann. An den Wochenenden dann Partys mit Naho und Eugene – *izakaya*, Karaoke, das Übliche. Aber irgendwie nicht mehr so übertrieben, exzessiv wie noch vor einigen Wochen/Monaten. Läuft also eigentlich alles ganz gut, würde ich sagen.

Bei einem Fotoshooting für die Marke Cootie lerne ich deren Designer kennen. Gôhei und Tetsuya sind unfassbar coole Typen, beide Ex-Chinpira (eine Art Yakuza-Azubi), von oben bis unten tätowiert, die aber irgendwann den Absprung geschafft, auf der Abendschule ihre Highschool nachgeholt, Design studiert und jetzt ihre eigene Skate- und Streetwear-Marke gegründet haben. Respekt.

Mit den beiden verstehe ich mich von Anfang an großartig, das Fotoshooting wird dabei irgendwie zur Nebensache, obwohl ich sagen muss, dass sich das Ergebnis *wirklich* sehen lassen kann, gehört nach wie vor mit zu meinen Lieblingsarbeiten, aber der ganze Abhäng- und Laberteil ist einfach um Längen wichtiger und interessanter. Gô ist BLACK FLAG-Fan, während Tetsu mehr auf MISFITS steht, worin sich beide aber einig sind, ist ihre Affinität zu einem Leben ohne Grenzen, zu einem Ausbruch aus den starren Regeln der japanischen Gesellschaft, die entfremdete Arbeit sowohl über das Leben des Einzelnen als auch der Massen stellt, zu einem Versuch, das Beste aus sich und für sein gesamtes Umfeld herauszuholen, was in dem Ergebnis resultiert, dass alle Mitarbeiter von Cootie irgendwie miteinander befreundet sind und einen ähnlichen Background respektive eine ähnliche Herangehensweise an die Dinge haben. Vom Designer über den Fotografen bis zum Steuerberater, hier ist jeder tätowiert, into Punkrock und einfach saucool und freundlich.

Ich werde direkt zu einer Party in meiner alten Heimat San-Cha eingeladen, wo auch die meisten Cootie-Guys ihre Wohnungen haben.

Das Ganze findet in einem kleinen *izakaya* statt, das, so wie es mir beim Eintreten erscheint, komplett gemietet wurde. Man ist also scheinbar gern unter sich. Warum auch nicht?

Als ich zu dem eigentlichen Raum, in dem die Party stattfindet, geleitet werde, verstellen mir plötzlich 2 Yakuza-Typen den Weg. Aber bevor ich noch erschrocken rumstammeln kann, dass ich von den Cootie-Jungs hierher eingeladen wurde, erscheint auch schon Gô und bedeutet den beiden, mir, anstatt den Weg zu verstellen, lieber ein Bier zu holen. Wow. Starker Auftritt.

Wie sich später rausstellt, gehören die beiden Yakuza zu einem anderen Homie aus der Cootie-Posse, der sich mir auch direkt vorstellt, indem er mir eine Hand mit nur 3 Fingern zum Schütteln hinhält, mir für die gute Arbeit beim Shooting dankt und mich wissen lässt, dass ich, sollte ich heute Abend was auch immer brauchen, ihn das doch bitte wissen lassen solle, er würde sich sofort darum kümmern. Sein Name ist Taki und er ist ein etwas höherer Yakuza, ausgerechnet aus der Kôenji-Gruppe. Was für Zufälle es gibt.

Als ich erzähle, dass ich ebenfalls in Kôenji wohne, flippt er fast aus und lädt mich für nächstes Mal in sein Büro ein, was ich trotz zugegebenermaßen extremer Neugier, ich meine, welcher Ausländer bekommt schon je ein Yakuza-Büro von innen zu sehen (und kann noch davon erzählen), bis heute nicht getan habe. Egal, Taki ist auf jeden Fall super, und vor allem ein wirklich zuvorkommender, zutiefst freundlicher Mensch.

Als ich Gô im Geheimen frage, wie jemand so Nettes eine derart brutale, gewalttätige Arbeit ausführen könne, meint Gô auch, dass er sich das kaum vorstellen könne, aber denke, dass Taki schon viele Jahre keine Gewaltaktionen mehr selber ausführt. Ansonsten sei das eben wie bei einem Arzt, der am Ende des Arbeitstages seinen Kittel auszieht und alles Elend und Sterben des Tages damit zurück im Krankenhaus lässt. Ist wohl antrainierbar. Trotzdem, krass.

Im Laufe des Abends kommen noch mehr Leute, darunter Pez, Rapper/Sänger einer der größten japanischen Hip-Hop-Crews, RIP SLYME, der gerade von Aufnahmen mit BLACK EYED PEAS' Fergie kommt, und als Höhepunkt des Abends sogar KJ von DRAGON ASH, einer Band, die ich noch aus Deutschland kenne, bevor ich je auch nur über die reine Möglichkeit, irgendwann mal nach Japan zu kommen, nachgedacht habe, was natürlich noch mal der absolute Hammer ist. Den Rest des Abends verbringe ich damit, mit Pez und KJ über Fergies Vorzüge zu reden, wobei Pez irgendwo der Meinung ist, dass Fergie ihm heimlich zugetan sei, was zu allgemeinen Lachstürmen und Mitleidsbekundungen bezüglich Pez' schwindendem Sinn für realistische Selbstwahrnehmung führt. Alter, die Frau hatte Peter Petrelli in ihrem Video, die braucht dich nicht.

KJ lädt mich Backstage zu seiner nächsten DRAGON ASH-Show ein, und bevor ich mich versehe, ist es Zeit für mich, mit der letzen Bahn nach Hause zu fahren, da am Morgen des nächsten Tages das nächste Shooting wartet. Wird schon so hart genug. Mit einem Nightliner irgendwo nach Chiba ans Meer und da in Shorts und T-Shirt trotz anbrechenden Winters so tun, als ob Sommer wäre. Oh Mann, ich muss pennen.

2006 NOVEMBER 4

Bei einer Modelshow in Ôsaka werde ich von einem Bataillon schwuler Jungs belagert, die Autogramme in ihre mitgebrachten Zeitschriften haben wollen, in denen ich drin bin. Meine Modelkollegen lachen sich zur Hälfte kaputt und gehen zur anderen vor Neid an die Decke. Immer wieder schön.

Aber überhaupt fällt mir immer öfter auf, wie positiv ich wohl auf Schwule wirken muss. Nicht nur wollen 2 schwule Freunde, von 2 verschiedenen Freundinnen von mir, immer mit mir was trinken gehen oder meine Telefonnummer haben, nein, auch bei MIXI kommen immer wieder Requests von Schwulen, die mich kennenlernen oder meine Freunde werden wollen. Hammer. Kann es ein größeres Kompliment geben?

2006 NOVEMBER 10

Aftershowparty des nächsten Cootie-Jobs. Diesmal war das Shooting selbst mit KJ von DRAGON ASH, aufgrund dessen Starstatus auch die Party um einiges heftiger ausfällt. Wohin man auch guckt, nur Musiker, Schauspieler oder irgendwelche anderen Prominenten, original mit Yakuza-Türstehern und Gästeliste. Alle Frauen sehen hammermäßig aus und tragen 1A Abendgarderobe, trotzdem sind die meisten Leute keine abgehobenen Spinner, sondern grundsolide Typen, die sich darüber bewusst sind, nichts Besseres zu sein, sondern einfach nur an irgendeiner Stelle des Lebens die richtige Abfahrt genommen zu haben. Keiner der hier anwesenden Schauspieler, einige immerhin Stars in Kitano-Takeshi-Filmen, hat eine Schauspielschule oder Ähnliches besucht, die meisten haben ähnliche Backgrounds wie die Jungs von Cootie, was das Ganze natürlich zu einer unfassbar coolen Versammlung macht, bei der ich die meiste Zeit gar nicht weiß, mit wem ich zuerst reden soll.

Alle haben interessante Geschichten zu erzählen, und da der Alkohol eh umsonst ist, sind schon vor Mitternacht sämtliche Barrieren zwischen den Leuten eingerissen. Diesmal ist Eugene auch mitgekommen, wir hängen meistens zusammen rum und enden irgendwann auf einem riesigen roten Ledersofa mit KJ und Gô, Letzterer mit 2 Frauen im Arm, und reden über alle möglichen Dinge.

Eugene sagt KJ, dass er DRAGON ASH scheiße findet und dass KJ sich mal die Haare schneiden sollte. Großartig. Aber wo er recht hat, hat er recht. Irgendwann fragt Gô mich, welche Frau im Raum mir am besten gefalle. Ich zeige auf eine unfassbar gutaussehende Dame im engen roten Minikleid mit ganz offensichtlichen Silikonbrüsten. Gô ruft sie herbei und deutet auf mich, worauf sie sich direkt und ohne größere Einleitung auf meinen Schoß setzt und meine Brust zu streicheln beginnt. So langsam dämmert es mir, dass die meisten Frauen im Raum entweder Groupies oder Hostessen sind, viele von ihnen beides. Die Grenzen zwischen Professionalität und Affinität sind auf jeden Fall fließend.

Später mache ich mit Eugene und KJ einen Karaoke-Battle, den wir überraschend offen gestalten können und der erst eindeutig entschieden wird, als RIP SLYMEs Pez ans Mic steppt und uns so was von an die Wand singt, dass nur er als Gewinner übrigbleiben kann. Ansonsten erinnere ich mich nicht mehr an viel, außer dass Gô und Tetsu noch die Klotür aufschrauben und einen gerade dort Sex habenden Kumpel mit Champagner duschen.

Irgendwann später wache ich auf einem der Sofas auf, die Frau im roten Kleid ist weg, die meisten der anderen Gäste auch, ich gucke auf die Uhr, es ist kurz vor 7, wir sind seit 9 Stunden hier, also wecke ich den auf dem Boden pennenden Eugene, wir verlassen den Laden, steigen in ein Taxi, fahren nach Kôenji und pennen sofort bei ihm in der Wohnung ein. Für gefühlte 3 Tage, Minimum.

2006
NOVEMBER
20

Reiche. Unfassbar. Meine alte Hostfamilie ruft mich an, um mich zum Essen einzuladen. Angekommen, erzählt mir Akiko, sie sammle die momentan auf 0,5-Liter-Cola-Flaschen oben angebrachten Star-Wars-Charaktere. O.K. Sie ruft ihre Mutter und will, dass diese ihr alle Flaschen aus dem Supermarkt um die Ecke kauft. Und während ich, das alles für einen Witz haltend, trotzdem ich ja lange genug in dieser Familie gelebt habe, noch lache, sind die beiden schon dabei, ihre Schuhe anzuziehen! Wir fahren also in den nächsten großen Supermarkt und packen tatsächlich *alle* Flaschen in den Einkaufswagen! Aber wer weiß, wie die Dinge in San-Cha laufen, wird wenig überrascht sein zu hören, dass Akiko jetzt mit dem Storemanager spricht und diesem eröffnet, dass sie beabsichtige, auch alle Flaschen aus dem Lager zu kaufen!!!

Nachdem ich das Auto vollgeladen habe, fahren wir zurück zur Wohnung, und als ich Akiko eröffne, dass sie da gerade wirklich eine Menge Cola erstanden habe, antwortet sie nur nonchalant, dass sie ja eh keine Cola möge und diese sowieso wegzuschmeißen beabsichtige. Wow. Irgendwie schaffen die es jedes Mal wieder, mich zu überraschen ...

Nach Kôenji zurückgekehrt, wird mir einmal mehr bewusst, wie wichtig dieser Schritt für mich war und dass San-Cha zu verlassen wohl die beste Entscheidung der letzen Jahre war. Home Sweet Home.

2006 NOVEMBER 22

Cootie ernennt mich zum Hauptmodel. Ab jetzt bin ich nicht nur für jedes Shooting sicher gebucht, ich bekomme auch alle Klamotten der jeweiligen Kollektion umsonst. Wie geil ist das! Ich decke mich mit Jeans, Hemden, Collegejacken und Ähnlichem ein, und als ich damit zum ersten Mal durch Shibuya laufe, fühle ich mich gute 20 Zentimeter größer. Bei so vielen positiven Dingen sollte man eigentlich meinen, dass das nächste Desaster schon um die Ecke lauert, aber bis jetzt kann ich nicht mal einen Schatten davon ausmachen.

2006 DEZEMBER 4

Wir bekommen eine neue Studentin in unserem *otaku*-culture-Kurs. Sie ist in Amerika aufgewachsene Japanerin, irgendwie prollig, oberflächlich und Schlampe vor dem Herrn. Wie man sich so in der Uni anziehen kann, will mir einfach nicht in den Kopf. Partiell durchsichtiges Kleid, unter dem man den String erkennen kann, ein Dekolleté, aus dem die Titten fast herausfallen, und das Gesicht unter 100 Schichten Make-up vergraben. Unfassbar. Ich habe am Abend direkt einen Sextraum mit ihr.

Irgendwann nach dem Unterricht lädt Tomoko, so ist ihr Name, mich zu einer Party ein, die sie für den Kurs vor den Winterferien selbst organisiert, alles umsonst und die ganze Nacht. Klar, reiche Eltern. Später frage ich Alex, der denselben Kurs belegt, ob er auch komme, worauf er mir entgegnet, gar nicht eingeladen worden zu sein. Ups, Fettnäpfchen.

Als ich zur Party in dem sauteuren Etablissement in Shibuya erscheine, dann die Megaüberraschung: Ich bin der einzige Gast! Und das nicht etwa, weil sonst niemand kommen wollte, bei den Voraussetzungen ja auch undenkbar, sondern weil Tomoko, wie sie mir jetzt mitteilt, nur mich eingeladen hat! Sie wolle mich kennenlernen, und da man mich ja an der Uni sonst nicht ansprechen könne, sei dies die beste Gelegenheit gewesen!

Für so viel Einsatz muss ich ihr eigentlich schon wieder Props geben, so was hat in der Tat noch nie jemand für mich gemacht. Wir sitzen also zu zweit in einem luxuriösen Raum mit riesigen Ledersesseln, Aquarium, Karaoke, freien Drinks und Essen, schießen uns auf die Kosten ihrer Eltern ab und werden immer besoffener, als mich Tomoko irgendwann unvermittelt fragt, in welches Hotel ich denn gehen will! Die Frau hat klare Vorstellungen, so viel ist sicher.

Ich sage ihr, dass sei mir eigentlich egal, solange sie bezahle, worauf wir rüber in den Lovehotel-Stadtteil gehen und irgendwo in einem der besseren Zimmer einchecken. Diese Dinger sind aber auch einfach krass, ein riesiges Bett in Herzform, Spiegel an der Decke, Playstation, TV mit 100 Pornokanälen aus der ganzen Welt, Drinkbar, alle möglichen One-Way-Sexspielzeuge, überdimensionales Badezimmer mit Whirlpool, das ganze Programm.

Zuerst gehen wir in den Pool, wo Tomoko mir einen bläst, während ich Bier trinke und Fußball auf einem der großen Fernseher gucke. Wir bleiben ungefähr eine Stunde in dem Pool, fangen immer wieder aufs Neue an, hören dazwischen auf, trinken Champagner, zögern das Ganze raus, machen wieder ein bisschen weiter, und als es irgendwann zu kalt im Wasser wird, gehen wir rüber ins Bett und haben kurz und heftig Sex. Ich fühle mich, als würde ich explodieren. Tomoko will, dass ich ihn vorher rausziehe und ihr ins Gesicht spritze, was ich versuche, es aber nur bis zu ihren unwirklich großen Titten schaffe. Egal, habe dieses Ins-Gesicht-kommen-Ding eh nie verstanden.

Nach dem Sex kichert sie, versucht, mich mit meinem eigenen Sperma zu beschmieren, und ist verspielt wie das kleine Mädchen, das sie unter ihrem ganzen Make-up eigentlich auch ist. Irgendwie mag ich sie sogar inzwischen. Wir schlafen Arm in Arm ein, und als ich am nächsten Morgen aufwache, liegen wir in Löffelchenstellung da, wobei sie gerade dabei ist, sich meinen Schwanz reinzustecken. Der Tag fängt so gut an, wie der letzte aufgehört hat.

Später fahre ich direkt vom Hotel aus in die Uni zum Japanischtest, den ich zwischenzeitlich 2 Mal verlassen muss, um mich auf dem Klo zu übergeben. Nach der Stunde ruft mich die Lehrerin zu sich und sagt mir, dass sie mich nach Hause schicken und mir eine 6 geben wird, sollte ich noch mal so nach Alkohol stinkend in ihren Unterricht kommen.

Auf dem Weg nach Hause maile ich Tomoko und bedanke mich für den gestrigen Abend, worauf sie mir zurückmailt, es sei auch für sie toll gewesen, sie hätte allerdings einen Freund und könne mich deshalb außerhalb der Uni nicht mehr sehen. Ist eigentlich so wie ganz zu Anfang hier immer, bloß mit Sex.

Perfekt.

2006 DEZEMBER 10

SLAYER spielen in Tôkyô! SLAYER!!! Muss ich mehr sagen? Irgendwie schafft es Naho, uns auf die Gästeliste zu zecken, also fahren wir an diesem denkwürdigen Tag nach Makuhari aufs Messegelände, in dessen Hallen dieses Mega-Event stattfinden wird.

Am Eingang bei der Gästeliste durchsucht man unsere Rucksäcke und findet 2 Sixpacks, die wir nicht mit reinnehmen dürfen. Raus, und die da trinken, dürfen wir allerdings aus stempeltechnischen Gründen auch nicht mehr, also bleibt uns nichts anderes übrig als irgendwie zwischen den Leuten an der Warteschlange und dem Gästelistenrezeptionsbereich in Rekordzeit darüber herzufallen, was in extremer Betrunkenheit resultiert, die das ganze Großereignis allerdings auch nicht weniger unterhaltsam macht. Das Schlimme an SLAYER-Konzerten, vor allem für Metal eigentlich auf den Tod nicht abkönnende Leute wie mich, ist ja, dass man die Vorbands ertragen muss. Und die anderen Fans, mit denen man nicht mehr gemeinsam zu haben scheint als SLAYER mit Popmusik. Aber irgendwie ist diese Band auch echt ein Phänomen, bringt sie doch Metalheads, Punks, normale Studenten, Biker, Rocker, Gruftis, Rapper und Emoboys zusammen auf ein Konzert.

Als es dann, gegen 21 Uhr, wir haben MASTODON und Konsorten brav über uns ergehen lassen, endlich so weit ist, das Licht ausgeht und über die Lautsprecher das Geräusch von Gewitter und fallendem Regen (Blut?) kommt, steigt die Vorfreude ins Unermessliche. Alles, was noch nicht den Alkoholtod gestorben ist, drängt nach vorne in Richtung Bühne. Trotzdem dauert es noch quälende geschätzte 10 Minuten, bis, mit einem lauten Knall und unfassbarem Pyrofeuerwerk, das legendäre Gitarrenriff von »Raining Blood« das Inferno eröffnet. Mir läuft es kalt den Rücken runter, und als das Intro vorbei ist und der schnelle Part beginnt, kann mich gar nichts mehr halten. Ich moshe und rocke alleine auf meinem von der Bühne circa 10 Kilometer entfernten Tribünenplatz ab, als gäbe es kein Morgen, und auch die SLAYER hier und jetzt gerade zum ersten Mal hörende Naho ist begeistert.

Eine Stunde und Tausende Liter Schweiß später verabschiedet sich die Band mit ihrem Überhit und meinem absoluten Lieblingssong, »Angel Of Death«, und was dabei vor der Bühne los ist, lässt sich mit bloßen Worten wirklich kaum beschreiben. Ich bin ernsthaft erstaunt, dass es keine Toten gibt. Aber selbst wenn, ich denke nicht, dass irgendeiner der Gestorbenen das auch nur für eine Sekunde bereut hätte. SLAYER in Tôkyô, ein Stückchen gefühlte Heimat. Danke.

2006
DEZEMBER
14

Kurz vor den Weihnachtsferien schmeißt mich meine Japanischlehrerin aus dem Kurs. Im Unterricht war es in den letzten Wochen immer wieder zu eklatanten rassistischen Äußerungen ihrerseits gekommen, vor allem gegen Chinesen und Koreaner, die in Japan ja hardcore diskriminiert werden, noch um Längen schlimmer als meinetwegen Türken in Deutschland. So hatte sie letztens z.B. behauptet, dass der Grund dafür, dass Koreaner in Japan kaum eine Wohnung, geschweige denn einen normalen Job finden, der sei, dass diese nur eine schlechte Einstellung hätten. In Japan gebe es keine Diskriminierung, und wenn dann ausnahmsweise *doch* jemand etwas rassistisch Anmutendes sagen sollte, dann solle man als Koreaner diesem Menschen doch einfach entgegnen, dass man Japan und Japaner aber doch liebe – dann gebe es bestimmt kein Problem mehr. Ein Vorschlag, der meinen koreanischen Kommilitonen natürlich nicht sehr viel hilft, wenn sie keinen Studentenjob finden, weil immer, wenn nach ihrer Nationalität befragt, dieses lange Schweigen kommt, gefolgt von direkten Absagen, bei denen aus dem Grund, man stelle eben aus Prinzip keine Koreaner ein, meistens nicht mal ein Hehl gemacht wird. In manchen Fällen wird einem dann wohl doch angeboten, den Job zu machen, allerdings für einen Bruchteil des normalen Lohnes. Unfassbar. Und obwohl fast jeder der Studenten in dem Kurs mit mindestens einer einschlägigen Erfahrung aufwarten kann, behauptet Frau Kobayashi, sich selbst für hochkulturelle Liebhaberin französischer Filme haltende alte Jungfer, das würde alles nur an unserer schlechten Einstellung Japan gegenüber liegen. Klar, deshalb sind wir ja alle hier, weil wir Japan so hassen. Und als sie nach einem, von einem Kommilitonen vorgetragenen, wirklich extremen Beispiel nicht mehr weiterweiß, erzählt sie einfach, dass es ihr in ihrer Austauschstudienzeit in Amerika eben genauso ergangen sei. Da sei sie über den Times Square gegangen, wo ein Amerikaner zu einem anderen gesagt haben soll: »See that girl over there? Damn, she's ugly!« Und als ich ihr dann den Gedanken nahelege, ob diese Äußerung nicht vielleicht doch eher in ihrem individuellen Aussehen als in ihrer Eigenschaft als Ausländerin begründet gewesen sein könne, schmeißt sie mich unter dem Gelächter aller einfach kurzerhand aus dem Unterricht. Was soll's, hat sich auf jeden Fall gelohnt.

Dass ich dann am nächsten Tag in ihr Büro zitiert und mit der Bemerkung, Menschen wie ich, die immer glauben würden, alles hinterfragen und kritisieren zu müssen, hätten an ihrer Uni nichts zu suchen, aus dem kompletten Kurs gestrichen werde, überrascht mich aber doch. Wir reichen als Kurs kollektiv Beschwerde wegen Rassismus gegen sie ein, natürlich ergebnislos. Whatever, Japanisch lernt man eh besser außerhalb der Uni.

2006 DEZEMBER 15

Beispielsweise auf der Arbeit. Als ich erfahre, dass ich nicht nur den Katalogjob für die japanische Supermarke Takeo Kikuchi gekriegt habe, sondern dafür auch ab morgen für 3 Tage nach Tottori, auf die andere Seite Japans, gejettet werde, ist die Freude aufgrund der unfassbar hohen Bezahlung natürlich erst mal groß. Als ich dann aber noch am selben Tag mitgeteilt bekomme, dass ich direkt die nächsten 3 Tage am Stück die nächsten 3 Jobs habe, kann ich zuerst gar nicht fassen, was hier gerade wieder mal passiert. Seiko meint auch, das sei ihr in ihrer Karriere als Agentin zum ersten Mal passiert. Krass.

2006 DEZEMBER 16

Ich treffe morgens um 6 Uhr im Select Shop von Takeo Kikuchi ein. Die anderen sind alle schon seit Stunden da und bereiten unsere Abreise vor. Klamotten werden gepackt, und alles und jeder wuselt hektisch durch die Gegend. Warum auch ich um diese Zeit erscheinen muss, bleibt mir nach wie vor ein Rätsel. Ich nehme mir einen Kaffee, setze mich auf eines der Sofas und schaue dem geschäfti gen Treiben zu. Wo nehmen die um diese Uhrzeit bloß die Ener gie her?

Der Designer ruft genervt Anweisungen in die Runde, die dann hierarchisch nach unten weiterverteilt werden, um letztendlich an irgendeinem armen Praktikanten hängen zu bleiben, der von der eigentlichen Sache überhaupt keinen Plan hat.

Der extra aus London eingeflogene Stylist reibt sich die ganze Zeit die Schläfen und schüttelt den Kopf. Irgendwann kommt er zu mir und schüttelt mir mit den Worten: »Fuckin' Japs, huh?«, die Hand. Ich zucke mit den Achseln.

Irgendwann, es ist inzwischen halb 8 oder so, bedeutet er mir, rüberzukommen und Klamotten anzuprobieren. Es stellt sich heraus, dass alles zu klein ist und mir nicht passt. Er reibt sich wie wild die Schläfen und ruft dem japanischen Designer zu, dass mir die Sachen nicht passen. Dieser versteht ihn nicht, tut aber natürlich so als ob, und macht mit den Fingern das Victory-Zeichen. Der Stylist stöhnt. Irgendwann findet er dann aber doch genügend Outfits, die ich tragen kann, und wir sind ready to go. Den Rest kriegt eben das japanische Model, das wir dann am Flughafen treffen. Was für ein Vogel. 100 % Hippie und unausstehlich. Liest die ganze Zeit Nietzsche, legt dabei manchmal den Kopf in den Nacken, schließt die Augen und gibt lange Stöhnlaute von sich.

So auch neben mir im Flugzeug. Die Frau vor uns dreht sich des Öfteren um, wohl um zu sehen, ob ich bei ihm gerade Oralsex praktiziere. Ich zucke mit den Schultern, wenn sie guckt. Dann schüttelt sie den Kopf und dreht sich wieder um. So geht es den ganzen Flug. Dauert zum Glück keine 2 Stunden.

In Tottori angekommen, fahren wir mit einem luxuriösen Riesen-Van erst mal ins Hotel. Ich sorge dafür, dass der Platz neben mir frei bleibt, indem ich laut COMEBACK KID höre und böse gucke. Das kann ich. Vor allem, wenn man bedenkt, dass ich, alles in allem, gute 3 Stunden länger hätte schlafen können. Dass das Catering trotz ausdrücklicher Vorbestellung seitens meiner Agentur kein einziges auch nur annähernd vegetarisches Item enthält, trägt auch nicht gerade zur Besserung bei. Na ja, ist ja nicht so, als sei ich etwas anderes gewöhnt ...

Das Hotelzimmer ist auf jeden Fall der Hammer. Ich alleine in einer riesigen Luxus-2-Personen-Suite. Nice. Als Erstes belaste ich die Spesenrechnung, indem ich in Tôkyô bei Naho auf dem Handy anrufe und mir dazu beim Zimmerservice eine Pizza für umgerechnet 30 Euro bestelle. Es ist erst kurz nach 1, und mir ist schon langweilig.

Zum Glück steht als Nächstes Locationscouting auf dem Programm, und da ich ja sonst nichts zu tun habe, komme ich einfach mit. Wir fahren mit dem Van aus der Stadt raus, 15 Minuten über eine kleine Landstraße, einen schmalen Bergweg hoch, und plötzlich und vollkommen unerwartet erstreckt sich vor uns einer der schönsten Anblicke, die ich seit Jahren gesehen habe – die berühmten Dünen von Tottori.

Da ich die ganze Zeit Walkman gehört und so mit niemandem geredet habe, wusste ich noch nicht mal, dass wir hier die Fotos machen werden, geschweige denn, dass so etwas wie Dünen in Japan überhaupt existiert. Soweit ich mich erinnere, sind dies auch die einzigen, zumindest auf Honshû, der Hauptinsel. Aber wie die Mittagssonne trotz erbarmungsloser Kälte (der direkt aus Sibirien kommende Wind hat es wirklich in sich) über die wie gemalt aussehende Landschaft strahlt und dem Gesehenen einen nahezu cineastischen Touch gibt, verschlägt es einem wirklich den Atem. Ich höre JOE HISAISHI Japanischer Komponist, für viele Soundtracks von Takeshi-Kitano- und Studio-Ghibli-Filmen verantwortlich, schlendere über den wie unberührt aussehenden Sand und lasse die Eindrücke auf mich einwirken.

In solchen Momenten bekommen viele Dinge einen ganz neuen Sinn, erscheinen so viele Probleme so trivial und nichtig, dass man sich fragt, warum einem all die Lösungen dazu nicht früher eingefallen sind, so klar liegt auf einmal alles auf der Hand. Hammer. Als ich später am Telefon versuche, Naho die Klarheit dieses Momentes zu beschreiben, versage ich wie ein deutscher Schüler bei der Pisa-Studie. Manchmal gibt es eben keine passenden Worte.

Später: Beim obligatorischen Trinken nach dem Abendessen merke ich, dass ich niemandem in der Crew großartig etwas zu sagen habe. Diese High-Fashion-Leute sind schon anders als die, mit denen ich normalerweise zusammenarbeite. Na ja, sind ja nur noch 2 Tage.

2006 DEZEMBER 17

Wieder um 6 Uhr aufstehen. Wieder nichts Vegetarisches beim Catering. Und keine Zeit mehr, etwas zu kaufen, die perfekten Lichtverhältnisse der Morgensonne wollen genutzt werden. Mit dem Van fahren wir so nah an die Dünen ran, wie es eben geht, was allerdings noch immer einen 20-Minuten-Fußmarsch durch tiefen Sand bedeutet. Als ich den Bus verlasse, ist die in die aufgehende Morgensonne getauchte Landschaft zwar fast noch schöner als gestern, die unerträgliche Kälte und der Hunger sind allerdings alles, was ich im Moment zu verspüren in der Lage bin. Durch jegliche Ritze in der Kleidung zieht der eiskälteste Wind, den ich je in meinem Leben zu spüren bekommen habe. Unfassbar. Das ist wirklich fast so, als schneide jemand einem mit dem Messer die Haut auf. Ich bekomme zwar einen Ganzkörperthermowintermantel zum Anziehen, das Outfit darunter ist allerdings so dünn, klar, ist ja für den Frühling/Sommer-Katalog, dass das auch nur bedingt hilft.

Zusammen mit den schwer bepackten Kamera- und Stylingassistenten kämpfe ich mich die 20 Minuten durch die Dünen zur ersten Location. Da alle unfassbar frieren, ist der Plan natürlich, das Ganze so schnell und professionell wie möglich durchzuziehen, am besten ohne dabei irgendwelche Menschenverluste beklagen zu müssen. Doch spätestens als ich, als alles so weit bereit ist, den Mantel ausziehe und die volle Breitseite des sibirischen Todeswindes abbekomme, bin ich mir nicht mehr sicher, ob das auch alles so funktionieren wird. Ich reiße den Mantel wieder an mich und entscheide, dass ich ihn erst 3 Sekunden vor dem eigentlichen Shooting wieder ausziehen werde. Ein armer Kameraassistent muss den Job des Stand-in für die Lichtauspegelung übernehmen.

Das eigentliche Shooting dauert trotzdem unfassbar lange. Immer wieder rein und raus aus dem Mantel, neue Positionen, neue Posen, neue Lichteffekte. Zwischenzeitlich zweifle ich wirklich daran, ob ich das hier bis zum Ende durchstehen werde. Jedes Mal, wenn der Wind mich mit seiner ganzen kalten Macht trifft, zieht sich der ganze Körper unfreiwillig zusammen, die Pose bricht auch zusammen, soll ja schließlich aussehen wie easy im Sommer am Strand, und das Foto, ist nicht digital, sondern alles auf diesen riesigen Polaroid-Dingern, muss wiederholt werden. Außerdem muss mir ein Assistent alle 10 Sekunden die Rotze unter der Nase wegwischen. Unglaubliche Bedingungen.

Als wir mit dem ersten Cut fertig sind, ist es noch keine 10 Uhr, ich fühle mich aber bereits so kaputt, als hätte ich den ganzen Tag nichts anderes gemacht. Dann wieder 20 Minuten zum Bus, etwas aufwärmen, umziehen und ab zur nächsten Location, *noch* weiter hinten in den Dünen.

Irgendwann schaltet sich der Kopf aus, alles läuft nur noch automatisch ab, ich reagiere nur noch unterbewusst auf Anweisungen, lasse einfach alles geschehen, wiederhole gute 8 Mal die 20 Minuten zum Bus und zurück, das alles vollkommen ohne etwas gegessen zu haben, bis irgendwann, es ist bereits 4 Uhr nachmittags, irgendwer sagt, dass es das für heute gewesen sei. Zurück im Hotel falle ich ins Bett, verschlinge noch schnell 2 Portionen Spaghetti und falle in den tiefsten Schlaf seit dessen Erfindung.

2006 DEZEMBER 18

Als mir der Designer 6 Uhr morgens im Bus in Richtung Dünen lachend verkündet, dass man wieder vergessen habe, mir vegetarisches Frühstück zu kaufen, ich mich aber mal nicht so anstellen solle, denn Fleisch sei doch eh leckerer, und die halbe Crew ins Gelächter einstimmt, reicht es. Ich verkünde ihm und allen, dass ich unter diesen Bedingungen nicht weiterarbeiten werde und er sich seinen schwulen Dreckskatalog in seinen verkoksten Scheißarsch stecken kann.

Er ist offensichtlich von meiner Reaktion geschockt, guckt mir in die Augen, versucht so rauszufinden, ob ich es ernst meine, und bedeutet dann dem Busfahrer, umzudrehen und zurück in die Stadt zu fahren. Ich glaube, es gibt da etwas in den Augen eines von der Kälte geschundenen und tagelang hungernd gelassenen Menschen, das einem sagt: »Don't fuck with him!«

In der Stadt kaufen wir Brot, Schokocroissants und Obst in einem *konbini* und fahren dann zurück zur Location, wo alle wortlos bis zum Abend ihre Arbeit machen. Hinter vorgehaltener Hand heißt es, ich sei arrogant. Wenigstens bin ich nicht verhungert und erfroren, also kann ich damit leben. Scheiß auf die Wichser. Was glauben die, wer sie sind?

Am Abend will der Designer sich wieder gut mit mir stellen und bietet mir an, mir eine Prostituierte aufs Zimmer zu schicken. Ich lehne ab. Der Stylist und der Fotograf nicht. Respekt vor sich und anderen ist für die eh ein Fremdwort.

2006 DEZEMBER 19

Wir werden noch vor Mittag mit dem Shooting fertig. Was natürlich so weit so gut ist. Dass der Flug zurück nach Tôkyô erst für abends um 10 gebucht ist, dagegen weniger. Wir fahren den ganzen Tag mit dem Bus durch die Gegend, unter anderem in das Museum des berühmten Fotografen Ueda Shôji, essen in einer Fleischbraterei zu Mittag (sehr subtil, Herr Designer ...) und verbringen den Rest des Tages damit, uns im Bus anzuschweigen. Zum Glück halten die Batterien, und ich höre stundenlang BRIGHT EYES, während ich die Landschaft an mir vorbeiziehen lasse.

Später: Der Pilot sagt Turbulenzen durch. Das Flugzeug fällt teilweise 2 Sekunden am Stück. Neben mir übergeben sich Leute. Ich denke nur, warum man mich nicht hat *vor* diesem Wochenende sterben lassen. Ironie des Schicksals.

Wie durch ein Wunder überleben wir dann aber doch. Klar, muss ja auch morgen wieder um 6 raus und zum nächsten Job.

2006
DEZEMBER
20

Warum muss man 3 Stunden in einem vollgestopften Minivan, dessen Beinfreiheit definitiv nur für japanische Größen konstruiert wurde, verbringen, wenn man das Shooting in einem ganz normalen Studio macht?? Hätte es Tôkyô nicht auch getan?

Egal, in 8 Stunden sind wir durch, irgendein Katalog, ich weiß noch nicht mal welcher. Abends schnell ins Bett und pennen.

2006
DEZEMBER
21

Und warum müssen diese Shootings eigentlich immer um 6 Uhr morgens anfangen? Wenn ich solche Arbeitszeiten gewollt hätte, wäre ich Bäcker geworden! Egal, alles geht smooth, auch wenn mir zwischendurch mehrmals die Augen zufallen und ich nur durch das unerträgliche Gelaber eines 18-jährigen langhaarigen Schwedenmodels wieder geweckt werde, dem es augenscheinlich nicht möglich ist, für länger als 10 Sekunden seine verfickte Fresse zu halten. Als interessante Randnotiz: Der Hairstylist ist derselbe, der mir damals auf der Collection die Haare verschnitten und dafür so teuer zu bezahlen hatte. Er weigert sich, mich auch nur anzufassen. Was zur Folge hat, dass ich es selber machen muss und so zum ersten Mal ein okayes Styling auf den Fotos habe.

Später: Erst abends um 21 Uhr wieder in Tôkyô angekommen. Anruf von meiner Agentur, ich soll jetzt noch zu einem Fitting für das morgige, letzte Shooting meiner HC-Woche gehen.

Emotionslos registriere ich auch dieses Ungemach und fahre mit der Bahn nach Aoyama, wo ich erst eine Stunde warten gelassen werde, bevor man mir dann mitteilt, dass man mich heute doch nicht mehr braucht. Um 23 Uhr fahre ich mit dem Taxi nach Hause und lasse die Rechnung auf meine Agentur ausstellen. Keinen Bock mehr.

2006
DEZEMBER
22

Mein Vorsatz, auf alles Divenhafte zu verzichten und zu allen und jedem nett und zuvorkommend zu sein, wird von den Verantwortlichen des Magazins, für das ich heute arbeite und von welchem ich schon gestern Nacht zu dem sinnlosen Fitting-Termin zitiert wurde, auf eine harte Probe gestellt. Erst gibt man mir kein Frühstück, dann, mit der Begründung, wir würden jetzt HC durcharbeiten und dadurch superfrüh fertig, kein Mittagessen, dann zieht sich das Shooting Stunden länger als die mit mir vereinbarte Zeit, und irgendwann komme ich mir nur noch verarscht vor. Bin aber einfach zu müde und fertig, um großartig rumzudiskutieren oder Stress zu machen. Als man mir dann allerdings die endlich bestellte Pizza mit der Ausrede, sie sei noch nicht eingetroffen, so lange vorenthält, bis diese so kalt ist, als sei sie soeben aus dem Kühlschrank geholt worden, nur um ein komplett beschissenes

Foto ohne Unterbrechung fertig zu machen (ein normaler Fotograf hätte das in unter 15 Minuten geschafft, wofür dieser Idiot hier fast 2 Stunden braucht!), macht irgendwas klick in mir, ich nehme mir die verantwortliche Chefin zur Seite und sage ihr so hart die Meinung, wie das wahrscheinlich in der Geschichte der bezahlten Fotografie in Tôkyô noch nicht vorgekommen sein dürfte.

Es sind ja noch nicht mal diese ganzen beschissenen Umstände, von wegen dass schon wieder nichts Fleischloses zu essen da war und Ähnliches, sondern eher der Fakt, dass man mich dann auch noch anlügt, von wegen die Scheißpizza, für die ich auch noch kämpfen musste, sei noch nicht da und so weiter, der dafür sorgt, dass ich das so nicht mehr mitmache.

Ich rufe meine Agentur an und sage auch meiner Managerin die Meinung, worauf diese die Setdesignerin sprechen will und diese so hart zur Schnecke macht, dass der Rest des Shootings zwar schweigend, dafür aber wenigstens schnell zu Ende geht. Von der Aufwandsentschädigung, die noch rausgehandelt wird, ganz zu schweigen. Irgendwie erinnert mich die wütende Seiko immer an Carrie von *King of Queens*. Als ich später zu meiner Agentur fahre und das Geld der letzten Wochen abhole, bin ich glaub ich zum ersten Mal in meinem Leben reich. Eine unfassbare Summe. Na ja, für meine Verhältnisse. Ich kaufe Naho Blumen und teure Pralinen und falle später in den tiefsten Schlaf seit Langem. Zu wissen, dass am nächsten Tag nicht wieder um 5 Uhr morgens der Wecker klingelt, ist das beste Gefühl ever.

2006
DEZEMBER
23

16 Stunden am Stück geschlafen! Krass.

2006 DEZEMBER 24

Heiligabend. Wie ja bereits letztes Jahr erwähnt, in Japan kein Familienfest, sondern eher Dating-Tag. Und so hat Naho sich für uns die ultimative Hölle ausgesucht: Am 24.12. ins Tôkyô Disneyland! Nicht genug damit, dass ich Disney, mit seinen seelenlosen, konservativen Produktionen, mehr hasse als alles andere auf der Welt, nein, Naho musste sich für unseren Besuch dort natürlich noch den denkbar schlechtesten Tag des Jahres aussuchen. Weihnachten! Pärchentag! In Disneyland. How could hell be any worse? Aber für das, was Naho mit und wegen mir schon alles durchgemacht hat, ist es natürlich das Mindeste, was ich tun kann, ihr diesen Wunsch zu erfüllen. Die Tickets hatte sie ja sogar umsonst bei dieser Hochzeitsparty gewonnen, also was soll's.

Dass ich zu diesem Zweck wieder um 6 Uhr aufstehen muss, klar, sonst kommt man da wohl gar nicht mehr rein, sei hier nur am Rande vermerkt. Dass Naho verschläft und mich eine Stunde am Tokioter Hauptbahnhof warten lässt, auch. Ich hab's ja verdient.

Als ich sie dann endlich durch den Bahnhof auf mich zurauschen sehe, weiß ich auch direkt, warum alles so lange gedauert hat, denn heftiger geschminkt und durchgestylt kann man wahrscheinlich gar nicht sein. Schon alleine die Haare lassen Amy Winehouses Vogelnest wie einen militärischen Kurzhaarschnitt erscheinen. Unfassbar. Aber für Naho scheint das hier ein besonderer Tag und Anlass zu sein, was bleibt mir also anderes übrig, als das zu respektieren.

Tôkyô Disneyland selbst ist schlimm wie erwartet. Milliarden von Pärchen, die sich ALLE diese komischen Mickey-Mouse-Ohren/Hüte kaufen und aufsetzen. Ein kitschiges Irrenhaus aus Plastik. Ich muss mich *wirklich* zusammenreißen, um meinem Unmut nicht Luft zu machen. Aber zu sehen, wie Naho das ganze bunte

Spiel genießt, wie ein Kind von einer Attraktion zur nächsten rennt, Fotos im Minnie-Mouse-Haus macht und an jedem idiotischen Stand irgendeine kleine, überteuerte Erinnerung kauft, ist einfach zu liebenswert, um ihr das irgendwie kaputt zu machen. Und ja, der Big Thunder Mountain ist definitiv die beste Achterbahn der Welt. Oh mein Gott! Das war sogar das 2-stündige Anstehen wert. Über den Rest breiten wir einfach mal großmütig den Mantel des Schweigens.

2006 DEZEMBER 30

Über Weihnachten und Silvester kommen Jochen (zum bereits 2. Mal!) und Roland von Defiance Records aus Deutschland zu Besuch, was in den üblichen großartigen Saufereien endet. Da die beiden sich ein Hotelzimmer teilen und viel zusammen machen, während ich die ganze Zeit arbeite und mit anderen Dingen beschäftigt bin, unternehmen wir zwar nicht ganz so viel zusammen, wie ich mir das eigentlich erhofft hatte, haben aber trotzdem eine gute Zeit, vor allem als wir eine THE GREAT CIRCUITING-Show mit Jochen an den Drums in Shibuya spielen. In 2 Proben das komplette Set gelernt. Respekt.

Trotzdem fällt mir, wieder so unmittelbar mit meiner Welt aus Deutschland konfrontiert, auf, dass ich ja nur noch 3 Monate Visum hier übrig habe. Und an eine erneute Verlängerung des Austauschstudiums ist, allein aus rechtlichen Gründen, nicht zu denken. Klar hat das schon seit Monaten wie das über mir hängende Schwert des Damokles irgendwo in meinem Hinterkopf rumgespukt, so richtig bewusst gemacht hatte ich mir diesen Gedanken allerdings nie, sondern gleich wieder schnell in die Schublade des Unterbewusstseins gesteckt, aus der er gekommen war. So langsam lässt sich das Problem wohl allerdings nicht mehr wegdiskutieren.

In 3 Monaten werde ich, wenn nicht irgendwie ein Wunder passiert, nach Deutschland zurückkehren müssen. Krass. Irgendwie komplett irreal, aber doch nicht mehr ignorierbar. Wird Zeit, sich mal so richtig Gedanken zu machen.

2007 JANUAR 14

JACK'S MANNEQUIN spielen in Shibuya. Live nicht so gut wie auf Platte, aber trotzdem eine *der* Bands des letzten Jahres für mich. Ich will auch Klavier spielen können!

2007 JANUAR 23

Durch einen unglaublichen Kraftakt erreiche ich mein Ziel und schließe das Semester mit straightem »A« ab. Nicht als würde das irgendeine Rolle spielen. Nur so halt. Für mich.

2007 FEBRUAR 4

Fuck, ich will nicht zurück nach Deutschland!

2007 FEBRUAR 15

Jede Party erscheint mir jetzt schon wie ein Abschied. Noch 45 Tage. Auf Nahos Geburtstagsparty reden wir über Stagediving, und Eugene springt besoffen aus dem höher gelegenen Teil des *izakaya*, in dem wir uns befinden, auf den Tisch einer weiter unten sitzenden Gruppe und erhält dadurch Szenenapplaus vom Publikum und einen Rausschmiss mit Platzverweis von der Geschäftsführung. Oh Mann, werde ich das hier vermissen.

Später sage ich Naho das erste Mal, dass ich sie liebe. Sie weint, und ich mit. Wir schlafen Arm in Arm ein und lassen uns bis zum nächsten Morgen nicht mehr los.

2007 FEBRUAR 20

Ich weiß die meiste Zeit über gar nicht, wie es mir gehen soll. Soll ich melancholisch werden, das herannahende Ende betrauern und pathetisch über die letzten 2 Jahre referieren, oder soll ich die letzten 6 Wochen genießen, mich auf meine Freunde in Deutschland freuen und einfach so weiterleben wie immer? Ich habe in einer Stunde mindestens 10 Stimmungsschwankungen. Immer hin und her zwischen Aufbruch und Zusammenbruch. Irgendwann wird es mir zu anstrengend und ich gebe einfach auf. Lasse mich treiben, mache einfach weiter. Es wird schon alles werden. Ist es bis jetzt schließlich auch immer.

2007 FEBRUAR 21

Mein Geburtstag. Der letzte in Japan. Von Nahos großartiger Party letzte Woche vollkommen zu Unrecht gnadenlos in den Schatten gestellt. Wir sitzen zu viert, Naho, Eugene und dessen Freundin sind auch dabei, melancholisch um den Tisch eines guten *izakaya* und versuchen, das Thema Abschied so gut wie möglich zu ignorieren. Als ich irgendwann pissen gehe, taucht Eugene an der Rinne neben mir auf, legt mir die Hand auf die Schulter und sagt: »Dude, don't trouble yourself now. We all know that you'll be back again here sooner than you might think.« Dann schubst er mich, und ich uriniere auf unsere Schuhe.

2007 FEBRUAR 27

Ich fahre mit Naho nach Takao, ein kleiner Ort 40 Minuten mit dem Expresszug westlich von Tôkyô. Ich gucke aus dem Fenster und sauge die Schönheit der ländlichen Vororte in mich ein, beobachte gebannt, wie sich das urbane Tôkyô Station für Station langsam, aber sicher in eine von unberührt erscheinender Natur durchzogene Idylle verwandelt, wie sie wohl auch viele Japaner nicht gerade jeden Tag zu Gesicht bekommen, denn anders kann ich Nahos Jauchzen und Quietschen bei jedem vorbeiziehenden verfallenen Tempel oder Schrein nicht deuten.

In Takao angekommen, sieht alles aus wie in einem japanischen Film aus den 50er-Jahren, so als hätte hier der ganze technische Fortschritt der Städte haltgemacht. Bis auf ein paar seltsam deplatziert aussehende Cola-Automaten erinnert nichts an die Megacity, aus der wir erst vor 40 Minuten losgefahren sind. Die Häuser sind noch größtenteils aus Holz und auf den Straßen laufen Kühe und Ziegen ganz normal durch die Gegend und mischen sich so ins Stadtbild mit der ruralen Bevölkerung, der man die Landflucht der jungen Leute deutlich ansehen kann. Niemand scheint hier unter 50 zu sein, aber trotzdem machen die meisten Leute einen freundlichen und offenen Eindruck, obwohl sie Kaukasier wie mich wahrscheinlich auch nicht tagtäglich aus nächster Nähe sehen dürften.

Von der Dorfmitte aus führt eine alte, baufällig aussehende Seilbahn hoch auf den Berg Takao-San, den zu besteigen wir hierher gekommen sind. Eigentlich ist es eher ein umfunktionierter Skilift, aber egal, man kann zu zweit nebeneinander sitzen, und das ist alles, was wir brauchen. Die 20 Minuten lange Fahrt ist steiler und geht höher, als wir gedacht haben, und als wir uns nach 10 Minuten auf der Hälfte der Strecke zum ersten Mal umdrehen und auf das unter uns liegende Dorf schauen, ist das Panorama einfach atemberaubend und unglaublich. Wir befinden uns inmitten tiefster unberührter Natur, so dick und dicht bewaldet, dass man höchstens einen Meter in den Wald hineingucken kann, schon versperrt einem dunkelgrünes Gewächs die Sicht. Wenn es eine japanische Version vom Herrn der Ringe geben würde – hier wäre sie ohne Zweifel gedreht worden. Unter uns kann man noch die Silhouetten der dörflichen Landschaft erkennen, obwohl wir schon viel zu hoch sind, um noch Genaueres ausmachen zu können.

Aber dann, als wir den Blick weiter schweifen lassen, sehen wir am Horizont, halb verborgen von wie Wolken aussehendem Smog, die unfassbare Skyline von Tôkyô, majestätisch, unfassbar groß und so eindrucksvoll, dass es einem schwerfällt zu glauben, dass dieser 16-Millionen-Moloch wirklich von Menschenhand erbaut wurde und nicht aus irgendeiner fernen verrückten Zukunft hierhin teleportiert worden ist. Mitten aus dieser dichten Natur beobachtet, eine fast unwirklich anmutende Erscheinung, wie aus einem Science-Fiction-Film mit unbegrenztem CGI-Budget. Hammer.

Oben angekommen, laufen wir von der Bergstation aus fast 2 Stunden durch die so unberührt wirkende Natur, dass es teilweise schwerfällt, überhaupt den Weg auszumachen. Als wir irgendwann trotzdem an unserem Ziel, dem Bergtempel Takao-ji, ankommen, bin ich verwundert, dass der Souvenirshop größer als der Rest der Anlage ist. Wir sind 2 Stunden lang keinem menschlichen Wesen begegnet und dann das hier! Unfassbar, dieses Japan.

Den Weg zurück bestreiten wir diesmal ohne Lift, insofern eine gute Idee, weil man einfach noch mehr von der Landschaft zu sehen bekommt, aber auch eine schlechte, da Naho in ständiger Panik vor den kleinen Bergaffen lebt, die überall auf den Bäumen sitzen und Menschen angeblich ihre Handtaschen und Handys klauen.

Wie durch ein Wunder entkommen wir unbeschadet.

Aber diese fast 2 Jahre zu spät kommende Erfahrung lehrt mich eindrucksvoll, dass es außerhalb von Japans Großstädten noch so viel mehr gibt, das zu entdecken sich lohnt. Und es zeigt mir auch, dass ich mich in den vergangenen 2 Jahren öfter aus der Stadt heraus hätte wagen sollen. Einfach so, ins Blaue hinein. Aber auf der anderen Seite gibt es mir so auch einen weiteren Grund, nach meiner Heimkehr so schnell wie möglich wieder hierhin zurückzukommen. Es gibt noch so viel zu sehen und so viel zu tun. Ich kann es kaum erwarten.

2007 MÄRZ 10

Wenn man will, dass es ein guter Tag wird, sollte man nicht als Erstes am Morgen RADIOHEAD hören.

Später: DASHBOARD CONFESSIONAL auch nicht.

2007 MÄRZ 15

Gas, Strom und Telefon gekündigt.

2007 MÄRZ 17

Auf der von Cootie für mich organisierten Abschiedsparty werde ich direkt am Anfang genötigt, einen Liter Dom Pérignon auf ex zu trinken, was vor allem dazu führt, dass ich keine Erinnerung mehr an all das habe, was danach kommt. Eine gute Party soll es laut Augenzeugenberichten allerdings gewesen sein ...

2007 MÄRZ 25

Ich kann einfach nicht glauben, dass in 5 Tagen einfach so alles zu Ende sein soll. Was ist das für eine Scheißwelt, in der man Dinge wie Visa braucht, um an dem Ort, den man als seine Heimat empfindet, bleiben zu dürfen? Wer hat so idiotische Dinge wie Grenzen und Nationen überhaupt erfunden? Was für ein Arschloch das gewesen sein muss.

2007 MÄRZ 30

Der letzte Abend. 3.43 Uhr. Ich sitze auf meinem Bett, den Laptop auf dem Schoß. Neben mir schläft Naho. Ansonsten ist das Zimmer leer. Nur noch Schatten an den Wänden und Flecken auf dem Teppich erinnern an das großartigste Jahr in meinem Leben. Dazwischen stehen 2 gepackte Reisetaschen. Den Rest meiner Einrichtung habe ich entweder verschenkt oder weggeworfen.

Es fällt mir schwer zu atmen, der Versuch alleine schnürt mir die Kehle zu.

Naho sieht so friedlich aus, wie sie daliegt und schläft, dass es mir fast das Herz bricht. Sie hat nicht geweint und ist so stark gewesen. Wie die ganze Zeit schon. Meine tapfere, kleine Naho.

Vor 2 Stunden sind wir von meiner Abschiedsparty nach Hause gekommen. Zu viele Leute, die mir zu viel bedeuten, gleichzeitig an einem Ort. Die totale Überforderung. Die Stimmung furchtbar gedrückt. Alle haben mir versichert, dass ich bestimmt schon bald zurück sein werde. Dass sie warten werden. Ich versuche, ihre Zuversicht zu teilen, und flüchte mich in gespielten Optimismus. Denn ich weiß so gut wie sie, dass es so einfach nicht sein wird.

Ich bekomme Kopfschmerzen. Der morgige Kater, der mich auf dem Flug begleiten wird, wirft seine Schatten voraus. Aus den Boxen kommt leise THE EARLY NOVEMBER. Ace Enders verkündet mir, dass eine Gitarre und ein Drumbeat alles ist, was man zum Glücklichsein benötigt. Danke dafür.

In 2 Stunden klingelt der Wecker. Ich kann sowieso nicht schlafen. Fühle mich nicht mal richtig elend. Einfach nur erschöpft.

Was sind das für 2 Jahre gewesen? Was hat Japan mir alles gegeben? Ich kann es nach wie vor kaum glauben, dass wirklich *ich* es bin, der das alles erlebt hat. Dass die Person, die vor 2 Jahren hier hingekommen ist, wirklich dieselbe ist, die in wenigen Stunden in das Flugzeug nach Deutschland steigen wird.

Zum ersten Mal in meinem Leben habe ich das Gefühl, wirklich gewachsen zu sein, wirklich etwas geleistet zu haben. Wie sich mein Leben hier entwickelt hat, wie sich mir Chancen eröffnet haben, die ich genutzt habe, und wie ich oft trotz aller Rückschläge weitergemacht habe. Soll das wirklich alles ich gewesen sein? Dieselbe Person, die noch vor wenigen Jahren vor lauter Depressionen nicht mal mehr das Licht am Ende des Tunnels sehen konnte? Wie sehr sich das alles gewandelt hat.

Und wie wunderschön die Straßen von Kôenji bei Nacht sind. Das alte Holzhaus gegenüber, das von den Neonlichtern des *konbini* in ein unwirklich scheinendes Blau getaucht wird.

Es ist schwer auszudrücken, wie glücklich und dankbar ich wirklich bin. Über alles, für alles.

Ich klappe meinen Laptop zu und schließe die Augen.

»What can I say / That can explain / All this time I'm loving life / There's not a day / That I can't say / All this time I'm living out my dream.«

THE STARTING LINE – *»Given The Chance«*

DER SOUNDTRACK

THE STARTING LINE:
www.myspace.com/thestartingline

A NEW FOUND GLORY:
www.myspace.com/newfoundglory

LIFETIME:
www.myspace.com/lifetimenj

MINERAL:
www.myspace.com/mineralmusic

FALL OUT BOY:
www.myspace.com/falloutboy

DENY EVERYTHING:
www.myspace.com/denyeverythinghc

FIRE IN THE ATTIC:
www.myspace.com/fireintheattic

銀杏BOYZ:
www.myspace.com/gingnangboyz

ELLEGARDEN:
www.myspace.com/ellegarden

THE ACADEMY IS:
www.myspace.com/theacademyis

BOYS NIGHT OUT:
www.myspace.com/boysnightout

BAYSIDE:
www.myspace.com/bayside

DIZZEE RASCAL:
www.myspace.com/dizzeerascal

BRIGHT EYES:
www.myspace.com/brighteyes

WEEZER:
www.myspace.com/weezer

SAY ANYTHING:
www.myspace.com/sayanything

BRAND NEW:
www.myspace.com/brandnew

GO AS IN GORGEOUS:
www.myspace.com/goasingorgeous

DANKSAGUNG

Mein ewiger Dank gilt folgenden Leuten/Institutionen, ohne die dieses Buch wohl niemals Realität geworden wäre:
Oli, Nico und Uli von meinem großartigen Management in Deutschland; Exileshype, meiner Model-Agentur in Tokio für das tägliche Bling-Bling; Constanze und allen anderen bei Rockbuch in Hamburg für den Glauben an die Tokyo Diaries; Atticus und Cootie für den richtigen Look; und last but not least natürlich allen meinen Freunden auf beiden Kontinenten, ohne deren Ermunterung, Unterstützung und Tritte in den Arsch das Ganze hier wahrscheinlich auf den hinteren Seiten eines handkopierten Fanzines in irgendwelchen dreckigen Punkrock-WGs verschimmelt wäre.

Liebe Leserinnen und Leser,

im Folgenden finden Sie eine Leseprobe aus Jillian Laurens HAREM GIRLS.

Für 20.000 Dollar zwei Wochen lang das Partygirl für einen reichen Geschäftsmann aus Singapur geben? Ein Angebot, das die 19-jährige Jillian nicht abschlagen kann. Doch anders als erwartet landet sie als eine der ersten Frauen aus dem Westen im Harem des Prinzen von Brunei. Das New Yorker Szenegirl lässt sich ein auf die dekadente Glitzerwelt am Hof des reichsten Manns der Welt. Und auf den attraktiven, gebildeten Prinzen. Aus zwei Wochen werden anderthalb Jahre, in denen Jillian ein Vermögen verdient und erkennt, dass wahre Liebe unbezahlbar ist …

Lassen Sie sich entführen in die exotische Welt von 1001 Nacht!

Kapitel 5

Einen Monat später betraten Taylor und ich die Lobby des Ritz, so wie wir es immer taten – selbstbewusst, konservativ, zielgerichtet. Wir waren beide genau 1,75 Meter groß und hatten Sieben-Zentimeter-Absätze an. Taylor trug ein hellbraunes, gut sitzendes Kostüm mit extra kurzem Saum und weißem Hemdchen darunter und, wie immer, eine eng anliegende Perlenkette, die sie von ihrer Großmutter zu ihrem zwölften Geburtstag bekommen hatte. Ihre typische Aufmachung bestand aus sparsamem Make-up und einem voluminös gefönten rotblonden Bob. Mit meiner schwarzen, taillierten Kostümjacke und meinem schulterlangen kastanienbraunen Haar und roten Lippenstift sah ich wie ihr Fotonegativ aus. Roter Lippenstift deshalb, weil es die oberste Regel ist, nicht zu küssen. Ja, das *Pretty-Woman*-Ding ist wahr. Zumindest der Teil mit dem Nichtküssen; der Rest ist beleidigender Unsinn.

Ich hatte die Kunst, auf unserem Weg zu den Aufzügen niemanden anzusehen, perfektioniert. Manchmal konnte mich die Art, wie die Leute einen ansahen, ins Stolpern bringen – mit gehässiger Geringschätzigkeit gefolgt von einem selbstgefälligen Grinsen, das zeigte, wie sehr sie sich darin gefielen, so treffsicher die Nutte im schicken Hotel ausgemacht zu haben.

Taylor hatte mich mit dem Versprechen leicht verdienten Geldes und eines generell großzügigeren Lebens überreden können, das Tanzen gegen den Escort-Service einzutauschen.

Innerhalb eines Monats hatte ich annähernd jedes Fünf-Sterne-Hotel in New York gesehen, ohne je dort übernachtet zu haben. Als wir an diesem Tag das Ritz betraten, fühlte ich mich unwohl und erschöpft. Ich hatte den vorangegangenen Abend mit einem alternden italienischen Kunsthändler im St. Regis verbracht, der Kokain rauchte, bis in seinen Mundwinkeln ein gelber Film hing und lange Fäden zog, wenn er sprach. Er hatte geraucht, bis er impotent war, und sich dann entschieden, Hotel-Pornos anzusehen und mit seinen trockenen, nervösen Fingern gefühlte neun Stunden in mir herumzustochern (tatsächlich waren es nur zwei). Ich verdiente definitiv mehr Geld als vorher, aber es war nicht immer so leicht, wie Taylor mich hatte glauben lassen.

Es stellte sich heraus, dass Taylor manchmal außerhalb des Crown Club arbeitete. Gelegentlich ließ sie sich auch auf extrem riskante Praktiken mit Crown-Club-Kunden ein. Vor Diane selbst hatte ich keine Angst, aber sie stand nicht an der Spitze der Hierarchie. Wir sahen oder hörten nichts von der unsichtbaren Größe, die die Edelprostituierten unserer Gegend in der Hand hatte, aber man konnte mit Sicherheit davon ausgehen, dass man lieber davon absah, diese Leute zu bestehlen. Taylor jedoch war todesmutig und unbefangen, vielleicht sogar schon soziopathisch veranlagt. Sie war jemand, dem ich nah sein wollte, nach dessen Liebe und Anerkennung ich mich sehnte. Ich stellte mir vor, ihr ähnlich zu sein. In meinen Träumen war ich so wagemutig wie sie.

Ungeachtet meines nach außen hin großspurigen Auftretens schaute ich wortwörtlich jeden Abend unter dem Bett nach Monstern, von irrationaler Panik beherrscht. Ich prüfte die Türschlösser und Fenster drei Mal am Abend und bestand darauf, dass meine Mitbewohnerin Penny es auch tat. Ich wachte oft vor Angst und Schrecken auf – das begleitet mich seit meiner Kindheit. In den frühen Morgenstunden liege ich starr vor Furcht da, muss mich ermahnen zu atmen und bin nicht in der Lage, auch nur aufzustehen, um ins Bad zu gehen. Aber bei Taylor hatte ich keine Angst. Ich konnte frei atmen. Ich sah nicht über die Schulter. Daher stimmte ich immer zu, wenn sie wollte, dass ich sie zu eher zweifelhaften Jobs begleitete – zu Junggesellenpartys draußen in Westchester, einem masochistischen Professor der Columbia, einem japanischen Geschäftsmann, der gerne über Einläufe plauderte, während Taylor und ich rummachten. Es war nicht wirklich das Geld, das mich motivierte. Ich hätte genauso viel Geld innerhalb der vorgegebenen Grenzen der Agentur machen können, aber mit Taylor die Grenzen zu überschreiten, gab mir das Gefühl des freien Falls, die Empfindung, dass alles Mögliche geschehen könnte, und das war das Risiko wert. Taylor wusste nicht viel über den Job, für den wir uns an diesem Tag vorstellen gingen. Alles, was sie wusste, war, dass ein Talentsucher aus L. A. ihr den Tipp gegeben hatte, sich mit einer Frau zu treffen, die in New York nach Unterhaltungsdamen suche, mit denen sich ein reicher Geschäftsmann in Singapur amüsieren könne. Die Bezahlung sollte in die Zehntausende gehen.

»Was, wenn sie uns einfach an ein Dritte-Welt-Bordell verschachern?«, fragte ich im Aufzug.

»Du bist immer so negativ.«

Taylor machte einen Kurs in Dianetik. Bei ihr drehte sich alles darum, positiv zu sein, sich selbst von den beschränkenden Prägungen ihrer Vergangenheit (dieses Lebens und den vergangenen) zu befreien. Sie glaubte, Erfolg sei ihr Geburtsrecht und nur ein oder zwei Wochen entfernt. Es war ein ansteckender Glaube.

Als wir bei dem Zimmer angekommen waren, öffnete ein Mann im Anzug die Tür. Ich konnte nicht einordnen, woher er stammte. Er sah irgendwie persisch aus, aber auch irgendwie asiatisch. Taylor streckte die Hand aus, und er ignorierte sie. Er ging durch den Raum zurück zu seinem Freund, und die beiden verhielten sich den Rest des Nachmittags als stille Beobachter.

Wir waren die letzten Mädchen, die ankamen. Eine Frau, die im Raum war, kam und begrüßte uns; sie stellte sich als Arabelle Lyon vor. Wenn ich für den Belgeitservice arbeitete, bemühte ich mich, keinerlei Erwartungen zu haben, keine Vermutungen anzustellen, aber Ari war eine echte Überraschung. Sie schüttelte uns die Hände und schenkte mir ein wirklich blendend weißes Lächeln. Sie trug beinahe kein Make-up, und ihr Haar hatte die natürliche sonnige Farbe, die die meisten Straßenköterblonden haben, wenn sie fünf Jahre alt sind. Die beiden heimlichen Beobachter waren mysteriös, aber diese Doppelgängerin von Gidget, dem munteren Backfisch aus einer amerikanischen Fernsehserie der Fünfziger, mit ihrem französischen Namen war mir suspekt. Wie sollte sie bei einer solchen Verkleidung nicht fragwürdig sein?

Unter den etwa sieben Mädchen, die nebeneinander auf der Couch saßen, waren ein oder zwei ganz offensichtliche Nieten, ein oder zwei, die eine Konkurrenz werden konnten, und eine Anomalie namens Destiny.

»Jesse?«, fragte Ari, als Destiny sich vorstellte.

»Nein. Destiny. So steht es in meinem Führerschein.«

Destinys stumpfe kupferfarbene Extensions stellten Jon Bon Jovis Haare in den Schatten, und ihre grünen Kontaktlinsen ließen sie wie irgendetwas aus dem Film *Katzenmenschen* aussehen. Ihre zentimeterlangen Kunststoffkrallen waren mit neonfarbenen Zebrastreifen bemalt, die zu denen auf ihren fingerlosen Handschuhen passten. Ihr Kleid war alles andere als stilvoll. Ich konnte gar nicht aufhören, sie anzustarren. Ich war wie gebannt.

Ari saß uns auf einem Stuhl mit gerader Lehne gegenüber. Sie hätte Erzieherin im Kindergarten sein können, die gleich eine Geschichte vorlesen würde. Sie begann ihre Ausführungen damit, dass sie für einen reichen Geschäftsmann in Singapur gearbeitet hätte, der jede Nacht für sich und ein paar Freunde Partys schmiss. Sie würden nach ein paar amerikanischen Frauen suchen, die an diesen Partys zwei Wochen lang als Gäste teilnähmen, und wir dürften bei der Abreise mit einem größeren Geldgeschenk rechnen. Dieses Geldgeschenk läge etwa bei zwanzigtausend Dollar. Sie versicherte uns, es würde uns nichts geschehen, wir würden mit Respekt behandelt, ja sogar verwöhnt.

Ich beobachtete die Reaktion eines der Mädchen, das ich als Konkurrentin eingestuft hatte. Sie war eine große Blonde mit irren Wangenknochen. Ich war sicher, sie dachte, sie hätte die Sache in der Tasche. Mein Kampfgeist war geweckt. Ich wusste nicht, ob ich Ari glauben sollte oder ob ich diesen mysteriösen und möglicherweise gefährlichen Job wirklich annehmen wollte, aber ich wusste, ich wollte ausgesucht werden. Ari stellte uns Fragen.

»Sind Sie schon einmal außer Landes gewesen?«

»Ich war in London und auf Ibiza«, behauptete Taylor, »und ich plane eine Tour nach Bali im nächsten Frühjahr.«

»Nein«, antwortete Niete Nummer eins.

»Ich war einmal auf Hawaii«, antwortete die Blonde.

Ich hielt es für das Beste, meine Familienreise nach Israel auszulassen. Ich erzählte ihr, dass ich auf den Cayman-Inseln gewesen sei und dass ich für Paris sparte. Das war die Wahrheit.

»Zählt die Bronx?«, fragte Destiny. »Nee, ich verarsch euch nur.«

Ari hielt inne, legte den Kopf zur Seite und betrachtete sie, als sei sie ein exotisches Tier. Dann wechselte sie wieder in den Geschäftsmodus und führte aus, dass der Job eine gewisse Reife und Respekt für andere Kulturen erfordere und sie nach

Mädchen suche, mit denen ihr Arbeitgeber gut klarkommen würde. Ich bekam etwas von Aris Gidget-Geist zu fassen. Gidget goes Geisha.

»Ich liebe das Reisen«, sagte ich. »Ich liebe die Erfahrungen mit anderen Kulturen, ich bin ein unterhaltsamer Partygast. Ich bin perfekt für diesen Job.«

Ich kam mir vor, als würde ich um einen Job beim Friedenscorps kämpfen, bis wir zur zweiten Hälfte der Vorstellungsrunde kamen und für Fotoaufnahmen in den Nachbarraum gingen. Das Bett war zur Seite geschoben worden, um Platz für die Scheinwerfer zu schaffen. Wir stellten uns entlang der Wand auf und warteten darauf, dass wir vor der Kamera an die Reihe kamen. Ein allzu enthusiastischer Fotograf machte von jeder Einzelnen Bilder in Unterwäsche und reichte uns seine Karte, für den Fall, dass wir zu einem späteren Zeitpunkt Porträtaufnahmen zu einem guten Preis bräuchten.

Das alles erschien dubios, und ich vergaß das Ganze bald. Es war lediglich ein weiterer Nachmittag, an dem ich in einem weiteren Hotelzimmer in Unterwäsche herumstand. Aber keine Woche später bekam ich einen Anruf von Ari, die mir mitteilte, dass ich gemeinsam mit Destiny ausgewählt worden sei. Destiny mit den fingerlosen Handschuhen. Nicht Taylor. Ich fürchtete mich davor, Taylor zu sagen, dass sie mich genommen hatten und sie nicht. Ich wusste, dass unsere Beziehung von der ungleichen Machtverteilung zwischen uns abhing, und ich wollte sie nicht verlieren. Sie war die einzige Freundin, die wusste, welche Arbeit ich jede Nacht machte, und die mich einfach mochte. Ich liebte Sean. Ich mochte meine Freunde vom Theater, und in künstlerischer und intellektueller Hinsicht hatten sie ein weit höheres Niveau als Taylor. Dennoch waren sie für alle Zeit auf der anderen Seite einer unsichtbaren Membran, der Schwelle, die mich vom größten Teil der Welt trennte, von allen, die keine Stripper oder Nutten waren. Taylor stand fest auf meiner Seite der Wand, und ich wollte nicht alleine stehen gelassen werden.

Ari erklärte nun genauer, dass sie gar nicht für einen Geschäftsmann aus Singapur gearbeitet habe, sondern für die königliche Familie von Brunei. Die Bezahlung sei sogar besser, als sie uns das erste Mal anvertraut habe, auch wenn sie es nicht näher beziffern könne. Die Partys, an denen ich teilnähme, würden von Prinz Jefri gegeben, dem jüngsten Bruder des Sultans, und ich sei sein persönlicher Gast.

Worauf ich erwiderte: »Der Prinz von *wo*?«

»Disney hat keine Ahnung von Prinzen.«

JILLIAN LAUREN

Jillian Lauren
HAREM GIRLS
Mein Leben als Geliebte
des reichsten Manns
der Welt
Aus dem amerikanischen
Englisch von Ingrid Exo
336 Seiten
ISBN 978-3-7857-6034-5

Das südostasiatische Sultanat von Brunei war ein Land, von dem ich gerade erst gehört hatte. Meine Jobbeschreibung war bestenfalls etwas ungenau, aber ich fantasierte mir zurecht, dass ich ankommen und ein wildes Abenteuer vorfinden würde, einen Haufen Geld und einen Arbeitgeber, der nichts geringeres als ein Märchenprinz wäre. Etwas realistischer ahnte ich, dass ich eben unterschrieben hatte, eine internationale Quasi-Prostituierte zu sein. Ich hätte Schlimmeres tun können …

Eine selbstbewusste Frau, ein unmoralisches Angebot und ein Leben in der Welt von 1001 Nacht.

Lübbe Paperback